KB007429

미술 치료 공감 노트

치유적이고
창조적인 순간

치유적이고 창조적인 순간

2015년 1월 30일 초판 1쇄 발행. 2019년 4월 25일 개정판 1쇄 발행. 글과 그림은 정은혜가 쓰고 그렸으며, 도서출판 샨티에서 이홍용과 박정은이 펴냈습니다. 전혜진과 김경아가 표지와 본문 디자인을 하였고, 작품 사진은 윤상훈이 찍었습니다. 강인호가 홍보 및 마케팅을 합니다. 인쇄와 제본은 상지사에서 하였습니다. 출판사 등록일 및 등록번호는 2003. 2. 11. 제25100-2017-000092호, 주소는 서울시 은평구 은평로3길 34-2, 전화는 (02) 3143-6360, 팩스는 (02) 6455-6367, 이메일은 shantibooks@naver.com입니다. 이 책의 ISBN은 979-11-88244-39-3 03180 이고, 정가는 16,000원입니다.

* 이 책은 2015년에 발행한 《행복하기를 두려워 말아요》를 개정 · 증보하면서 제목을 바꾸어 펴낸 것입니다.

이 도서의 국립중앙도서관 출판시도서목록(CIP)은 e-CIP홈페이지(http://www.nl.go.kr/ecip)와 국가자료공동목록시스템(http://www.nl.go.kr/kolisnet)에서 이용하실 수 있습니다.(CIP제어번호: CIP2019013720)

미술 치료
공감 노트

치유적이고
창조적인 순간

정은혜 지음

【산티】

이 책을 사랑하는 부모님께 바칩니다.

contents

Part 2 비행 청소년과 눈싸움

프롤로그

       여러 해 전 시카고의 다운타운에 살 때의 일이다. 일요일이라 늦잠을 자려고 했는데 창문 밖에서 들려오는 사람들의 환호성에 깜짝 놀라 잠을 깼다. 창밖을 내다보니 시카고 마라톤 대회에 참여한 사람들이 집 앞을 지나가고 있다. 춥고 이른 시간인데도 많은 사람들이 나와서, 이제 막 출발점을 지난 사람들을 응원하고 있다. 이런 좋은 구경거리를 놓칠 수야 없지, 5월이지만 아직 아침 공기가 쌀쌀해서 옷을 잔뜩 껴입고 밖으로 나갔다.

  아직 기운이 쌩쌩한 마라토너들이 응원객들의 환호를 받으며 재미있는 모습으로 달리고 있다. 뒤로 뛰는 사람, 물구나무를 하고 걸어가는 사람, 미키 마우스 모자를 쓴 사람, 서부 영화 의상을 단체로 맞춰 입은 그룹, 달라붙는 슈퍼맨 팬츠에 망토만 입고 달리는 민망한 모습의 사람 등 신나는 축제 분위기다. "우리 편 이겨라. 너희는 져라" 식의 응원이 아닌, 너도 나도, 내 친구도, 모르는 사람도,

다 같이 끝까지 잘 뛰라고 응원해 주는 모습이 보기 좋다. 끝이 안 보이는 사람들의 물결을 뒤로하고 방으로 돌아왔다.

오후 서너시쯤, 심심하기도 하고 궁금하기도 해 마지막 구간으로 나가보았다. 마라톤이 시작된 지 일곱 시간쯤 흘렀을 그때까지도 꽤 많은 응원객이 있고, 들어오고 있는 선수들은 마라톤과는 거리가 좀 있어 보이는 사람들뿐이다. 노인, 장애인, 뚱뚱한 사람, 발목을 다쳤는지 절뚝거리는 사람 등등. 그들은 서로의 손과 팔을 잡고 밀고 당기면서 앞서거니 뒤서거니 하며 완주를 향해 다가가고 있다. 더 이상 누가 먼저 도착하나 경쟁하는 사람들이 아니다. 힘들게 뛰는 그들을 마음을 다해 응원하다 보니 응원객들도 모두가 한 마음이 되어 있다.

그때 주름지고 마른 팔다리에 지칠 대로 지쳐 허리가 꼬부라져 있는 칠십대 노인이 시야에 들어온다. 더 이상 뛸 힘이 없는지 한 발 한 발 느린 걸음을 옮기고 있다. 그런데 꼬마 아이들 몇 명이 할아버지를 알아보고 "할아버지!" 하면서 후다닥 뛰어나오자, 어디서 그런 힘이 남아 있었는지 아이 하나를 번쩍 들어 올렸다가 내려놓으신다. 할아버지는 이제 조금 빨리, 다시 조금 더 빨리 한 발짝 한 발짝 뛰기 시작했고, 그 주위로 폴짝폴짝 아이들이 뛰어다닌다. 구경꾼들의 응원도 아침나절의 신나는 응원하고는 사뭇 다르다. 선수들의 옷에 붙은 이름을 일일이 불러주면서 사람들이 외친다.

"헤럴드, 당신은 할 수 있어요! 얼마 안 남았어요."

"거기 분홍색 윗도리 입은 아줌마, 정말 잘하고 있어요!"

"제인, 당신 훌륭해! 거의 다 해냈어. 끝까지 조금만 더 뛰어!"

그러자 거의 멍한 상태에서 고통스럽게 움직이던 헤럴드 할아버지와 분홍색 윗도리를 입은 벌건 얼굴의 뚱뚱보 아줌마와 의족으로 절뚝거리는 제인이 자신의 이름이 들리는 쪽으로 손을 흔들고, 우리가 열렬히 화답을 하면 한 발 한 발 간신히 내딛던 그들이 다시 뛰기 시작했다. 나도 어느새 알지도 못하고 관계도 없는 사람들의 무리에 섞여서 소리를 지르고 있다.

"당신, 대단해! 할 수 있어! 거의 다 왔어. 조금만 가면 돼! 포기하지 마! 절대 포기하지 마!"

뛰는 것은 그들이고 나는 단지 응원을 할 뿐이지만, 마치 내가 무언가를 포기하지 않고 해내고 있는 것처럼 가슴이 뭉클해졌다.

출발 지점을 달릴 때는 얼마나 신이 날까? 그러다가 힘겨운 언덕을 지나고, 발이 아프고, 목이 마르고, 더 이상 못 뛸 것 같고, 그만두고 싶은 충동과 싸우고, 옆 사람을 부축해 주기도 하고 부축을 받기도 하고, 물을 나눠 마시기도 한다. 금세 쓰러질 것 같지만 환영 인파의 응원에 조금씩 기운을 내 한 걸음 한 걸음 가다 보면 어느새 골인 지점이다. 누군가 달려와서 은색 비닐을 몸에 씌워준다. 이쯤 되면 뛰는 사람도 응원하는 사람도 한 마음이 된다.

원하던 미술 치료사가 되었지만 그렇다고 늘 누군가를 돕는 사람의 입장에만 있는 건 아니다. 진정으로 누가 누구를 돕기만 하는 일방적인 관계란 게 있을 수 있을까? 당신의 응원으로 내가 뛰기를 시작했고, 당신이 같이 뛰어주어서 내가 아직 이 길을 가며, 내가 또 당신을 응원하니, 한 순간 내가 뛰는 사람인지 응원하는 사람인지 잘 모르겠는 때가 있다. 아마도 "당신은 할 수 있어. 당신은 할 수 있어"를 외치다가 응원이 필요했던 내 마음에도 그 소리가 와 닿아 결국 우리가 함께 뛰게 되는지도 모르겠다.

내가 미술 치료사로서 처음 받은 응원은 데이비드가 내 이름을 불러주었을 때였다. 데이비드는 나의 첫 미술 치료 실습장인 시카고의 한 자폐 아동 특수 학급에서 만난 열 살짜리 남자아이였다. 데이비드는 전혀 통제가 안 되고, 언어 사용 능력도 자폐 아동들로 구성된 특수반의 다른 아이들보다 현저히 떨어지는 아이였다. 거기다가 지저분하고 엉큼하기까지 해서 그 아이를 조심하라는 말을 특수 교사들로부터 여러 번 들었다. 나는 불편한 상황을 피하려고 될 수 있으면 그에게서 멀리 떨어져 앉고는 했다.

그런데 어느 날 데이비드가 나에게 관심을 보였다. 나를 보는 건지 안 보는 건지 좌우로 몸을 흔들면서 나에게 이름이 뭐냐고 물었다. "아, 내 이름은 은혜야." 최대한 친절하게 답했다. 그런데 또 묻는다. "네 이름이 뭐야?" "내 이름은 은혜야." 이 기괴한 대화는 내 인내심이 바닥이 날 때까지 계속되었다.

"네 이름이 뭐야?" "내 이름은 은혜야."/ "네 이름이 뭐야?" "내 이름은 은혜야. 넌 이름이 뭐니?"/ "네 이름이 뭐야?" "내 이름은 은혜야. 넌 데이비드지?"/ "네 이름이 뭐야?" "내 이름은 은혜야. 이런 이름 들어본 적 없지?"/ "네 이름이 뭐야?" "내 이름은 은혜라니깐!"/

"네 이름이 뭐야?" "내 이름은 은혜, 은혜야, 은혜라고!!"

한 학기 동안 데이비드는 나에게 어려운 숙제였다. 도대체 이 아이에게 어떻게 접근을 해야 하는지 전혀 감이 잡히지 않았다. 땅바닥에 드러눕기 일쑤고, 다른 학생의 물건을 빼앗아 교실을 울음바다로 만들고, 내가 안 보는 틈을 타 크레용이나 붓을 입으로 가져가기도 했다. 한 순간도 방심할 수 없게 만드는 엉큼한 아이, 도대체 어떻게 해야 할지 모를 정도로 당혹스러운 존재였다.

그렇게 속수무책으로 지내다 한 학기가 훌쩍 지나가고 아이들에게 작별 인사를 할 시간이 왔다. 이 아이들은 미술 치료로 만난 나의 첫 아이들이고, 그동안 정든 아이들을 다시는 못 본다는 것이 마음 아팠다. 하지만 아이들은 오늘이 '윤하이 청'(정은혜) 선생님의 마지막 수업이라고 말해도 별 반응이 없었다. 반응이 없는 아이들 앞에서 눈물을 글썽거리자, 담임선생님이 "아이들이 사람들이 오고 가는 것에 너무나 익숙해서 그러니 섭섭해하지 말라"고 위로를 해 주었다. 눈이 빨개져서 마지막 작별 인사를 하는데, 조금 전만 해도 바닥에서 뒹굴던 데이비드가 언제 책상 밑으로 들어갔는지 그곳에서 그의 목소리가 들려왔다.

"너의 이름은 은혜야. 너의 이름은 은혜야. 너의 이름은 은혜야. 너의 이름은 은혜야. 너의 이름은 은혜야. 너의 이름은 은혜야. 너의 이름은 은혜야. 너의 이름은 은혜야. 너의 이름은 은혜야. 너의 이름은 은혜야. 너의 이름은 은혜야. 나는 너를 잊지 않을 거야."

자살을 시도했던 사람이 웃을 때, 말이 안 통해서 답답해하던 정신분열증 환자가 나와 함께 춤을 출 때, 시선을 피하던 우울증 환자가 초상화를 그리다가 나와 처음으로 눈 맞춤을 하고 동시에 씩 웃을 때, 싸우자고 덤비던 아이와 눈싸움하다가 웃음보가 터질 때, 같이 있어도 어디에다 정신을 놓은 건지 알 수 없던 그가 나와 같이 있음을 인식할 때…… 그럴 때 그 사람과 내가 머물고 있는 공간에 어떤 기운이 흐른다. 이 연결은 내가 더 이상 다가가지 못할 것 같을 때, 이제는 포기하고 싶을 때, 그래도 희망을 갖게 하는 어떤 것으로, 나보다 훨씬 깊고 넓고 나를 움직이게 하는 그 무엇인가를 만나게 하는 경험이다.

대부분 힘들고 때때로 절망적인 이 일을 하면서 반짝반짝 빛이 나는 듯한 순간들이 있었다. 고된 기억이 사르르 사라지고, '아, 이래서 내가 이 일을 하지' 하고 속으로 말하게 하는 순간들이다.

이 책은 지난 2007년, 미국에서 미술 치료사로서 첫발을 내디딘 이후 마음이 가난해지고 삶이 무겁게 느껴질 때면 떠올리던 그 보석 같은 기억들을 하나둘 기록하면서 시작되었다. 그동안 나는 바다를 여러 번 건넜다. 미국에서 한국으로, 한국에서 미국으로, 미국에서 캐나다로, 캐나다에서 다시 한국으로, 그리고 마지막으로 서울에서 제주도로 바다를 건넜다.

돌아가신 할머니는 "귀신은 바다를 못 건넌다"는 말씀을 하시곤 했다. 바다를 여러 번 건너면서 내 기억이 미처 따라오지 못할까봐 적어두었던 이야기들을 이제야 펼쳐낸다.

이 이야기들은 비록 특별한 상황의 기록들이기는 하지만, 어떤 면에서는 사람이 사람을 만나는 그런 흔한 이야기이기도 하다. 우리는 늘 '만남'이란 걸 하고 있지만 진정으로는 만나지 못하는 경우들이 많다. '어차피 사람은 혼자 태어나고 혼자 죽는 거야' 하면서 깊은 만남의 결핍을 당연시할지도 모르겠다. 하지만 우리는 아무도 혼자 태어난 사람이 없다. 누구에게나 삶의 첫 울음을 받아준 어머니가 있다. 또 대부분은 마지막 숨을 지켜줄 사람이 있을 것이다.

우리는 그 사이에서 수많은 만남을 갖는다. 거기엔 가끔은 놀라운 연결의 순간들도 존재한다. 그리고 그 깊은 연결의 순간에 마음의 손이 맞닿았던 이들과 내가 주고받은 메시지는 "당신도 아프고 나도 아프며, 당신도 행복하고 싶고 나도 행복하고 싶다"는 것이었다. 이것은 내가 더 배워서, 내가 더 알아서, 내가 더 깨달아서 당신을 구해주고 싶다는 마음과는 다르다. 당신이 행복하고 싶은 존재임을 내가 마음으로 듣고, 그리고 당신이 행복하기를 바라고, 당신의 길에서 행복하기를 도울 수 있도록, 내가 내 삶에서 행복하기를 바라는 마음이다. 그리고 이렇게 소통이 열리는 순간에는 이 삶이 유한하다는 것도, 우리의 만남이 짧다는 것도, 삶이 힘들다는 것도, 시련은 삶의 일부분이라는 것도 괜찮아진다.

여기 담은 이야기들은 내가 미술 치료사의 길을 처음 걸을 때의 기록들로 다시는 없을 '처음'이라는 이름의 경험들이다. 마음만 앞섰던 때의 기록이라 본격적인 미술 치료에 대한 책이라고는 말하지 못하겠다. 오히려 미술 치료를 빙자해 사람들의 깊은 골짝 골짝을 누비며 어느 한 순간 진하게 만난 경험들이다. 나 또한 마음이 자신을 속여 때로는 혼자 어려운 고개를 뛰고 있다는 착각에 빠진 적도 많았지만, 뒤돌아보면 단 한 번도 혼자 뛴 적은 없다. 그것이 큰물을 여러 번 건너면서도 나와 함께 온 깨달음이고, 이 이야기들이 그 사실을 잊지 않게 도와주었다.

이 책은 총 두 묶음으로 구성되어 있다. 첫 번째 묶음의 이야기는 인턴을 거쳐 정식 미술 치료사로 근무한 시카고의 한 정신 병원에서 1년 정도 있으면서 겪었던 일들이다. 황당하기도 하고 웃기기도 하고 마음 아프기도 하고 찡하게 감동적인 정신 병원 사람들의 이야기이다. 세상과 가족에게 버림받고 많이 아픈 그들이 서로를 위하고 공감을 하고 스스로를 표현하는 이야기이다.

두 번째 묶음은 시카고의 청소년거주치료센터에서 1년 동안 미술 치료사로서 경험했던 이야기들이다. 여기서는 십대가 할 수 있는 나쁜 짓이란 나쁜 짓은 다 하면서 자신들의 어둡고 불행한 삶에 항의하는 아이들 모습과, 어두운 현실에서도 파릇파릇 생명력 있는 아이들의 모습을 담았다. 물불 안 가리는 위협적인 아이들이었지만, 차츰 그 아이들과 나의 관계는 변했고 그것은 내게 기적 같았다.

그리고 책 중간중간에 그림들이 있다. 내가 미술 치료사로서 그림을 그리는 가장 큰 이유는 알기 위해서이다. 말로 잘 설명이 안되는 마음의 일렁거림을 표현하고, 만나고, 이해하기 위해서이다.

내담자를 이해하기 위해 그릴 때도 있고, 내담자와 마주하고 있는 내 마음속의 울림이나 흔들림을 이해하기 위해서 그릴 때도 있고, 내 자신의 깊은 감정들과 대화하기 위해 그릴 때도 있다. 미술 치료에서는 이것을 반응 예술response art이라고 하는데, 미술의 언어가 대화가 되는 것이다. 여기 실린 그림들도 반응하는 대화이지 이야기들의 설명은 아니다. 그렇기 때문에 무엇을 그려야겠다 마음을 먹고 그린 것이 아니라 마음속을 가만히 들여다보고 있다가 떠오르는 상像과 색을 조심스럽게 따라가면서 발견하는 과정을 거쳤다. 그림을 다 그리고 나서도 한참을 들여다본다. 한참을 들여다보아야, '아, 이래서 이 그림이 태어났구나!' 알 수 있다.

이 책을 쓰는 데 도움을 준 사람들이 참으로 많다. 하고 싶은 것이 많은 딸을 만나, 할 수 있는 것보다 더 해주느라 늘 고생하신 부모님. 내가 어렸을 때부터 쪼잘쪼잘 하는 이야기에 그분들이 재미있게 귀기울여주지 않았더라면 차마 글 쓸 용기가 나지 않았을 것이다. 또 오래 전에 "은혜는 글을 써보면 좋을 것 같다"며 꿈의 씨앗을 뿌려준 '숲', 한국으로 이끌어주고 내 글과 삶을 응원해 준 정미 언니, 글을 쓰는 동안 외로울 수 있는 제주도의 날들을 기쁨으로 채워준 선흘리의 자매들, 귤과 무와 사랑을 넘치게 주시는 마을의 이웃 삼촌들에게 감사의 말을 전한다. 경이롭고 아름다운 바다 속을 보여준 내 다이빙 버디 상훈이는 그림 사진을 정성으로 찍어주었고, 외로웠던 어린 시절 내 소원의 늦은 응답인 마을 단짝 친구 혜

영이는 책 쓰기를 중간에 포기했을 때 함께 뛰어주었다. 그리고 자신의 삶의 밝고 어두운 이야기를 들려주는 내담자들, 같이 놀아만 주는데도 건강해지는 꼬맹이들, 들어만 주는데도 뭔가가 풀렸다고 하는 어른들…… 모두에게 감사의 말씀을 전한다.

시카고를 떠나 한국으로 간다고 하자, 세상을 벗삼아 크게 살라고 하던 미국의 동료 치료사들, 친구들, 교수님들, 특히 창의적인 미술 치료의 실천을 보여주신 캐티 문 교수님과, "당신은 이상한 사람이니 이런 이상한 그림이 어울릴 거예요" 하면서 헤어질 때 나에게 이상한 그림을 그려준, 마법사가 되기를 꿈꾸는 꼬마, 그리고 이 책에 등장하는 많은 사람들이 나를 만나준 덕에 내가 여기에 있다.

그리고 이 책의 원고를 수 년 전부터 수도 없이 읽어주고 책이 나오게 산파 역할을 해준 하영 언니, 그리고 이 원고를 읽고 "이거면 됐다"고 해주신 샨티출판사에게 마음 깊은 곳에서 감사의 말을 전한다. 믿어주는 것만큼 '가능케 하는 것'이 또 있을까? 그들이 나를 믿어주어서 여기까지 왔으므로, 사실 '내 것'은 없다.

part 1

우주 왕자가
사는 정신 병원

"싸움의 가장 높은 기술은 기술이 없는 것이다.
나의 기술은 상대편의 기술에 대한 응답이다.
나의 움직임은 상대편 움직임의 결과이다.
상황을 미리 짜고 틀에 박힌 자세들로 맞서서는 안 된다.
당신의 움직임은 그림자가 물체를 따라가는 것같이
순간적으로 반응하는 움직임이어야 한다.
당신이 해야 하는 것은 단순히 하나의 다른 반쪽을
즉각적으로 완성시키는 것일 뿐이다."—이소룡

현장 스케치

　　나는 시카고에서 가장 심각한 정신병자들이 모인다는 정신 병원에서 미술 치료사 인턴으로, 나중에는 정식 미술 치료사로 일했다. 이 병원은, 범죄율이 가장 높고 가장 가난하고 시카고의 전과자들이 가장 많이 모여 사는 동네라는 시카고의 서쪽 끝 웨스트사이드에 위치해 있다. 내가 버스 타고 출근할 때 창밖을 내다보면 길거리 여기저기에 깨진 유리조각과 노숙자들이 피우는 불의 연기와 작은 교회들이 섞여 마치 황폐한 느낌의 초현실주의 회화를 연상케 한다.

　　그러다가 날씨가 따뜻해져서 자전거를 타고 출근하면, 동네 사람들은 하던 일을 멈추고, 집 안에 있던 사람들은 일부러 나와서 나를 쳐다본다. 그러다가 CSI 경찰 드라마에나 나오는 장면처럼 경찰차가 여러 대 쫙 깔려 있고 총기를 두른 경찰이 젊은 흑인 남자들의 팔을 꺾어 수갑을 채우는 현장을 본 때도 종종 있다. 운이 좋아서 그 현장

바로 옆을 씩씩거리며 열심히 페달을 밟아 지나가고 있으면 동네 사람들도, 경찰도, 수갑을 반쯤 찬 청년들도 나를 희한한 듯(멋있어 보이는 듯?) 쳐다본다.

그런 동네에 있는 이 병원은 정신분열증을 주로 치료하는 곳으로, 정신분열증이라는 긴 병과의 싸움 중에서도 상태가 가장 심각할 때 단기간 동안 와 있는 곳이다. 정신분열증은 흔히 아는 대로 환각이나 환청, 망상 증상이 있는 양성 증상과 의욕이 없고 감정이 둔화되고 무감동의 증상을 보이는 음성 증상이 있다. 그러다 보니 환각과 환청에 반응해 희한한 행동으로 눈길을 끄는 환자들과 어떤 자극에도 반응하지 않고 구석에서 멍하니 허공만 바라보는 환자들이 섞여 있다.

주로 검사나 약물 조절을 하러 다른 병원이나 기관에서 의뢰를 받아 1~2주 정도만 와 있는 경우도 있지만, 길거리에서 옷 벗고 "내가 예수다!"라고 소리 질러서 경찰 사도들이 '모셔오는' 경우도 있고, 기온이 떨어지면 "죽고 싶다"고 노래를 불러 자기 발로 따뜻한 침대를 찾아오는 노숙자도 있다. 이런 노숙자의 경우 정신 병원의 시스템을 너무 잘 알고 있다는 느낌이 든다. 예를 들어 뭐가 보이냐고 하면 보인다고 하고, 뭐가 들리냐고 하면 들린다고 하고, 죽고 싶은 생각만 있냐고 물으면 그렇다고 하고, 죽을 구체적인 계획이 있냐고 물으면 그건 없다고 한다.(죽을 구체적 계획이 있다고 하면 1 대 1 관리와 감시 체제가 발동되어 활동에 제약을 받을 것을 아는 것이 아닐까 하는 의심이 들곤 하는 대답이다.)

21

그런 환자들끼리 텔레비전이 있는 방에 옹기종기 모여서 어느 병원 밥이 더 맛있다느니, 어느 병원에 가야 텔레비전 케이블이 더 많이 나온다느니 하는 유용한 정보 교환을 하는 모습은 배낭 여행족들이 여행 정보를 교환하는 유스호스텔의 거실 모습과 흡사하다.

때때로 감옥에서 실형을 살다가 정신병으로 오는 사람들이 있다. 무슨 죄목인지는 모르는데, 소문은 들린다. 강간범이나 살인자는 환자들 사이에서도 기피 대상이다. 참 별별 사람들이 끌려오기도 하고 자기 발로 찾아오기도 하는 이곳은 축복받아야 하는 곳이다. 병원비가 하늘을 치솟는 미국에서 보험이 없는 사람들이나 연고자가 없는 사람들도, 그러니까 청구를 할 곳이 없는 사람들도 일단 받아들이고 치료를 하기 때문이다. 그래서 그런지 유독 하느님과 관련된 분들이 많이 온다. 하느님도 오시고, 하느님 비서도 오시고, 예수님께서는 너무 자주 오시고, 마리아도 왔다 갔다 하신다.

여기에 있는 이야기들은 뭐 하나 모르는 초보 미술 치료사와 그곳에 있는 사람들과의 만남에 관한 이야기이다. 나는 한 번도 내가 그들을 치료한다고 느꼈던 적이 없다. 미술 치료사라는 이름으로 그곳에 들어가 그림을 그리기도 했지만, 때론 같이 춤도 추고 노래도 부르고 요가 선생 노릇도 했다. 그러다가 어렸을 때 배운 별 모양의 종이 접기로 그들에게 미술 치료사 인정을 받았다.("당신 미술 치료사 정말 맞네! 이것 좀 봐. 종이로 별을 만들었어!")

아무래도 그분들이 나를 측은해하신 것 같다. 치료사랍시고 왔다 갔다 하면서 뭔가 열심히 하려고는 하나 뭘 할지 몰라 당황해하는 내가 불쌍해 보였는지, 아니면 무료한 병원 생활이 심심했는지, 어떤 이유에서든 간에 소통의 길을 살짝 열어 보이며 손가락 하나를 내게 내밀어주었다. 여기 실린 이야기들은 내가 그 손가락을 두 손으로 덥석 잡은 바로 그 이야기들이다.

"알 유 브루스 리?"

나는 무술인의 딸이다. 태권도와 합기도 관장인 아버지를 따라 일찍이 네 살 때 무술의 세계에 입문했으나, 피아니스트 딸을 만드는 게 꿈이었던 어머니를 따라 여섯 살 때 무술의 세계에서 나와 피아노 학원으로 끌려갔다. 비록 2년의 무술 생활이었지만, 무술인은 함부로 울면 안 된다는 걸 배웠고, 두려울 때는 기합을 크게 하면 두려움이 사라진다는 걸 배웠으며, 나보다 큰 녀석들도 내가 먼저 중심을 잘 잡으면 들어서 던질 수 있다는 것을 치마 입고 피아노 학원 가고 인형 놀이를 하기 전에 배웠다.

캐나다에서 미대를 다닐 때 여름방학이면 토론토에 위치한 부모님의 무술용품 가게에서 아르바이트를 하곤 했었다. 토론토 다운타운에 있는 아주 작은 가게였는데, 무술계 사람들이 많이 들르는 곳이었다. 도복과 쌍절곤을 가지런하게 정리하고 있으면 두 손을 합장하고 정중하게 인사하는 손님들이 종종 있었다. 그들은 당연히 내가 무술을 한다고 생각하는지 이런 질문을 하곤 했다.

손님: "무슨 아트하십니까? What art do you practice?"('무술'이 영어로 'martial art'이다. 즉 "무슨 무술하십니까?" 하고 묻는 것이다.)

나: "아트합니다. I do art."(듣기에 따라 "미술을 합니다" 또는 "무술을 합니다"로 들린다.)

손님: "아, 네……"(손님, 정중히 합장을 하고 고개 숙여 인사한다.)

내가 무술인의 딸인 걸 어떻게 알았는지, 정신 병원에 인턴으로 출근한 지 이틀째 되는 날, 난생처음으로 하는 1 대 1 상담에서 이런 질문을 받았다. "알 유 브루스 리?Are you Bruce Lee?"(당신 이소룡이요?) 사십대로 보이는 건장한 흑인 남자가 무표정한 얼굴로 질문을 던진다.

내가 웃으면서 손을 내저으며 "무슨 이소룡이요? 농담도 참." 이렇게 말하자, "아니, 당신 이소룡 맞잖아요!" 한다. 이번에는 목소리와 눈에 힘까지 들어가 있다.

"아니, 내 참, 아니라니까요!"

"당신 거짓말하고 있소. 당신이 이소룡이란 말이오!"

"내가 무슨 이소룡이에요? 난 여자잖아요!"

내가 너무 기막혀 하니까 더 이상 못 묻겠는지 입은 다물지만 나를 계속 의심 가득한 눈으로 째려본다. 그 눈빛은 '난 네가 진짜 누군지 알아. 아무리 속이려 해도 소용없어'라고 말하는 듯하다. 그러고는 상담을 하려고 해도 도통 마음을 열지 않는다. 나는 색연필 여섯 개와 종이 두 장으로 무장하고 미술 치료사로서 설레는 첫발을 내딛었으나 결국 황당해하며 상담실을 나오고 말았다. 하기는 브루스 리가 나타나서 같이 그림을 그리자고 하니 얼마나 이상하겠는가? 미술 치료 기법이고 뭐고, 이거 뭐 실전에 소용이 없잖아!

이틀 뒤, 그룹 치료를 끝내고 커피를 나눠주면서 환자들과 이런저런 잡담을 나누고 있었다. 다른 사람들은 커피를 마시고 자기 방으로 하나둘씩 돌아가는데, 사십대의 깡마른 흑인 아저씨 한 분이 미적미적거리며 일어나지를 않았다. 그러다가 방에 둘만 남으니, 불안한 표정으로 의자에서 일어나 몇 발짝 뒷걸음질을 치더니 벽에 등을 딱 붙이고서야 입을 열었다.

"다…… 당신…… 혹시 브루스 리의 시스터요?"

같은 날 오후, 결근한 남자 미술 치료사를 대신해 남자 병동에 갔다. 다른 병동은 다 남녀가 섞여 있지만, 이 병동만은 폭력적이거나 성폭력 등의 성적인 문제가 의심되는 남성들만 모아둔 곳이라 썩 내키지는 않았다. 그곳을 지나가기라도 하면 이 남자들, 여자를 처음 봤는지, 아니면 동양 여자를 처음 봤는지, 그도 아니면 크고 씩씩해 보이는 동양 여자를 처음 봤는지, 일부러 나와서 위아래로 쳐다본다. 어쩔 수 없이 마음의 무장을 하고 복도를 지나가는데 눈빛이 번득번득하고 조폭같이 생긴 깡마른 아저씨가 내 길을 짠~ 하고 가로막았다. 아무렇지 않은 척하고 옆으로 비켜서 씩씩하게 지나가려고 하는데, 이 아저씨, 갑자기 양팔과 한 발을 번쩍 드는 것이 아닌가. 섬뜩! '이 아저씨 왜 무섭게 팔을 드는 거야?' 생각하면서 병원에서 받은 자기 방어 훈련 제1자세(옆으로 양다리를 벌리고 중

26

심을 잡아 서서 팔을 올려 얼굴을 가리는 방어 자세)를 취하려고 하는데, 이 아저씨 두 팔로 원을 다 그리더니 두 손을 가슴 앞에 합장하고 머리 숙여 정중하게 인사를 했다. 한국어로 말했다면 아마 "싸부, 안녕하시옵니까?"겠지만 영어로는 간단히 "하이이이이이Hi~" 하며 인사했다. 아니 그 소문이 여기까지?

이소룡에 관한 소문은 이후로도 계속 나를 따라다녔다. 예를 들어 하루는 몸의 윤곽선 그림을 주고 그 안에 색과 선으로 아픈 곳은 없는지, 이상한 곳은 없는지 표현하는, 그러니까 자가 인식을 연습하는 그룹 미술 치료를 했다. 말이 없고 순해 보이는 한 아저씨, 가끔 말없이 나를 조용히 주시하곤 하는 분이었다. 다른 사람들이 열심히 그림을 그리는 동안 나를 가만히 바라보더니 끝나기 5분 전에 노란색 오일 파스텔을 들어서 몸 안 전체를 노란색으로 채우고, 검정 오일 파스텔로는 섬세하게 허리에 검정 띠를 매어주었다. 그러고는 이 그림을 다른 사람한테는 보여주지 말라면서 머뭇머뭇 내 손에 쥐여주는데…… 혹시 노란 트랙 수트를 입은 이소룡?

이걸 정신분석적으로 볼 수도 있겠지. 노란색은 그 사람 내면을 표현하는 것일 수도 있고, 검정 벨트가 도복의 띠가 아니라 그냥 벨트일 수도 있겠고, 자신을 이렇게 표현한 이유가 있을 수도 있겠지. 아니면 노란색을 좋아한다거나. 하지만 이 그림을 그리면서 나를 자꾸 힐끗힐끗 봤던 것과 요즘 내가 계속 듣는 이야기를 생각할 때, 이 그림은 아무리 봐도 영화 〈사망유희The Game of Death〉의 브루스 리와 그의 노란색 트레이닝 유니폼을 생각나게 한다. 나와 브루

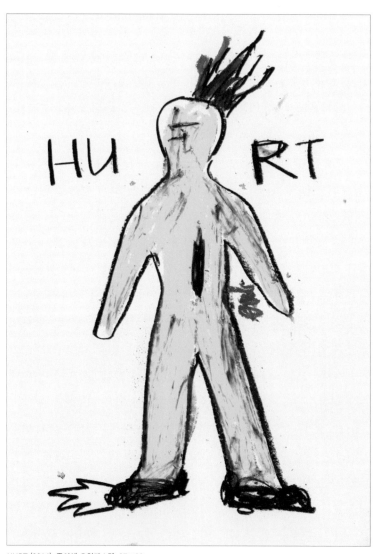

HURT (2014), 종이에 오일파스텔, 27×39 cm

그림을 따라 그린다.
크레용을 꾹꾹 눌러가며 선을 찍찍 그었다.
부러질 듯한 크레용과 찢어질 것 같은 종이……
그 그림을 그릴 때 어떤 마음이었을까?
비슷하게도 그려지지 않는다.
나는 그들의 아픔을 모르는구나.

스 리의 관계는 처음에는 기가 막히다가, 나중에는 웃기다가, 계속 반복되니 화가 났다. '또냐? 또 브루스 리냐?' 싶었다. 아니 왜? 도대체 왜? 내가 왜? 내가 남자야? 내가 중국 사람이야? 내가 무술인이야?

미국의 치료계에서는 다문화에 관한 연구가 많이 진행되고 있고, 미술 치료 수업 중에서도 '다문화 치료'라는 수업이 중요한 비중을 차지한다. 하지만 이러한 연구의 초점은 대부분 백인 치료사와 유색인종 환자 사이의 힘의 불균형을 다룬다. 실제로 치료사들 대부분은 학력이 높은 백인이고, 가난한 사람을 대상으로 하는 공립 시설의 환자 대부분은 학력이 낮고 가난한 흑인들이다. 그런데 유색인종 치료사와 유색인종 환자 사이의 힘의 불균형을 다룬 경우는 별로 없다. 더군다나 흑인 환자들에게 외계인같이 낯선 존재인 황인종 치료사가 어떻게 소통할 것인가를 다룬 연구는 거의 없다. 즉 황인종 치료사와 흑인 환자의 조합은 나에게도 환자들에게도 학자들에게도 낯선 상황인 것이다.

그러다 보니 내 환자들이 나를 어떻게 대할지를 잘 모르는 것 같았다. 나는 이런저런 말로 나를 설명해야 할 때가 많이 있는데 대부분의 내용이 이렇게 흐른다. 아뇨, 저는 중국인이 아닙니다. 저는 한국인입니다. 아니요, 북한에서 오지 않았고 남한에서 왔습니다. 아니요, 한국은 한국어를 씁니다. 저는 캐나다에서 영어를 배웠습니다. 네, 미국뿐만 아니고 캐나다에서도 영어를 씁니다. 캐나다 사람들은 이글루에서 살지 않습니다. 네, 캐나다에도 흑인들이 있습니다. 아니요. 저는 브루스 리와 관계가 없습니다.……

나는 다문화 사회인 캐나다에서 이민 1.5세로 살다가 미국에 와서, 인종 사이의 분절이 길 하나 사이로 확연히 느껴지는 시카고에서 살았다. 그러면서 내가 한 인간이 아닌 동양인, 중국인, 이민자, 이방인 등 그들이 가지고 있는 선입견에 의해 범주화되는 것이 불편했다. 이 브루스 리 사건의 경우, 이런 선입견으로 채워진 미국 사회의 한 단면을 보는 것 같아서 기분이 나빴다. 동양에 대해서 아는 것이 고작 무술 영화라 나를 그 범주에 끼워 넣는 거 아닌가?

이러한 일들을 계속 겪으니 짜증이 났다. 그런데 시간이 조금 지나고 나자 이것이 왜 그 사람들 잘못인가 하는 생각이 들었다. 돈 없고 가족 없고 소외당하고 무시당하고 정신병이 있어서 사회의 언저리에서 멍하게 삶을 보내는 그들이 그렇게나마 나에게 관심을 보이는 것 아닌가? 하는 일 없이 하루 종일 미국의 쓰레기 같은 낮 텔레비전 방송을 보며 시간을 보내고 홍콩 무술 영화 비디오를 보고 또 보는 이들이 이렇게라도 나에게 관심을 갖는 것 아닌가?

우리는 새로운 사람들을 만날 때 내가 아는 범주를 적용해 이해하려는 습성이 있다. 한국인들이 흑인을 생각하는 것 역시 텔레비전이나 대중 매체에서 얻어진 이미지를 통해서이지 않은가? 나 역시 캐나다로 이민 가서 실제로 흑인을 만나기 훨씬 전에 보았던 〈시커먼스〉라는 코미디 코너로 인해 흑인에 대한 선입견을 갖고 있었다. 코에 뼈다귀를 꽂은 아프리카 만화 주인공을 통해 흑인 아이들이 실제로 그러고 다니는 줄 알았으며, 여러 대중 매체를 통해서 깜둥이라는 표현을 자연스레 받아들였고, 그들이 무식하고 힘만 세다는 선입견마저 갖고 있었다.

　그들이 나에게 적용하는 동양인에 대한 편견과 범주를 잘못된 것이라고 지적하기 이전에 내가 가지고 있는 그들에 대한 인종적·문화적 판단 근거와 분류를 솎아내는 작업이 필요하지 않을까? 그들이 정신병자이고 흑인이기 전에, 내가 치료사이고 동양 여자이기 전에 존재하는, 그냥 '사람'과 '사람'으로서 어떻게 만날 수 있을까? 관계를 맺는다는 것은 이런저런 구분과 분류를 넘어 나와 너로 만나는 것이 아닌가 하는 생각이 든다. 그런 면에서 우리는 관계 맺기 1단계에 들어선 셈이다. 그렇게 생각하니 "알 유 브루스 리?"라는 질문에서 "당신은 어떤 사람입니까?" 또는 "나는 당신을 알고 싶습니다"라는 관계 맺기의 초대가 들린다.

소통이 어려운 사람들을 위한 공감 대화

재료 종이, 색연필.
방법 두 사람이 종이를 사이에 두고 마주앉아 주거니 받거니 하면서
함께 그림을 그린다.

고대 그리스 인들은 마음속에 하프가 있다는 상상을
했다고 한다. 감동할 때 마음이 울리는 것은 이 하프의 선이 떨리기
때문이라는 것이다.

성악가가 증폭된 목소리만으로 와인 잔을 깰 수 있다. 1940년 워
싱턴 주의 타코마 해협에 놓인 다리가 산들바람 정도인 시속 70
킬로미터 바람에 엿가락처럼 비틀어져 무너진 일이 있다. 소리굽
쇠 하나를 울리면 같은 고유 진동수를 가진 다른 소리굽쇠가 저절
로 울리면서 서로가 서로를 점점 더 크게 울리게 하는데 이는 공명
현상 때문이다. 공명은 어떤 물체가 가진 고유 진동수와 같은 진동
수가 외부에서 전달될 때 진폭이 크게 증가하는 현상인데, 떨어져
있고 만질 수도 없는 두 사람의 마음을 함께 움직이게 하는 공감
empathy의 방식이 이러한 것이 아닐까 싶다.

공감의 관계로 들어가려면 관계 치료relational therapy에서 제3의 공
간이라고도 불리는, 나와 그 사이에 열리는 '공감의 공간'에 주목할
필요가 있다. 공감은 내 중심에 서서 내가 마치 그 사람이 되는 것
처럼 상대를 이해하는, 또는 그 사람의 입장에 서서 그 사람의 경험
을 이해하는 방식인데, 이것은 중심을 가지면서 동시에 나라는 중

심에서 벗어나야 하기 때문에 무척 어렵다. 내 세계관과 내 입장에서 그 사람을 이해하려다 보면 자기 해석이 너무 많이 들어가는 오류를 범할 수 있고, 상대방의 입장에서 상황을 보려 하면 자칫 너무 동화가 되어 슬퍼하는 사람 앞에서 더 슬퍼하고 더 울게 되면서 그 사람의 감정을 자기 것으로 가져오는 오류를 범할 수 있다. 그 대신 두 사람 사이에 생성된 특별한 공간에서 만나면 같은 진동으로 움직일 수 있다.

함께 작업하는 스튜디오 모델의 미술 치료에서는 내담자와 치료사가 함께 만드는 창작 작품이 제3의 공감으로 작용한다. 사랑에 빠져본 사람은 이것이 무슨 말인지 알 것이다. 나와 그 사이에 있는 어떤 신비한 공간이 열려서 나의 영혼과 그의 영혼이 만나는 것 같은 느낌을 받아보았을 테니 말이다. 로맨틱한 관계가 아니더라도 상대방과 진정한 만남을 경험하면 영혼의 깊은 울림과 동시에 두 사람 사이에 열리는 공감의 공간을 느낄 수 있는데 이 경험은 두 사람 모두에게 치유를 선물한다.

치료사로 일하면서 가장 큰 기쁨이 바로 이 공간이 열리는 것을 경험하는 일이다. 뭐라고 표현하기 힘든 이 특별한 경험은 흔하지는 않지만 놀랍도록 충만하기 때문이다.

이렇게 제3의 공간, 공감의 공간을 열리게 하고, 그 안에서 참여자들이 소통할 수 있도록 돕는 방법으로 아주 간단한 '공감 그림 대화'를 추천한다. 드로잉, 페인팅, 조소가 다 가능하지만 이 대화에 참여하는 두 사람 모두 편하게 생각하는 재료를 선택하는 것이 좋다. 여기서는 색연필을 가지고 사용하는 방법을 소개하며, 이 방법은 여러 방식과 매체로 응용이 가능하다.

이것은 말로 하는 작업이 아니기 때문에 소통이 잘되지 않는 관계라도 시도해 볼 수 있다. 언어가 다르더라도 할 수 있고, 나이와 문화가 달라도 할 수 있다. 단 마주보고 앉아서 해야 하며, 마음 또한 마주할 수 있어야 한다. 어릴 적 내 팔과 팔 사이에 실타래를 끼워놓고 할머니가 실을 감았던 것처럼, 박자와 호흡을 맞추어야 함께 하는 의미가 있다. 만약 마주보기도 힘든 관계라면 각각 따로 치료사나 소통이 되는 친구와 먼저 경험해 보는 것이 좋다.

두 사람 사이에 큰 종이를 놓고 각각 마음에 드는 색을 하나 선택한다. 작업 방법은 아주 간단하다. A가 뭔가를 그리면, 그 다음 B가 그리고, 그 다음 다시 A가 그리는 식이다. 주거니 받거니 하면서 그림을 함께 만들어가는 것이다.

공감적으로 반응하라고 하면 보통 단순하게 똑같이 따라하는 경우가 많다. 예를 들어 A가 원을 하나 그리면 B도 원을 하나 그리고, 그럼 A가 원을 또 하나 그리는 식이다. 하지만 공감적으로 반응하는 방법에는 따라하기만 있는 것이 아니고 변형을 줄 수 있는 여지가 많이 있다. 주제에 마음을 두되 살짝살짝 멜로디나 박자나 음정을 바꿔가면서 변형을 주는 변주곡처럼 말이다. 예를 들어서 A가 원을 하나 그리면 B가 그 위에 더 큰 원을 그린다거나 A가 그린 원

바다 그릇에 사는 물고기 (2013), 캔버스에 유화, 41×32 cm

공감은 정말 가능한 일일까?
입장이 완전히 달라도?
바다 그릇에 사는 물고기 두 마리는
안과 밖을 빙빙 돌고 있다.
서로를 향해 헤엄치지만, 만날 수가 없
다. 그릇을 깨지 않는 이상.

에 색칠을 한다거나 하는 방법이 있다. 이렇게 주거니 받거니 하다 보면 그 작품 안에서 고유의 리듬을 지닌 대화가 열린다. 남이 보면 정말 아무것도 아닌 것 같은데, 내가 그린 원에 상대방이 칠을 해준 것만으로 지지를 받았다고 느끼거나 상대방이 자신의 말에 귀를 기울였다고 느끼는 경우가 많다.

그림은 말보다 훨씬 가슴에 가까운 언어다. 주의할 점은 참여하는 사람마다 느끼는 주파수 대역과 느끼는 결이 다르므로 공감을 위해서는 그때그때 진심으로 참여해야 한다는 점이다. 예를 들어서 A가 별을 하나 그렸는데 B가 그 별 주위에 밤하늘을 가득 그려주었을 때, A가 '지지받았다'고 느낄 수도 있고, 자신이 하고자 하는 일을 '빼앗겼다'고 느낄 수도 있다. 오로지 서로에 대해 공감적으로 존재할 때만 깊은 그림 대화가 가능하고, 그런 대화는 말로 하는 대화에서는 도달하기 힘든 깊은 소통과 깊은 여운을 경험하게 한다.

주의할 점은 부정적이고 단절된 소통으로 어려움을 겪는 두 사람이라면 이 작업에서 공감을 경험하기보다 똑같이 부정적이고 답답한 상황을 반복할 수도 있으며, 그림에도 똑같은 부정적인 대화 패턴이 드러날 수 있다. 상대방이 내 말을 잘라먹는다면 그림에서도 그러한 패턴이 나온다. 내가 그리고자 하는 그림을 충분히 그리지 않았는데 자기 그림을 시작한다거나 하는 것도 볼 수 있다. 상대방의 이야기는 듣지 않고 자신의 이야기만 하는 사람이라면 그림에서도 그러한 패턴이 나온다. 어울리거나 반응하는 그림이 아니라 자기 순서만 기다렸다가 상대방의 그림과는 아무런 상관없이 자신이 그리고자 하는 그림만 그려갈 수도 있다.

　단절된 소통의 패턴이 보인다면 서로를 탓하거나 문제를 지적하려고 하지 말고, 귀한 보물을 찾는 것 같은 마음으로 어디에 막힘이 있는지 어디에 열림이 있는지 찾아보고, 그 귀한 것을 가지고 대화를 시작해 보자. 심증이 아니라 물증이 있으니 대화가 훨씬 더 쉬울 것이다.

당신이 웃으면 세상이 웃어요

Oh when you're smilin', when you're smilin'
The whole world smiles with you.
Oh when you're laughin' and when youre laughin'
The sun come shining through.

But when you're cryin' you bring on the rain.
So stop your sighin'. Be happy again.
And keep on smilin'. Keep on smilin'.
And the whole world smiles with you.

당신이 웃으면, 당신이 웃으면
온 세상이 당신과 함께 웃어요.
당신이 소리 내어 웃으면, 당신이 소리 내어 웃으면
햇빛이 비추지요.

하지만 당신이 울면 비가 와요.
그러니 한숨을 멈추고 다시 행복해져요.
자 미소를 지어요, 웃어요.
그럼 온 세상이 당신과 함께 웃을 거예요.
—루이 암스트롱의 노래, 〈When You're Smiling〉

　　　　　나는 미대를 나왔지만 그 전에 미술 학원을 다녀본 적이 없다. 온갖 술수를 동원해 피아노 학원을 그만두고 미술 학원을 다니고자 머리를 굴렸으나 나의 술수에 움직일 엄마가 아니었다. 그러다가 아프게 되고 학교를 못 다니게 되고 이민을 기다리면서 간신히 허락을 받아 두어 달 다닌 게 종로 3가에 있던 먼지 풀풀 나는 초상화 학원이었다.

친구 하나 없고 학교도 안 다니고 하루 종일 빈둥대던 열여섯 살의 나는 베토벤과 헨델 등 작곡가의 연필 초상화 복사본을 베끼는 데 열중했다. 그때 배운 것이 아직도 기억에 선명하다. 콧볼 양쪽 끝은 눈이 시작되는 안쪽 선과 일치하니 자를 세로로 대어 그리면 되고, 입술의 양쪽 끝은 콧볼의 양쪽 끝과 45도 각도이니 자를 기울여 대고 그리면 된다는 식이었다. 각각 생김새가 다른 사람의 얼굴을 이렇게 자로 잰 뒤 규격대로 그리라고 배우던 장면이 눈에 선하다. 그때 왜 하필이면 초상화 학원을 그렇게 다니고 싶었는지 모르겠다. 신문에 난 학원 광고를 오려서 오랫동안 가지고 다닐 정도로 초상화 학원에 가고 싶었다. 아주 먼 훗날, 초상화로 인해 내 인생

통틀어 최고의 인기를 몇 주 동안 누리게 될 줄을 짐작해서는 아니었다. 배워서 남 주냐는 말도 있고, 가는 길은 다 이유가 있어 가게 된다더니 그 말들이 사실인 듯했다.

병원에서 매일 세 번, 다섯 명에서 열 명 정도의 환자들을 모아놓고 집단으로 하는 그룹 치료가 있는데, 그날은 삼십대 말의 울퉁불퉁한 덩치 큰 아저씨 한 명이 그룹 분위기를 쫙 가라앉게 하고 있었다. 옆에 있는 사람에게 위협적인 눈빛과 행동을 보였고 다른 사람이 말할 때 피식피식 비웃었다. 나가 달라고 해도 나가지를 않았다. 그러다 보니 그룹 치료가 제대로 진행될 리가 없었다.

오늘 할 작업을 소개하고 필요한 재료를 나누어주고 작업을 시작한다. 다른 분들이 작업에 열중하는 것을 확인하고, 그 아저씨가 건들거리며 앉아 있는 곳으로 가서 물었다.

"초상화 그려드릴까요?"

꼼짝 없이 앉아 있게 해서 다른 사람의 작품 활동을 방해하지 못하게 하려는 나의 계략이다. 음하하~ 그는 나를 흘깃 보더니 그러든지 말든지 하는 뜻으로 눈을 살짝 올렸다 내린다. 허락을 한 걸까? 아닌가? 팔짱을 끼고는 옆으로 고쳐 앉는다. 아, 허락을 한 것이군.

"그럼 움직이지 말고, 말도 하지 말고, 제가 다 끝났다고 할 때까지 가만히 계셔야 해요~"

내가 그림을 그리는 동안 그는 애써 궁금하지 않은 척한다. 내 쪽을 흘끔흘끔 보긴 하지만 거의 움직임이 없다. 그의 얼굴을 가만히 보고 있으니 무표정했던 얼굴이 살짝살짝 변화하는 게 보인다. 짜증으로 가득했던 표정이 서서히 풀어지고, 아주 어색한 미소가 보일랑 말랑 스친 것도 같다. 나와 그 사이에 있었던 무거운 기운이 점차 흐려지고 방 안의 험악했던 분위기가 걷힌다. 그런데 자기 작업은 안 하고 이쪽저쪽 테이블에 앉은 사람들이 초상화 그리는 광경을 흘깃흘깃 보더니, 한 명 두 명 내 주위로 몰려들고 훈수를 두기 시작한다. 그제야 그 사람도 더 이상 궁금한 것을 못 참겠는지 좀 보자고 한다.

"안 돼요. 기다리셔야지요. 그런데 어떻게 그려드릴까요? 그냥 있는 대로 그려드릴까요, 아니면 뭘 하고 있는 걸 그릴까요? 아니면 다른 표정을 그려드려요?"

그의 대답은 뜻밖이다. 자기 피의 4분의 1은 체로키Cherokee 원주민(미국의 원주민 중에서 가장 큰 그룹이다) 인디언의 피라며 자신을 체로키 인디언으로 그려달라고 한다.

"어떻게요? 용맹하게? 추장같이?"

내 질문에 그가 쑥스럽게 씩 웃는다. 주위에 몰려든 사람들도 낄낄 웃는다. 그래서 내가 할 수 있는 한 가능하면 용맹하고 멋있는 모습으로 그렸다. 그러기 위해 약간의 성형을 감행했는데, 살로 울퉁불퉁한 얼굴에서 붓기를 좀 빼주고, 풀어진 눈매를 이글이글 자신감 넘치는 눈매로 바꾸고, 흐린 눈동자를 맑고 빛나게 표현했다. 마치 만화책에 나오는 무사의 눈처럼 말이다.

평소와는 다르게 떠들썩한 소리 대신 자근자근 이야기하는 소리가 들리는 게 신기했는지 방 문 밖에서 문지기 노릇을 하던 정신보건 간호사가 문을 열고 구경을 온다. 그러자 열린 문 밖에서 할 일 없이 복도를 왔다 갔다 하면서 간호사한테 시비나 걸던 환자가 무슨 일인가 하고 구경을 온다. 그러자 그 환자의 시비에 시달리던 간호사도 무슨 일인가 덩달아 들어온다. 그렇게 여러 사람이 내가 초상화를 그리는 동그란 탁자 주위로 모였다.

"거참 똑같이 생겼네."

"똑같이 생기기는 뭐 똑같이 생겨? 훨씬 낫네 뭐."

"아니, 근데, 여기 이렇게 그려야 하지 않아?"

여러 사람이 훈수를 두는 모습이 정겹다. 그림이 완성되고 여러 사람들의 긍정적인 반응에 힘입어 자신 있게 그 초상화를 보여주었다. 그런데 모델의 반응이 의외다. 눈이 이글이글한 체로키 원주민 무사의 모습이 담긴 초상화를 받아든 그 아저씨가 눈물을 글썽이며 말했다. "아! 아버지…… 아버지를 그렸네!"

내가 그린 그림이 내가 한 번도 본 적 없는 자신의 아버지를 닮았다는 것이다. 그의 아버지에겐 체로키의 피가 더 섞여 있어서 그런가 보다. 조금 있으면 아버지 생신인데 선물로 줄 것이 생겼다며 고마워했다.

소문이 났다. 내가 보지도 않은 환자의 아버지를 제대로 그렸다나 어쨌다나. 복도를 지날 때마다 초상화 그려달라는 사람들로 인해 나중에는 수첩을 들고 다니면서 순서를 적어둬야 했다. 이전에는 발음하기가 어려워서인지 아니면 관심이 없어서인지 내 이름을 외우려는 시도조차 하지 않고 그냥 '당신hey, you'이라고 부르던 사람들이 나를 내 이름으로 불러주었다. 복도를 지나갈 때 내 예쁜 이름의 여러 버전들이 여기저기서 들리는 것이 꽤 기분이 좋았다. "윤해, 어디가?" "윤하이, 이리 좀 와봐." "웅해, 내 초상화는 언제 그려줄 거야?" 이 멀고 먼 이국땅에서 내 이름이 들리니 어깨가 으쓱해지고 걷는 걸음이 씩씩해진다.

내 다음 손님은 조폭같이 생긴 덩치가 무척 큰 흑인 아저씨다. 이 손님과 주위의 참견장이들과 의논한 끝에 입고 있는 낡고 초라한 병원 가운 대신 귀티 나는 이태리 정장으로 변신을 도모하기로 했다. 이태리 정장이 보통 정장과 뭐가 다른지는 모르나 영화에서 본 이태리 마피아의 패션을 기억해 내며 최대한 귀티 나게 그렸다. 주름이 쫙쫙 잡힌 양복에 빨간 실크 넥타이와 실크 손수건을 삼각형으로 접어서 양복 윗주머니에 꽂았다. 귀티가 나야 하는데 '나 고생 좀 했소' 하고 말하는 듯한 얼굴 표정이 좀 안 어울린다. 그래서 방향 감각 없이 여기저기 생긴 잔주름은 좀 지웠으나, 인상을 써서 생겼을 것 같은 이마 주름과 눈가 주름은 카리스마 효과를 위해서 냐두었다. 한 20~30분 동안 심혈을 기울인 작품이 완성되자 주위에서 이 작업을 숨죽인 채 바라보던 환자들도 잘 그렸다며 신기해한다. 그림을 보여주니 모델이었던 내 손님, 무척이나 마음에 든다며 웃는다. 그런데 그 웃는 모습이 허름한 병원 가운의 정신병자나 카리스마 넘치는 이태리 마피아가 아닌 수줍은 청년의 얼굴이다.

이렇게 초상화로 인기몰이하기를 2주째. 마음과 몸, 둘 다 병이 있어 특별 주의를 요하는 환자들이 모여 있는 6층 병동을 지나다가 복도 중간에 멍하니 앉아 있는 애니를 만났다. 스물한 살의 백인인 애니는 비만이 심하고 다리 관절을 다쳐서 휠체어 신세를 지고 있었다. 누가 끌어주지 않으면 아무데도 안 가고 멍하게 있다. 애니는 중증 우울증을 앓고 있고 자살미수로 종종 이 병원 신세를 지는 환자였다.

"곧 그룹 미술 치료를 시작할 텐데 들어올래요?"

답이 없다. 아니, 아예 반응이 없다.

"이름이 뭐지요?"

역시 반응 없이 멍하게 있다. 살아있기나 한 건지 싶을 만큼 미동이 없다. 그런 애니를 뒤로하고 그룹 치료실로 들어갔다. 그런데 그룹 치료를 마치고 나올 때까지도 그녀가 그대로 있었다.

"내가 초상화 그려줄까요? 움직이지 말고 가만히 있기만 하면 돼요."

어차피 움직이지 않고 있으니 그 말은 할 필요도 없었을 거다. 그런데 그 말에 처음으로 나를 살짝 올려보더니 고개를 아주 조금 끄덕거렸던 것 같다. 정말 고개를 끄덕거렸는지 내가 그렇게 본 것인지 확신은 안 섰지만, 더 이상 묻지 않고 휠체어를 밀어서 그룹실로 들어가 자리를 잡았다.

연필과 종이를 준비하면서 애니의 얼굴을 처음으로 유심히 본다. 고개를 숙이고 있어서 잘 몰랐는데 그녀의 얼굴을 자세히 보니 맑은 초록색 눈동자와 투명하게 맑은 피부가 참 고운 아가씨다. 게다가 전혀 움직이지 않으니 훌륭한 모델이다. 초상화를 그리던 중간에 그때까지 그린 것을 보여주니, 내내 무표정으로 멍하게 있던 얼굴에 살짝 생기가 돈다. 마음에 든단다.

"어떤 옷을 입고 있고 싶어요?"

"해바라기 무늬의 여름 드레스요."

병원에 몇 개 안 되는 창문은 한겨울의 눈보라로 흔들리고 있었다. 쉬이익~ 하는 눈보라 소리는 여름을 상상하기 힘들게 했지만 그녀에게는 여름의 부드러운 미풍이 불면 살며시 부풀 것 같은 여름 드레스를 입혀주었다. 치마폭에는 큼직큼직한 해바라기를 가득 넣어서.

"혹시 액세서리는 어때요? 귀걸이나 목걸이나……"

"그런 거 못해요."

"아니 왜요?"

그러자 팔을 들어 손목을 보여준다. 손목 주위에 칼로 그은 자국이 여기저기 나 있다. 그녀는 '커터cutter'이다. 커터는 칼로 자해를 하는 사람을 일컫는 속칭이다.

"교회 다녀요? 십자가 그려줄까요? 보호의 의미에서?"

내가 묻자 힘없이 내 얼굴을 올려다보더니 아주 작은 움직임으로 고개를 한 번 끄덕인다. 그래서 눈동자 색과 같은 초록색으로 십자가 목걸이를 그려주었다. 날카로운 부분은 다치지 않게 둥글둥글하게 만들고, 십자가 형상 안에는 대충이나마 예수님도 그려 넣었다. 이왕 하는 김에 십자가 귀걸이도 한 쌍 달아주고, 목걸이 줄도 세상이 나를 보며 웃을 때 웃기는 쉽다.
하지만 웃기지 않는 상황에서
내가 먼저 세상을 웃기기란 어렵다.
팔뚝을 물렸다.
팔을 빼려다간 살점이 뜯겨나갈 판이다.
쭈뼛쭈뼛 서는 머리카락을 내리고,
굳는 얼굴 근육을 애써 펴면서,
얼굴에 실 한 올만큼의 미소를 짓는다.
"너 괜찮니?"

웃는 상어 (2014), 캔버스에 유화, 65×50cm

반짝반짝한 금줄처럼 표현해 보았다.

마지막 단계. "눈에 마지막 터치를 할 테니 내가 끝났다고 할 때까지 내 눈을 보세요"라고 말하며 눈을 그린다는 핑계로 서로의 눈을 바라본다. 내가 초상화를 그린다는 것은 대부분 이 눈 맞춤을 위한 준비이다. 눈 맞추기는 치료적 관계를 맺는 데 아주 중요하다. 그 사람에 대한 믿음이나 신뢰나 편안함이 없다면 눈을 오래 쳐다보는 것은 불편한 일이다.

'당신은 참 아름다운 사람이에요.' 이 말을 열심히 텔레파시로 보내니 그것을 받았는지 어쨌는지 그녀의 입술꼬리가 미세하게 올라간다. 내가 따라서 살짝 웃으니 그녀도 살짝 웃는다. 내가 활짝 웃는다. 이렇게 우리는 서로의 얼굴을 쳐다보면서 웃었다.

요즘 심리학에서도 두뇌 과학이 한참 뜨고 있는데 그중에서 미러 뉴런mirror neuron(거울신경세포)의 연구는 상당히 흥미롭다. 1990년대 초, 이탈리아의 파르마 대학의 지아코모 리촐라티Giacomo Rizzolatti와 그의 리서치 팀이 원숭이의 뇌에서 반응하는 새로운 종류의 뉴런을 발견했다. 원숭이가 과일을 손으로 잡는 등의 행동을 할 때 그에 반응하는 뇌기능을 연구중이었는데, 놀라운 것은 이 행위를 하는 원숭이와 그 행위를 보고만 있던 다른 원숭이에게서 똑같이 반응하는 뉴런을 발견한 것이다. 즉 보기만 해도 마치 자신이 그 행동을 하는 것처럼 뇌가 반응한다는 것이다. 마치 거울을 보는 듯, 쳐다보는 것과 행동하는 것이 신경계에 똑같이 작용한다 하여 붙여진 이름이 미러 뉴런, 즉 거울 뉴런이다.

인간에 대한 미러 뉴런의 연구는 어떻게 우리가 다른 사람의 행동이나 감정을 이해하는가 하는 것으로 연결된다. 미러 뉴런이 우리로 하여금 추측하게 하는 것은 내가 너를 이해한다고 하는 것이 머리로 생각하는 것, 즉 사고나 인지적인 능력을 통한 이해가 아니라는 것이다. 그 대신 그 사람이 고통받는 것을 그의 표정이나 행동을 통해서, 마치 거울을 보듯 그 사람의 고통을 내 몸으로 직접 알게 된다는 것이다. 이 결과를 발표하면서 파르마 대학의 리서치 팀은 보통 우리가 말하는 "나는 너의 아픔을 알아" 하는 말이 얼마나 정확한 표현인지에 대해 놀라워했다.

《감성 지능》이란 책을 쓴 대니얼 골먼은 사람이 서로를 쳐다볼 때 거울 뉴런을 통해 육체적·물리적·공간적 한계를 넘어서 연결된다고 말한다. 이 작용은 이제 막 눈이 보이기 시작하는 갓난아기와 엄마가 서로 쳐다보는 것을 지켜보면 알 수 있다. 아이가 웃으면 엄마가 웃고 엄마가 웃으면 아이가 웃는다. 이제 막 눈을 뜬 아이는 자신이 웃으면 따라 웃는 온 세상에 반응한다.

초상화를 그린다는 핑계로 나와 내 환자가 오랫동안 쳐다볼 수 있는 시간을 만들었다. 한참 그러고 있으면 한 순간 연결이 되었다는 느낌이 들고, 거울을 보는 것처럼 내가 미소를 지으면 상대방이 미소를 짓고 상대방이 웃으면 나도 웃게 된다.

나와 눈 맞춤을 하고 다시 고개를 숙인 애니는 초상화를 두 손에 들고 뚫어져라 쳐다보고 있다. 그리고 내 질문에 말문을 연다.

"여긴 어떻게 오게 됐어요?"

"죽으려고 층계에서 떨어졌어요. 근데 안 죽고 다리만 다쳤어요. 그래서 제가 있는 그룹홈에서 이 정신 병원으로 보내졌어요."

왜 죽으려고 했는지, 왜 네가 죽으면 안 되는지, 네가 얼마나 귀한 사람인지 말을 하려다 그냥 입을 닫았다. 난 그녀가 왜 죽으려고 했는지 모른다. 삶이 얼마나 힘들고 답답했으면 그랬을까? 잘 알지도 못하면서 하는 이런 말들이 무슨 의미가 있을까 싶었다.

그 대신 나는 초상화 속의 애니를 바라본다. 햇빛을 받아 빛나는 해바라기 가득한 여름 드레스가 바람에 흔들린다. 십자가의 보호를 받는 그녀는 십자가와 같은 초록색의 눈으로 나를 쳐다본다. 다음 스케줄로 이동하기 위해서 나오면서 몇 번을 뒤돌아보는데 애니는 계속 그 그림을 들여다보고 있었다.

그리고 한참 뒤 퇴원했던 애니가 다시 자살미수로 병원에 들어왔다. 여전히 멍한 얼굴로 침대에 누워서 움직이지를 않는다. 내가 방에 들어가 그녀를 내려다보니 아는 체를 한다. 침대 옆에 의자를 놓고 가만히 있다가 "그때 내가 그려준 초상화 기억해요?" 하고 묻자 "네" 하고 짧게 대답한다.

"그 그림 받고 어땠어요?"

"행복했어요."

애니는 상습적으로 자살 시도를 한다. 초상화 하나가 그녀의 자살 시도를 바꾸지는 못했다. 하지만 아무것에도 반응하지 않고, 말없이 멍하게 있던 그녀가 초상화의 기억으로 나와 함께 다시 웃었다.

자화상: 너를 그리기

재료 연필, 종이.
방법 가장 자주 보는 사람과 마주앉아 서로의 얼굴을 그린다. 서로의 얼굴에서 눈을 떼지 말고, 종이를 쳐다보지 않고 그린다.

미국에서 공부할 때, 미국 친구들한테 당시 한참 유행하던 한국의 '얼짱' 각도에 대해 알려주었다. 인터넷에서 도는 몇 개의 셀카 사진을 보여주며 동그랗게 치켜뜬 눈과 V라인의 턱이나 V라인 착시 효과를 주는 손의 포지션에 대해 주목하라고 하니 무척 신기해했다. 우리에게 익숙한 것이 이들에게는 말도 안 되는 해외 토픽이었다.

우리는 어떻게 생겼으면 좋겠다는 바람이 담긴 비주얼 툴이나 방법이 많은 세상에 살고 있다. 사진이 진리라고, 정말 그렇지 않더라도 사진상으로 그렇게 보이면 되는 것이고, 실제로 삶이 그렇지 않다 하더라도 트위터나 페이스북 또는 블로그에서 행복하고 자유롭고 멋져 보이는 데 많은 노력을 기울이는 세상이다. 오죽하면 "당신의 삶이 당신의 페이스북만 같기를!"이란 덕담이 있을까? 이렇게 셀프 이미지가 넘쳐나는 세상에 사는데 자화상 그리기가 어떤 의미가 있을까?

오종은 미술 치료사는 "치료의 목적이 자기가 생긴 대로 살게 하기 위함"이라는 말을 하곤 한다. 내가 아닌 누가 되려고 하지도 말고, 내가 가진 것을 부정하지도 말고, 생긴 대로 나답게 살게 되는 과정이 치료라는 것이다. 사람들은 생긴 대로 사는 것도 어려운데, 그 과정을 다 뛰어넘어 생기지도 않은 모습으로 살려고 애를 쓴다.

셀카를 찍는 것과 정반대로 자화상 그리기는 생긴 대로 살기 위해서 내가 어떻게 생겼는가를 탐구하는 과정일 수 있다. 내가 어떻게 생겼는가 하는 것은 여러 각도에서 대답이 가능한 질문이며, 단순히 잘생겼다 못생겼다 하는 기준으로 답하기에는 너무 복잡한 질문이다. 어떤 상황, 어떤 표정, 어떤 불빛, 어떤 감정에 따라 사람의 얼굴은 시시각각 변한다. 3D로 존재하는 얼굴을 2D로 찍어놓고는 내가 이렇게 생겼나 보다 믿어버린다.

얼굴을 가장 잘 들여다보는 방법은 마치 앞이 안 보이는 사람처럼 얼굴의 윤곽을 만져보는 것이 아닐까 하는 생각이 들기도 한다. 얼굴은 단순히 스스로를 꾸미거나 포장하거나 혹은 나이를 나타내거나 숨기거나 하는 캔버스가 아니라 나와 세상을 연결하는 통로이다. 얼굴 근육의 세밀한 움직임은 세상의 일에도 반응하고 내면의 소리에도 반응하는 쌍방향 인터페이스이다. 자화상, 특히 얼굴을 그리는 것은 단순히 자신의 비주얼을 보고자 함이 아니라, 나의 내면과 바깥세상이 어떻게 조율하고 관계 맺고 있는지를 볼 수 있는 작업이다.

거울을 보거나 사진을 보면서 또는 손으로 얼굴을 더듬어보면서 자기 모습을 그리는 자화상 작업을 할 수 있겠지만, 다른 방법으로 내 앞에 있는 사람을 그리는 방법을 생각해 볼 수 있다. 사실 우리는 죽을 때까지 자신의 모습을 볼 수 없다. 내 눈은 밖으로만 향해 있기 때문이다. 거울이나 카메라를 통해 본다고 하더라도 우리가 보는 건 자신의 좌우가 바뀐 모습이다. 그래서 어쩌면 삶의 가장 가까운 초상은 나의 모습이 아니라 바깥으로 향한 내 눈이 가장 많이 보는 얼굴이 아닐까 하는 생각이 든다.

사랑하는 이의 눈을 보고 있으면 그 눈동자에 들어가 있는 내 모습이 보인다. 그렇게 나를 보는 것이 상대방을 보는 것이고 상대방을 보는 것이 나를 보는 것이겠구나 싶다. 그래서 사랑하는 사람을 '자기'라고 부르는 게 아닐까? 상대를 '자기'라고 부르는 한국어와 비슷하게 남아프리카에서 자주 쓰는 표현으로 '우분투Ubuntu'라는 말이 있다. 그 뜻은 "I am. Because of you." 한국어로 해석한다면 "나는 존재해. 당신으로 인해" 정도가 되겠다.

부부나 연인이나 가까운 친구끼리 마주앉아서 초상화를 그려보면 좋겠다. 서로의 얼굴을 찬찬히 살피면서 그리고, 종이를 쳐다보지 않고 종이에서 손을 떼지 않고 그리는 것도 좋은 방법이다. 이렇게 그림을 그리는 것은 어린 시절의 놀이처럼 재미있을 뿐더러, 비슷하게 그리는 것은 애초에 불가능하므로 그림에 대한 부담감에서 벗어나 단숨에 피카소의 경지에 오를 수 있다.

너를 그리기 (2014), 캔버스에 유화, 73×91cm

사랑하는 사람을 '자기'라고 부른다.
너를 가리키는 게 나를 가리키는 말인 '자기'.
나의 모습을 가장 잘 보는 것도 내가 볼 수 있는
유일한 '자기'인 당신을 잘 보는 것일 수도.

외계인과 함께 춤을

　　로렌스는 자꾸만 자기가 외계인이라고 우긴다. 외계
인이라고 주장하는 사람을 만나는 것이 정신 병원에서는 특이할 만
한 일이 아니다. 그러나 로렌스가 기억에 남는 두 가지 이유가 있
다. 하나는 이 병원에 오는 대부분의 환자들이 나이가 좀 있고 정신
분열증을 오랫동안 앓아온 만성 정신병 환자인 데 비해 로렌스는
발병한 지 그리 오래되지 않은 이십대 초반의 남자라는 점이다. 다
른 환자들은 대개 허름하고 냄새나는 옷차림을 하고 있는데 로렌스
는 말끔하게 면도를 하고 몸에 잘 맞는 가죽 잠바 차림을 한 잘생
기고 멋진 남미계 젊은 남자이다.

　두 번째 이유는 이렇게 외계인이라고 주장하는 이들 중에서도
그 내용이 이상하다기보다 안타깝다는 점이다. 그가 하는 이야기의
골자는 자기는 외계인인데 지구에 도착한 뒤 자기가 타고 온 우주
비행선을 잃어버렸으며, 그 비행선을 찾아야 집에 돌아갈 수 있다
는 것이다. 제발 비행선을 찾게 도와달라고 애걸을 하는데 그 모습

이, 아, 너무 안타까워서 당장이라도 일어나 비행선을 찾아나서야 할 것만 같다. 하지만 이 병원에서 오랫동안 일한 사람들은 물론 다른 환자들, 심지어 다른 '외계인'까지도 로렌스의 이야기에는 관심이 없다. 그 대신 "너도야?" 하는 표정을 지을 뿐. 이 충격적인 고백에 사람들이 반응을 하지 않으니 로렌스는 얼마나 속이 터질까?

답답해서 속이 터질 것만 같은 로렌스. 그가 지구별에 불시착한 지 사흘째 되는 날, 내가 진행하는 집단 미술 치료 그룹에 처음 들어왔다. 아마 그룹 치료에 참여를 잘하면 빨리 퇴원할 수 있다고 슬쩍 찌른 말이 효과가 있었나 보다. "오늘 어떠세요?" 하는 질문에 간단히 대답하는 것으로 그룹 치료를 시작한다. 원래 한두 마디 돌아가면서 하고 새로 온 이들을 환영하는 것으로 그룹 치료를 시작하려는 의도이지만, 그 한마디조차 안 하겠다는 사람, 노래를 부르겠다는 사람, 장편 서사시를 읊는 사람들로 인해 간단하게 넘어가지지 않고 이것만 하다가 끝나기도 한다. 로렌스의 차례가 되자 그는 이때를 기다렸다는 듯이 두서없이 또 우주선, 외계인 어쩌고저쩌고 한다. 그의 말을 여기 대충 옮겨보자.

"내가 하늘에 바다에 들어와 앉아서 날아왔는데 파리가 놀라서 우주선이 지구에 미국에 날아가서 앉았는데 엄마가 지구인이 경찰이 놀라서 날아가서 먹다가 피자 좋아해 그래서 여기 콜라 없어 물을 마셔 녹색 물이야 우주선 어디 있어 내가 어디 있어 별에 가야 해 좋아해 날아가 기어가 녹색으로 물이 바다가 피망이 싫어 노란색 둥그런 지구가 집에 우주선 헤드라이트가 차가 있어……"

흠! 무슨 말을 하는 건지. 어떻게 반응할지 몰라 포개진 손가락을 꼼지락거리고 눈동자를 좌우로 굴리다가 그냥 무시하고 다음 순서로 슬그머니 넘어가도, 로렌스는 계속 말을 한다. 그래서 나는 진행 발언으로 넘어간다.

"오늘은 찰흙으로 나무를 만들 거예요. 당신이 나무라면 어떤 나무였을까요? 여기 다른 사람들이 만든 나무가 몇 가지 있어요. 이것들을 모으면 숲이 되겠죠? 우리 같이 다양한 나무들을 만들고 나무들을 모아서 숲을 만든 뒤에 우리의 숲을 전시할 거예요. 다른 사람들이 만든 예를 같이 볼까요? 이건 돈이 나오는 돈나무고요, 삶에서 막힌 것을 뚫는 칼나무, 옆으로 자라는 나무 등 이렇게 다양한 모습의 나무가 있네요."

몇 주째 전시를 위해 진행하고 있는 나무와 숲 만들기 프로젝트다. 로렌스가 우주선 나무를 만들면 얼마나 멋질까! 하지만 로렌스는 우리 앞에 펼쳐진 갖가지 나무들에는 눈길 한 번 주지 않고, 불안한 눈으로 자신의 별을 찾아 이곳저곳을 두리번거리고 있다.

"로렌스, 찰흙으로 나무 만들어보지 않을래요?"

우주선을 찾는 사람보고 나무를 만들라니 기가 막힌가 보다. 나를 "뭐야?" 하는 표정으로 날카롭게 쏘아보는데, 아, 어느 별에서 온 왕자님일까? 참~ 잘생겼다. 내가 나무를 만들어보라고 테니스공만 하게 동그랗게 빚은 찰흙덩어리를 내미는데 받을 생각을 안 한다. 내민 손이 민망해서 어쩔까 하다가 찰흙덩어리를 내 손바닥에 놓고 뿌직~ 하고 납작하게 눌렀더니 팬케이크 모양이 되었다.

"로렌스, 혹시 당신이 찾고 있는 UFO가 이렇게 생겼어요?"

로렌스의 잔뜩 찌푸린 눈이 슬로모션으로 천천히 풀리더니 그 눈이 다시 동그랗게 커지면서 반갑고 놀랍다는 표정으로 찰흙 팬케이크와 나를 번갈아 쳐다본다. 그러더니 하는 말이 "아니, 이…… 이…… 이걸 도대체 어디서 찾았소? 이게 바로 내가 찾던 UFO요!" 아니 내 말은 그가 찾는 UFO가 이것처럼 생겼냐고 물은 건데, 이 사람 말은 이게 그가 찾던 바로 그 UFO란 것이다. 아! 이 얼마나 놀라운 발견인가!

"어…… 어……" 하고 또 말문이 막혀 있으니 그가 다그친다.

"이거 어디서 찾았소? 내가 얼마나 찾았는지 몰라요."

"어…… 그런데…… 음…… 이게 정말 똑같이 생겼어요? 뭐 다른 점은 없어요?"

로렌스는 내 질문에 찰흙덩어리를 자기 손바닥에 받아들고는 이리저리 위아래로 돌려본다. 그러고는 하는 말이 "흠, 그러고 보니 윗부분이 좀 다른 거 같아"라고 한다.

"그래요? 그럼 한번 고쳐볼래요?"

"흠…… 윗부분이 좀 뾰쪽해야 해. 조종사 타는 자리거든."

그는 곧 엄지와 검지로 집게 모양을 만들어서는 조심스럽게 UFO의 윗부분을 살짝 집는다. 손톱자국도 조금 냈다. 그러더니 또다시 비행선을 왼쪽 오른쪽 이리저리 돌려가면서 보더니 얼굴을 살짝 찌푸리면서 하는 말이, "아냐, 아냐. 여기가 달라. 이게 아니야" 하면서 신중하고 조심스럽게 양쪽 끝부분을 살짝 집는다. 우주선 날개인가 보다. 얼마나 집중하면서 그 일을 하는지 로렌스도 나도 숨을 멈추고 있다. 그가 다 끝났다고 하자, 그제야 "휴~" 하고 그와 내가 동시에 숨을 내쉬었다. 숨 막히는 작업이었던 것이다.

로렌스처럼 이상하게 말하는 것은 이곳에서 흔하게 볼 수 있다. 이런 이상한 말은 정신분열증의 한 형태로 와해된 언어disorganized spceech라고 한다. 말을 와다다다 따발총처럼 하는 경우도 있고, 문법에 따라 문장을 구성하지 않고 어떤 연상 작용에 의해서 단어들을 줄줄이 내뱉는 '단어 샐러드word salad'라 일컫는 증상도 있다. 치료사의 기본이 다른 사람의 말을 잘 들어주는 것인데, 그들의 이야기를 이해하려 열심히 귀 기울이다 보면 메모리 초과가 돼서 머리에 쥐가 날 것만 같다. 그런데 그걸 그냥 "못 알아듣겠소" 하고 넘어가기 어렵게 하는 사람들이 있는데 바로 로렌스의 경우가 그렇고 또 하워드도 그렇다. 하워드는 알아듣지도 못하는 말을 너무나 열심히 한다. 그는 무척이나 소통을 하고 싶어 한다.

"파란색 하늘에 새 파리 검정색 깊어서 파란데 물이 호흡을 바닥에 끌다가 날아가 뒤로 사람이……"

하워드는 오십대 말의 아저씨인데 겉보기에는 칠십대 노인 같다. 대충 입은 병원 가운이 자꾸만 내려와서 그를 바라보기가 민망하다. 또 그의 지저분한 머리와 깎지 않은 수염과 다 상한 이빨이 그를 멋진 아저씨로 보이게 한다고는 말하기 어렵다. 게다가 지나가는 사람마다 붙잡고 따발총 이야기를 해서 그들의 정신을 쏙 빼놓는다. 위에 언급한 로렌스는 드문드문 이야기의 맥이라도 통하는데 하워드는 전혀 문맥이 없다. 도저히 이해할 수 없다. 그런데 그렇게 열심히 말하는 그의 눈이 애처롭다. '제발 제 얘기 좀 들어주세요' 또는 '제발 제 말을 좀 알아들어 주세요' 하는 눈이다. 그래서 한번 들어보기로 했다. 귀로 안 들리면 눈으로, 눈으로 안 되면 마음으로 듣는 게 내 직업 아닌가.

지나가는 간호사를 붙잡고 뭐라고 뭐라고 하는 하워드 할아버지를 불러다가 미술 도구가 있는 테이블에 앉힌다. 스쳐가는 단어들을 잡으려 하지 않고, 어떤 문맥을 찾으려고 하지도 않고, 논리로 이해하려 하지도 않고 그저 둥둥 떠다니는 단어들을 받아 적었다. 단어들의 연결에 언어적 체계가 없어서 머리로는 이해하지 못하지만, 반복되는 단어들과 거기에서 나오는 느낌들은 있다. 물, 바다 밑, 걷기, 스쿠버 다이빙 같은 단어는 수백 개의 퍼즐 조각 중에서 나에게 이미지를 주고 상상력을 발휘하게 하는 것들이다. 그 조각들을 바탕으로 대충 그림을 그린다. 바다 밑을 걷고 있는 스쿠버 다이버의 모습이다.

"무슨 말씀이신지 잘은 모르겠는데요, 혹시 이런 거 말씀이세요?"

하워드는 내 말을 들었는지 못 들었는지 "그래, 그래"라고 대답하는 것 같더니 또 어쩌고저쩌고 이야기가 길어진다. 아까는 느낌으로 이해를 할 듯 말 듯했는데 새로운 단어들이 나오니 이젠 전혀 귀에 들어오지 않는다. 무슨 말인지 몰라 얼굴을 잔뜩 찌푸리게 되자 그런 내가 답답한지, 말로 이해시키기를 포기했는지, 자리에서

고양이 '다홍이'는 세상에서 가장
신기한 것을 매일매일 발견하는 것 같았다.
공기통을 매고 바다 속을 처음 들어가면서
호기심 많은 '다홍이' 생각이 났다.
나도 처음 보는 것들이 생겼다.

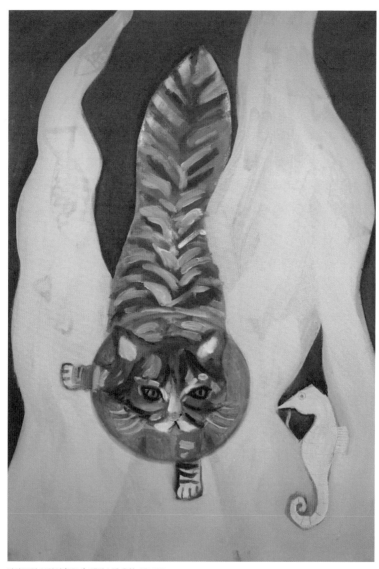

바다로 간 고양이 (2014), 캔버스에 유화, 50×73cm

일어나더니 자기를 따라오라고 손짓을 한다.

간 곳은 복도. 하워드는 긴치마처럼 발목까지 치렁거리는 병원 가운을 올린 뒤 무릎을 굽히고 발꿈치를 들었다. 그리고 한 발 한 발 슬라이딩하듯 뒤로 걷기 시작한다. 아니 이것은! 마이클 잭슨의 문워크가 아닌가! 나도 따라해 본다. 어렸을 적 연습했을 때도 성공하지 못한 것이 이제 와서 될 리 없지. 하워드 할아버지가 씩 웃더니 이번에는 조금 더 천천히 발 바꾸는 모습을 보여준다. 한쪽 발꿈치를 들어 뒤로 밀면서 몸을 뒤로 밀고, 그 발꿈치를 내림과 동시에 다른 발꿈치를 들어 슬라이딩.

우리 둘이서 이러고 있자 건너편 방에 누워 있던 망상 환자가 구경을 나온다. 그러자 침대에서 늘 멍하게 앉아 있던 옆방의 우울증 환자도 나온다. 지나가던 정신보건간호사도 멈춰서 구경을 한다. 환자들도 간호사들도 내가 뒤뚱뒤뚱거리는 걸 재미있어하는 것 같아서 아예 망가진 모습을 보여주니 사람들이 하하하 소리 내어 웃는다. 누군가 마이클 잭슨의 노래 한 대목을 불렀다. "Beat it~ Beat it~" 험상궂게 생겼다고 느꼈던 한 젊은 흑인 환자가 브레이크 댄스의 기본인 완벽한 웨이브를 보여준다. 그러다 보니 나는 환자에게 손을 대면 절대 안 된다는 규율을 어긴 채 옆에 서 있던 환자의 팔을 때리면서 웃고 있다. 하워드 할아버지도 웃고 있다.

이날 우리가 만들고 창조한 것은 무엇인가? 무엇이 치료이고, 어디까지가 치료적 개입인지, 또 어떤 이야기가 오고갔는지 잘 모르겠다. 하지만 문맥, 언어, 임상, 치료, 이야기, 효과…… 그렇게 내 머릿속에서 둥둥 떠다니는 단어들을 다 제치고 오늘 병원 복도에서 치료사와 환자와 간호사 들이 어울려 춤을 추었고, 이 감옥 같은 곳에서 웃음이 울려 퍼졌다.

정상인이든 정신병자이든 "당신은 미쳤소. 그러니 당신 이야기도 다 미친 거요"라고 하면 대화할 여지가 없어진다. 나는 미술 치료 공부를 하면서 그들이 말하는 것을 듣지 말고, 그들이 정말 하고자 하는 이야기를 들으라고 배웠다. 즉 로렌스가 하는 말이 비논리적이라는 객관적 사실을 부인하는 게 아니라, 로렌스가 왜 여기 있는지, 또 어떻게 해야 이전의 삶으로 돌아갈 수 있는지 모르는 답답함과 혼란함은 적어도 그에게 주관적 사실임을 인정해 주는 것이다. 그의 우주선을 통해서 이러한 주관적인 경험과 그 경험의 은유적 표현을 읽어내는 것이 우리 치료사가 할 일 가운데 하나이다. 그리고 그렇게 할 때 대화가 이뤄질 수 있다. 하워드의 경우, 나는 처음부터 끝까지 그의 말을 알아듣지 못했다. 하지만 우리는 같이 춤을 추었고, 내 생각에 춤은 대화 이상의 소통이다.

치료사 일을 계속하는 한 이런 일들은 반복된다. 사람들은 자기를 이해해 주고 진심으로 자기 말을 들어주는 사람이 없어서 치료실을 찾는다. 또는 말을 들어주기가 힘들어서, 믿어주기가 힘들어서 치료실을 찾는 경우도 종종 있다. 자녀가 하는 말이 다 거짓말로 들려서 믿지 못하겠다는 부모님이 치료실을 찾은 적이 있다. "그의 말을 믿어주세요"라고 하면, 학교 가겠다고 약속하고는 안 가고, 아프다고 거짓말하고 PC방에 가 있고, 학교 갔다고 거짓말한 것이 계속 들통이 나는데도 또 속아주라는 말이냐고 반문한다.

　내가 믿어주라고 하는 것은 객관적인 사실을 믿어주라는 것이 아니라 주관적인 사실을 믿어주라는 것이다. 객관적으로 우주선을 타고 온 것을 믿기는 힘들지만, 그가 자신의 갈 길을 잃었으며, 집으로 갈 수가 없고, 이곳에 혼자 떨어져 막막하다는 그 사실을 믿어주라는 것이다. 모든 거짓말에는 진실의 씨앗이 들어 있으며, 우리가 접속하고자 하는 진리는 속에 있는 그 씨앗이다. 다 싸잡아 거짓말이라고 한다면 절대 들을 수 없는 것이므로 씨앗이 떨어지지 않게 조심히 열어볼 일이다.

몰라야 만들 수 있는 작품

재료 찰흙.
방법 손에 테니스공만 한 찰흙을 쥐고 만지작거리다가 손의 움직임을
따라 무언가를 만들고, 그 무엇이 하고 싶은 이야기를 듣는다.

어린이들은 미술 재료를 앞에 두고 가지고 놀라고 하
면 그게 무슨 말인지 안다. 아직 말도 못하는 아이들이 크레용이
건 엄마 립스틱이건 손에 쥐고 종이든 벽이든 바닥이든 마구 낙서
를 하면서 무아의 즐거움에 빠져 있는 모습을 보면 바로 저거다 싶
다. 하지만 어른들은 재료를 펼쳐놓고 "자, 놀아봅시다!" 하면 몹시
당황해한다. "뭐를 하라는 거지요?" "칠판에 써주시겠어요?" "제발
무엇을 하라는 건지 얘길 좀 해주시면 안 돼요? 그러면 열심히 할
게요." 이런 이야기를 듣게 된다.

일단은 재료와 놀아야 어떤 작품을 만들지를 알 텐데, 놀자는 말
을 이해 못하니 수업이 잘 진행되지 않는다. 그러나 소통이 안 된다
고 답답해만 하던 나도 반복적으로 이런 상황을 접하게 되니 점점
적응해 갔고, 논다는 것도 창조한다는 것도 자유롭게 한다는 것도
모두 일정한 한계를 줄 때 안전함을 느낀다는 걸 알게 되었다. 자유
가 틀과 틀 밖의 조화로움을 가지고 있고, 이 프레임 안에서, 이 주
제 안에서, 이 재료의 특성 안에서 자유로울 때 창의력과 상상력을
불러일으킨다. 문제는 프레임의 크기이다. 재료나 주제만 줄 것인
가, 아니면 이 주제에는 이 붓으로, 이 색의 물감으로, 이것을 그리

라고까지 제약을 둘 것인가? 너무 작은 프레임 안에서 창조력을 말살당하는 교육을 받아온 많은 이들에게 '자유롭게' 또는 '창조적으로' 또는 '마음대로'라는 것은 판단 기준이 없는 위험한 지대라는 것도 알게 되었다. 하지만 재료를 가지고 놀아야 마음이 묻어나는 작품을 만들 수 있다는 생각에는 변함이 없다.

하지만 요즘은 그냥 "노세요~" 대신에 좀 더 길게 설명을 한다. 예를 들면 이런 식이다. "무엇을 만들려고 하지 말고, 결과를 생각하지도 말고, 재료들을 만지작만지작거리세요." 그래도 아무도 만들기를 시작하지 않고 있으면 이렇게도 말한다. "머리를 따라가지 말고 마음을 따라서 만들어보세요." 그래도 못 알아듣는 것 같으면, "내 연필에(또는 파스텔에, 또는 붓에) 외계인이 들어 있다고 생각하고, 내가 아니라 이 외계인의 지시를 따라서 움직여보세요"라고 말하기도 하고, 자신이 가지고 있는 재료를 뚫어져라 쳐다보면서 "네가 되고 싶은 게 뭐니?"라고 물어보라고 시키기도 한다.

어떤 때는 이렇게 설명을 많이 하다 보면 사람들도 나도 헛갈리고 소통은 미궁에 빠지지만, 아무튼 내가 하고자 하는 이야기는 "놉시다!" 이 한마디이다. 우리는 어쩌다 놀자는 말이 이해가 안 되는 어른이 되었을까?

놀이의 가장 큰 특성은, 결과와 상관이 없고, 하다 보면 빠져들어 멈추기 싫어진다는 점이다. 결과를 미리 고민하면 과정에 빠져들 수가 없고, 결과만을 추구하면 과정의 즐거움에 빠질 수 없다. 어른이 되는 과정에서 우리가 배우게 되는 것 중의 하나가 결과가 확실

해야 과정을 경험한다는 점이다. 그러다 보니 과정을 등한시하고, 지름길과 효율을 찾고, 이미 검증된 것만 따라하게 된다. 이유 없고, 무엇이 될지 모르고, 가보기 전에는 알 수 없는 그런 과정들은 피하게 되는 것이다.

쓸데없고, 이유 없고, 소용도 없고, 결과가 있을지 없을지 모르는 창작이라는 활동을 하는 이유는 그렇게 할 때만 얻을 수 있는 소중한 것들이 있기 때문이다. 시간이 멈추고 과정에 몰입하고 미래의 결과가 아닌 현재의 행위에 머무를 때만 그 모습을 나타내 보여주는 소중한 것이 있다. 오늘날의 결과 중심, 성과 중심 사회에서 내몰리고, 등 떠밀리는 듯한 삶을 사는 우리에게 정말로 필요한 '지금을 사는 기쁨!' 그리고 순간이라는 시간이 열려서 공간이 되는 '몰입의 경험'이 바로 그것이다.

그래서 몰라도 시작할 수 있는, 아니 몰라야 잘할 수 있는, 어른을 위한 놀이 치료 작업으로 찰흙 작업을 추천한다. 찰흙 작업의 가장 큰 장점은 뭔가를 만들려고 의도하지 않아도 일단 손으로 잡는 순간 창작을 이미 시작하게 된다는 점이다. 비록 손도장을 찍은 정도지만, 뭐를 만들지 모르겠는 두려움을 이미 넘어가기 시작한 것이므로 창작이 두려운 사람이 시작하기 좋은 도구이다.

손으로 만지작거리다가 어떤 모양이 나온다면 그 모양을 따라가보자. 예를 들어 삐쭉한 모양이 나온다면 더 삐쭉하게 만든다거나 사방으로 삐쭉삐쭉하게 만들어보는 것이다. 중요한 것은 무엇을 만들지 결과물을 미리 정하지 말고 창조 과정을 따라가면서 '삐쭉하다'는 은유를 풍부하게 경험해 보는 것이다. 이미 다 안다면 발견할 것이 없으니 무엇을 만들지 모른 채 바로 그 모름을 따라가 보자. 눈을 감고 손의 감각을 믿고, 내면의 창조성을 믿고 창작 과정의 흐름을 따라가 보자. 만지작거리는 감각을 따라서 찰흙과 놀다 보면 무엇인가는 만들어지므로 무엇을 만들지에 대한 고민에서 벗어나 만지고 움직이면서 형태가 나오는 순간순간의 과정에 깊게 빠져 들어가 보자.

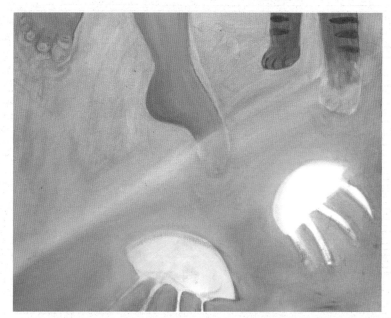

해파리 (2014), 캔버스에 유화, 65×53cm

죽은 모습이 찢긴 비닐 같았다.
칼국수 면처럼 채쳐진 것을 먹었다.
죽은 것을 바라보고 먹어보고, 독에 쏘여
고통은 받아봤지만, 물속에서 헤엄치는
빛나는 그 모습은 한 번도 보지 못했다.
나는 해파리를 본 적이 없다.

아픈 몸을 그림으로 치유하다

미술 치료 공부를 위해 유학을 가는 과정에는 서류 절
차와 면접이 있다. 나처럼 외국에서 지원하는 경우 대면 면접 대신
에 전화 면접이 가능한데, 나는 거기가 어떤 곳인지 보고자 직접 찾
아갔다. 면접 시간에 맞추어 교수실을 찾아갔을 때, 교수님은 한국
에 전화를 하고 있었고, 전화를 통해 만날 줄 알았던 학생이 직접
문지방을 넘는 모습을 보고 놀라하셨다. 이 일로 면접이 웃음으로
시작된데다, 면접관인 랜디 교수님은 내 인생에서 만난 가장 웃긴
사람이었으니 한 시간 동안 웃다가 면접이 끝났다.

그러다 마지막 질문으로 정색을 하며 교수님이 내게 정신 건강
분야에서의 임상 경험이 있는지를 물었다. 임상 경험이라…… 미술
치료나 미술과 전혀 상관없는 요가를 가르쳐본 일이 있기는 한데
그것도 경험이 될 수 있냐고 조심스럽게 물었다. 한국에서 요가 자
격증 수업의 실습 과정으로 정신분열증 환자들을 위한 낮 프로그램
에서 그들을 가르친 경험이 있었다.

서울 구석진 동네, 한참을 걸어 올라가고, 꺾고, 또 올라가고 헐 떡헐떡댄 뒤에야 도착할 수 있는 평범한 1층짜리 가정집. 보통 '낮 병원'이라고 불리는 프로그램이 진행되는 곳이다. 낮 병원은 정신 병원에 입원할 정도는 아닌 환자들이 통근 치료를 받으면서 밤에는 집에 가고 낮에는 하루 종일 모여서 이런저런 프로그램을 하는 곳 이다. 다양한 프로그램이 있어서 일주일에 한 번 문화 나들이도 가 고, 집에서 시사 프로그램을 보며 토론을 하기도 하고, 미술 치료를 하기도 한다.

나는 이곳에서 요가 프로그램을 시작했다. 요가를 가르치는 것은 처음이라 정말 멋진 요가 선생님이 되고 싶은 기대감과 설렘이 많 았다. 하지만 요가를 하는 마루는 늘 비좁고, 요가 시간은 점심 시 간 바로 전이라 집중하기 어려웠다. 마루 바로 옆에 붙어 있는 부엌 에서 원장님과 부원장님이 생선을 굽고 전을 지지고 찌개를 끓이고 있어 배고픈 회원들이 요가에 집중하기 힘든 구조였다.

첫 수업이던가, 두 번째 수업이던가?

"회원님들, 오른팔을 이렇게 들어서 귀에 붙이시고요, 손을 천장 을 향해 쭉 뻗으세요."

그들이 이 동작을 하는 것을 보고 나는 아주 빨리 알아차렸다. 내 가 지금까지 배운 거, 준비해 온 수업 계획, 요가에 관한 나의 철학, 요가 아쉬람 방문의 경험, 요기와의 만남 등이 다 소용없다는 것을. 아주 쉬운 동작인데 자세들이 하도 제각각이어서 누구를 지적해서 어떻게 고쳐줄지 난감했다. 팔은 귀에서 멀고 팔꿈치는 펴지지 않고, 어떤 분들은 팔이 아예 안 올라가는지 들다가 만다. 이분들과 요가를 하는 것이 과연 가능한 일일까 싶어서 당황스러움과 실망감과 허무함이 잠시 내 마음속을 스쳤다. 요가라고 부르든 체조라고 부르든 뭐라고 부르든 어떻게든 몸을 움직이면 좋지 않을까 싶어서 그냥 넘어가려고 하는데, 최근에 새로 오셨다는 사십대 중반쯤의 아저씨 한 분이 오른팔을 들다가 허공에 멈추고는 나를 부른다.

"선생님! 저는 못하겠어요!"

"왜요? 팔이 아프세요?"

"아니요, 제 팔 안에 사는 개미 외계인들이 팔을 들지 말라고 하는데요."

농담인가 싶었는데 표정을 보니 농담은 아니다. 내가 어떻게 반응해야 할지 몰라 눈을 꿈뻑꿈뻑거리다가 주위를 둘러보며 다른 사람들의 눈치를 살폈다. 주위에 있는 회원님들은 눈 하나 꿈쩍하지 않고 나름대로 팔을 이렇게 저렇게 대충 들고 있고, 원장님과 부원장님은 부엌에서 기름이 톡톡 튀는 소리에 맞추어 순간 휙~ 하고 호박전을 뒤집는 데 온 신경을 집중하고 있고, 구석의 컴퓨터 앞에 앉은 사회복지사는 등을 구부려 모니터에 얼굴을 바싹 대고는 뭔가 열심히 읽다가 자판을 두들기다가 읽다가 자판을 두들기다가 하고 있다. 즉 아무 일도 아닌 것이다.

"음…… 음…… 왜 그럴까요? 외계인들한테 이야기 잘해서 오늘만 들자고 하면 안 될까요?"

"잠깐만요. 물어보고요."

팔을 내리고 뭔가 혼잣말로 쑥덕쑥덕하더니, 별말 없이 팔을 엉거주춤 올린다. 아마 타협에 성공했나 보다.

"네, 여러분. 참 잘하셨어요. 숨을 내쉬면서 팔을 툭 하고 내려놓으시고요, 다른 팔 들어주세요."

그때는 정말이지 세상에 별별 외계인이 다 있다는 것을 몰랐었다. 이런 것도 임상 경험으로 치나 싶어 자신 없게 이야기했는데, 그때 그 교수님이 유쾌하게 웃으며 임상 경험이 맞다고 하셨다. 이 뜻밖의 임상 경력 덕분에 미술 치료 대학원으로 진학할 수 있었고, 2학년이 되어 병원에서 인턴으로 일하면서 정신분열증 환자들을 본격적으로 만나게 되었다.

나는 주로 그룹으로 진행하는 미술 치료를 하고 필요에 따라 개인 치료를 했다. 병원에서 환자들을 위한 휴식relaxation 그룹을 맡아달라는 요구가 있어서 어떻게 환자들에게 요가를 가르칠까 고민하고 나름의 실험을 해보게 되었다. 요가에서 하는 표현들, 예를 들면 빛이 들어오고 나가고, 팔이 길어지고 하는 은유적인 표현을 그들이 곧이곧대로 받아들이면 어쩌나, 또 현실 검증력(즉 이건 내 팔이고, 저건 당신 팔이고 등등)이 없는 사람들과는 명상을 안 하는 것이 정석인데 요가를 하다가 그들의 상태가 더 심해지면 어쩌나 하는 걱정이 생겼다.

정신분열증 증상이 심한 환자의 그림을 미술학도의 입장에서 보면 에너지가 솟구치는 아주 매력적인 작품인 경우가 많다. 오죽하면 정신 질환을 가진 작가의 작품만 모으는 컬렉터가 있을까? 나도 환자의 작품을 돈 주고 사고 싶은 생각이 든 적이 몇 번 있었다. 하지만 미술 치료사의 입장에서 본다면 그들의 증세가 그대로 드러나는 그림들이므로 마냥 멋지다며 좋아할 수만은 없는 노릇이다.

그들의 그림을 보면 경계가 분명하지 않다. 나와 나가 아닌 것 사이의 경계가 불분명하고, 사회적인 나와 내면의 나 사이의 경계 또한 불분명하다. 현실과 상상이, 생각과 현실이 뒤죽박죽된 그림은 상상의 영역과 실제의 영역이 서로서로 침투하고 섞여 있음을 보여준다. 그래서 고민고민하다가 몸의 윤곽선을 그려주고 그 안에 자신의 몸을 표현하게 했다.

경계를 강화하는 방법으로 한 시도였는데, 이 그룹에 참여한 사십대 정신분열증 환자인 마이크는 자신의 몸을 표현한 뒤 종교적 해석을 덧붙였다. 비교적 또렷하게 의사 표현을 하는 그는 "어느 교파가 있는데 그곳에 가면 몸에서 빛이 나오고, 종교의 힘 덕분에 총알이 몸을 뚫지 않게 된다"고 했었다. 그런데 그 교회는 다운타운에 있고, 자기 몸에서는 녹색의 빛이 나오는데 무지개가 어떻고 하늘이 어떻고 이야기를 한다. 이런 사람에게 요가를 가르치면서 쓰는 멘트가 어떻게 받아들여질까? "자, 호흡을 하면서 맑고 밝은 빛이 내 코를 통해 몸 안으로 들어옵니다. 호흡을 내쉴 때 이 밝은 빛이 내 몸 안 곳곳을 돌아다니며 몸을 정화합니다. 들이쉬고 내쉬고 들이쉬고 내쉬고. 자, 이제 내 몸 안에는 밝고 건강한 빛이 가득합니다.……"

어떻게 하면, 요가와 미술 치료를 접목한 방법이 그들을 환각이

나 환청이나 상상의 세계에서 나와서 자신의 몸이 존재하는 '지금 여기here and now'를 경험하게 할까 고민이 되었다. 이러한 생각이 몽글몽글 피어나서 요가의 동작인 아사나와 간단한 호흡법을 미술 치료에 접목하는 실험을 하기 시작했다. 이렇게 미술 치료와 요가를 짬뽕해서 만든 기법을 환자들과 반복해 봤는데 반응이 좋았다. 아주 간단한 동작과 의도적인 호흡 몇 분만으로도 몸이 더 편해졌다거나 숨쉬기가 좀 쉬워졌다고 하는 환자들이 많이 있었다. 아무리 말을 걸어도 입을 다물고 있던 사람이 여기가 쑤신다, 저기가 아프다 하며 이야기하기 시작하고, 불평불만만 내뱉던 사람이 웃으며 매일매일 했으면 좋겠다고도 했다. 숨도 안 쉬고 침 튀기며 말을 해대던 사람의 말수가 요가 수업을 하는 중에는 줄어들기도 했다. 환자들의 얼굴 표정이 편안해지니, 그 효과를 보고 심지어 정신보건 간호사들도 와서 참여를 했다. 이토록 약발이 잘 드는 것은 아마도 (이 사실에 깜짝 놀라지 마시길!) 몸과 마음이 연결되어서 그런 게 아닐까 싶다.

이러한 반응에 힘을 얻어 내가 좋아하는 것을 다 섞어보았다. 요가에 미술 치료에 자비慈悲 명상을 접목했다. 부처님이 가르치셨다는 자비 명상은 영어로는 '사랑스럽고 친절한 명상Loving-Kindness Meditation'이라는 어여쁜 이름의 명상법인데, 원래 부처님의 언어인 팔리 어로는 메타metta 명상법이라고 한다. 이 명상은 자비심을 키우는 방법으로 내 안에서 따뜻한 자비의 기운을 찾아 다른 이들에게 나눠주는 것이다.

요가 연꽃 (2014), 캔버스에 유화, 50×61cm

들이마시는 호흡에 꽃봉오리가 열리고,
내쉬는 호흡에 꽃봉오리가 닫힌다.
들이마시고, 내쉬고, 들이마시고, 내쉬고……
꽃이 팔랑팔랑 날갯짓을 한다.

자비 명상법을 여러 번 해본 결과, 사람들이 자기 안에서 자비심을 찾는 첫 단계에서 막히는 것을 많이 보았다. 그래서 자신에 대한 자비심을 키우는 방법으로 요가와 미술 치료를 썼다. 요가로 몸을 움직이며 몸의 감각을 깨우고, 쑤시고 아픈 몸을 경험한다. 아픈 곳을 미술로 표현하고, 미술로 아픈 곳을 어루만진다. 스스로의 아픔을 미술 치료로 어루만지는 과정에서 자비 명상에 필요한 '자신을 향한 자비심'을 찾고자 하는 것이다.

이 복잡하고 다양한 과정을 우리 환자들이 다 이해하고 따라했다고는 생각하지 않는다. 그 과정의 어떤 요소가 그들의 마음에 다가갔는지는 모르겠지만 참여자들은 아주 긍정적인 반응을 보였다. 그 이유는 아마 가지각색일 것이다. 심심했는데 마침 새로운 것을 해서일 수도 있다. 어쩌면 "어디가 아프십니까?"라고 내가 물어봐줘서일 수도 있다. 어쩌면 늘 꼼짝 않고 있다가 몸을 움직이니 기분이 나아져서 그런 것일 수도 있다.

치료사들은 자신의 치료 방법이 효과가 있다고 주장하지만, 정작 어떤 부분이 치료 효과를 가져왔는지는 잘 모른다. 나도 이 기법에서 어떤 부분—요가, 미술 치료, 명상, 어쩌면 그 후에 나온 간식?—이 치료 효과를 거두게 했는지 모른다. 다만 많은 경우 사람을 건드리는 것은 대단한 치료 기법보다 따뜻하게 대하기, 공감으로 들어주기 등 아주 기초적인 것일 때가 있다. 어쨌든 이유는 다 각각이겠지만, 그들은 간단하지만 지극히 명료하고 현명한 방법으로 자신의 상태를 그림으로 표현했다.

그들의 작품을 보면 우리가 그들을 정신병이 있는 사람으로 보는 것이 아니라 그 사람을 정신병과 동일시하는 건 아닌가 하는 부끄러운 생각이 들곤 한다. 암 환자라고 해서 그 사람 전체가 암 덩어리인 것이 아닌데, 유독 정신 질환자의 경우에는 정신 질환이 있다고 해서 그 사람 전체가 정신병인 양 기피하고는 한다.

정신 병원에서는 그들에게 주는 게 한정되어 있다. 밥 때가 되면 줄을 서서 아무 맛도 향도 없는 밥을 받아 기계적으로 먹고, 밥을 먹고 나면 텔레비전을 멍한 눈으로 쳐다본다. 그런데 이분들이 몸을 움직이기 시작하면 얼마나 많이 아프다고 하는지 모른다. 만성적인 긴장과 나쁜 자세, 운동 부족으로 허리가 안 아픈 사람이 없고 어깨 근육이 뭉치지 않은 사람이 없다. 관절이 아프다는 사람도 많고 소화 장애와 장腸 문제도 아주 흔하다. 우리 자신이 그렇게 아프다면 물리 치료도 받고 약도 먹고 마사지도 받곤 할 텐데, "소화가 안 되니 소화제를 달라" "허리가 아프니 약을 달라" 하는 이들의 요구는 대부분 무시된다. 사람들은 이들의 말을 잘 믿지도 않고 심각하게 받아들이지도 않는다. 병원에 불을 지른다고 날뛰거나 의사를 때리겠다고 위협하거나 벽을 주먹으로 쳐서 구멍을 내기 직전까지 가지 않는다면 말이다.

정신병이 비록 사람의 정신을 장악한다고는 해도, 그 사람의 인간됨은 병의 영역보다 훨씬 크고 넓고 깊으며, 병명으로는 짐작할 수 없는 또 다른 면이 그 사람에게 있게 마련이다. 그렇기 때문에 아무리 마음이 아프고 또 자신이 원하는 것을 똑바로 표현할 수 없다고 하더라도, 즐거움과 보살핌, 즉 우리가 모두 원하는 인간적인 대우와 기쁨을 누릴 이유가 있다.

시간이 흐르고, 한국에 오고, 일반인을 대상으로 이와 똑같은 작업을 해보았다. 지각을 위한 요가로 몸의 불편한 곳을 그림으로 표현하고, 요가와 미술 치료를 동원해 아픈 곳을 상징적으로 색과 선으로 어루만지는 작업을 해보았다. 어떻게 하라고 구체적으로 설명하지 않기 때문에 처음에는 난감해하다가도 그들은 곧 비슷한 그림 언어로 표현하고는 한다. 머리가 아픈 사람들은 머리 부분을 붉은 색으로 칠하고, 허리가 아픈 사람들은 순환이 안 되는 부분을 검정색으로 칠하고, 아픔이 둔탁할 때는 색의 면으로, 날카로운 고통을 느끼는 곳에서는 뾰족한 선으로 표현을 하고는 한다.

정말 신기했다. 머리가 찌뿌드드하던 사람이 머리가 맑아졌다고 하고, 손발이 저릿저릿하던 사람이 기운이 시원하게 흐르는 것 같다고 했다. 상상으로만 하는 건데 무슨 효과가 있을까 싶지만, 실제로 그 과정을 해본 사람들은 대부분 비슷한 반응을 보인다. 스스로에게 치유의 빛을 주는 모습을 그림으로 표현하는 것만으로 답답한 마음이 뚫리고 아픈 머리가 시원해지고 차갑던 손이 따뜻해진다. 역시 우리는 비슷비슷한 인간이다.

상상 몸 그림 그리기: 나에게 주는 치유의 선물

재료 도화지, 파스텔 또는 오일 파스텔(또는 이처럼 색이 잘 퍼지는 그림 도구)
방법 몸을 풀고, 몸의 불편한 부분에 집중하여 그림을 그리고, 아름다운 색으로 스스로에게 치유의 선물을 준다.

몇 해 전 미국의 시골을 여행하다가 수공예품 장터에 가게 되었는데, 백발의 할머니가 손바느질한 인형을 팔고 있었다. 할머니는 그 인형을 'reversal voodoo dol', 즉 '반대 저주 인형'이라고 설명하면서 인형을 사면 바늘도 준다며 큭큭 웃으셨다. 인형에는 사인펜으로 글자들이 적혀 있었다. 인형의 머리 부분에는 두통, 턱 부분에는 치통, 무릎에는 관절염, 다리 사이에는 요실금 등이 적혀 있었는데, 그 부분을 바늘로 찌르면 통증이나 증상이 감쪽같이 사라진다고 했다. "참고로, 이 인형은 폐경기 반대 저주 인형이라고 내가 말했던가?"라는 설명 또한 덧붙이셨다.

다음 설명하는 미술 치료 방법은 반대 저주 인형의 주술과 비슷하다. 다른 점은 주술을 이용하는 것이 아니라 상상력을 이용하는 것이고, 바늘 대신 미술 도구를 사용한다는 점이다.

1. 준비

가볍게 몸을 풀고 시작한다. 우리는 이미 몸을 푸는 방법을 많이 알고 있다. 힘이 들면 후~ 하고 숨을 내쉬고, 어깨가 뻐근하면 어깨를 돌리고, 아침에 일어나서는 기지개를 켠다. 몸과 마음의 상태에 따라 필요한 움직임을 해본다. 그런 뒤 이번에는 호흡에 집중한다. 숨이 몸 안으로 가득 들어가면 몸이 팽창하고, 숨이 나가면 몸이 수축하고, 그러고 나면 찰나의 멈춤이 있다. 의식적으로 호흡을 멈추지는 말고 들어갔다가 나갔다 멈췄다, 들어갔다 나갔다 멈췄다를 반복하는 호흡의 움직임을 관찰한다.

2. 몸 스캐닝

몸 풀기와 호흡 관찰로 마음이 어느 정도 차분해졌으면 마음의 눈으로 내 몸을 스캔한다. 이마, 눈, 코, 뺨, 입, 목, 발가락…… 머리 끝에서 발끝까지 내 상태를 살핀다. 긴장하고 있는지, 답답한지, 아픈지, 시원한지, 맑은지 몸 구석구석을 살펴본다. 느낌이 있으면 그 상태를 바꾸려고 하지 말고 그냥 '그렇구나' 하고 알아차린다.

3. 몸 그림

눈을 뜨고 자신의 모습을 그려본다. 마음의 눈으로 스캔한 자신의 상태를 표현해 본다. 몸 아웃라인을 그리고 그 선의 안과 밖에 여러 가지 색으로 몸에서 느껴지는 느낌을 표현할 수도 있고, 전체적인 어떤 느낌을 추상화 그리듯 색으로 표현할 수도 있다. 파란색으로 시원함을, 빨간색으로 고통과 관련된 감각을 표현하는 것을 많이 보았다. 물이 흐르는 듯한 이미지로 시원한 부분을 표현하는 경우도 있고, 짙은 색을 두껍게 칠하는 것으로 막히고 무거운 느낌을 표현하기도 한다. 정해져 있는 것은 없다. 단지 자신의 느낌을 최대한 정직하게 표현하면 된다.

4. 치유의 선물

내 몸의 상태가 표현된 그림을 보고 어느 부분에 치유의 기운을 줄지, 어떻게 치유를 표현할지 생각해 보자. 사람마다 표현하는 방법이나 사용하는 색이 다르므로 자신을 믿고 마음이 시키는 대로 하자. 미술 치료사와 작업을 하고 있다면, 치료사는 나에게 어떤 느낌을 표현하고 싶은지 물어보고 그 느낌을 잘 표현할 수 있는 재료를 제안해 줄 것이다. 예로, 머리가 아프다는 중년 여성은 삐쭉삐쭉한 선이 머리에서 나오는 모습을 그린 후, 녹색 파스텔로 부드럽게 머리 부분을 문질렀다.

5. 치유를 받아들이는 상상 명상

자신이 그린 치유의 그림을 찬찬히 들여다본 뒤 눈을 감는다. 치유의 그림에서 자신에게 준 치유의 색과 모양을 상상으로 내 몸으로 가져온다. 위의 예에서 녹색 파스텔로 머리 부분을 어루만진 여성은 같은 색이 자신의 머리를 부드럽게 감싸고 있는 것을 상상했으며, 상상 명상이 끝나고 눈을 떴을 때 머리가 녹색처럼 시원해졌다고 했다.

이렇게 상상을 이용하는 작업을 할 때 내가 참여자들에게 늘 하는 말이 있다. "정말 믿으면 그렇게 됩니다." 우리는 상상만으로 자

내 안에 내가 너무 많다.
나랑 싸우는 반항아.
툭하면 징징대는 떼쟁이.
내가 최고라는 잘난쟁이.
내가 가장 못났다는 못난쟁이.
그리고 바닥을 치고 웅크리고 있을 때
일어나는 그 무엇.

나와 나, 또는 너와 너 (2014), 캔버스에 유화, 53×65cm

신을 화나게 하기도 하고, 상상만으로 기분 좋게 하기도 하며, 상상만으로 스스로를 두려움에 몰아넣기도 한다. 그리고 상상하는 바를 정말 믿는다면 두려움도, 기분 좋음도 현실이 된다. 이 과정에서 보여주는 것처럼 우리가 더욱 건강하고 행복하고 풍요로운 자신을 상상할 수 있을 때, 그리고 그 상상한 것을 진정으로 믿을 때, 그 믿음은 우리의 행동을 바꿀 수 있고, 그러할 때 상상은 현실이 된다.

내가 알아야 할 모든 것은
정신 병동에서 배웠다

무엇이든 나누어 가지라.

공정하게 행동하라.

남을 때리지 말라.

사용한 물건은 제자리에 놓으라.

자신이 어지럽힌 것은 자신이 치우라.

내 것이 아니면 가져가지 말라.

다른 사람을 아프게 했으면 미안하다고 말하라.

—로버트 풀검,《내가 정말 알아야 할 모든 것은 유치원에서 배웠다》중에서

정신 병원에서는 환자들이 무엇을 원하는가 하는 것은 그다지 중요하지 않다. 대부분의 환자들은 자신들의 의지와 상관없이 이곳에 온다. 정신 병원은 그들에게 치료를, 약물을, 각종 치료 세션을 주는 곳이다. 의사가 정한 것을 그들이 거부할 수 있는 여지가 그렇게 많지 않다. 약을 입에 넣고 안 삼키는 방법으로 약물 치료를

거부할 경우 '저항'이라는 낙인이 찍히고, 그들의 상태가 위험하다는 의사의 판단이 있다면 경우에 따라서 알약 대신 주사로 약물을 투여할 수가 있다. 주사를 안 맞겠다고 난리를 치는 환자가 있으면 '위험'이라고 낙인이 찍혀서 침대에 묶이는 경우도 있다. 룰이 아주 간단하다.

하지만 그들이 스스로 원하고 선택해서 받을 수 있는 두 가지인 커피와 빙고 게임의 룰은 복잡하다. 룰이 있기도 하고 없기도 하며 변수가 많다. 나는 주는 사람, 그들은 받는 사람인 데도 불구하고, 내가 조정하지 못하는 요소가 너무 많다. 그러다 보니 커피와 빙고 게임, 이 두 가지를 통해서 나는 권력과 존중에 관한 것을 배우게 되었다.

커피 한 잔의 여유가 아니라 커피 한 잔의 치사함. 내가 여기서 미술 치료사로 일하면서 가장 불편한 점 하나가 치사하고 각박한 커피 마담 역할을 해야 한다는 것이다. 커피에 관련한 여러 가지 애로 사항이 있었으니 학교 교육이 전혀 준비해 주지 못한, 그러나 내 일과에서는 빠지지 않고 해야만 하는 중요한 일이라는 점이다. 삶이 무료하고 낙이 없는 병원 환자들에게 커피를 마시는 것은 일상의 유일한 낙이자 허가된 중독이다 보니 그들은 커피 시간을 손꼽아 기다린다. 그룹 치료에 오는 것도, 어떤 치료사한테 갈까 하는 것도 그 치료사가 커피를 주느냐 마느냐, 커피 리필을 해주느냐 안 해주느냐 하는 것으로 결정되고는 한다. 그룹에 참여하지 않겠다고 하는 환자도 옆에 가서 낮은 소리로 "그룹 끝나면 커피 주는데요"

하고 살짝 말하면 참여율이 훨씬 높아진다. 그런 커피 방의 열쇠를 내가 쥐고 있으니 그 권력의 중심이 된 것이다.

커피와 더불어 권력의 중심에 있는 또 다른 중독 물질이 있으니 이것은 설탕이라는 물건이다. 백색의 반짝반짝 빛나는 흰 설탕 봉지와 당뇨 환자를 위한 파란 봉지의 가짜 설탕이 아주 다른 대우를 받는다. 처음에는 착한 마음에 멋모르고 설탕 한 숟가락씩 포장되어 있는 설탕 봉지들을 커피와 함께 카트에 수북이 담아가지고 환자들이 앉아 있는 텔레비전 방에 들어갔다가 당황했다. 카트가 방 안에 들어가기도 전에 환자들이 복도로 우르르 나와서는 커피를 가지고 어디론가 사라지고, 설탕을 많이 가지려고 손들이 카트 위에서 밀치기를 하였다. 그러다가 커피를 쏟아서 다칠 수도 있고, 커피의 카페인이 환자가 복용하는 약과 부작용을 일으킬 수도 있고, 당뇨 환자가 설탕을 너무 많이 먹어 큰일 날 수도 있고, 그룹에 참여하려고 조신하게 있던 사람들마저 순간 동요할 수도 있으니 이것은 아주 안 좋은 상황이다. 그런데 이게 맛있는 커피인가 하면 향도 맛도 거의 없는 까만 물일 뿐이다. 게다가 이건 공공연한 비밀인데 이것이 무카페인 커피라는 사실! 그 이름과 색깔만으로 중독 작용을 하는 셈인 것이다.

왜 커피를 안 주느냐고 물을 때, 왜 리필을 안 해주느냐고 할 때, 왜 설탕을 하나 더 안 주느냐고 환자들이 따질 때 둘러댈 말이 필요하다. 그래서 설탕은 몸에 안 좋다, 카페인은 약과 섞이면 안 좋다 등등 어디선가 들은 말을 반복한다. 하지만 몸에 안 좋은 일만

평생 골라서 해왔을 그들은 몸에 안 좋아서라는 설명에 콧방귀를 뀐다. 그래서 둘러대는 말이 병원 규율이라는 말이다. "죄송합니다. 저는 주고 싶은데요. 병원 규율상 한 번에 커피 한 잔만 드실 수 있고요. 한 번에 설탕 봉지 두 개만 드실 수 있어요." 즉 "난 몰라요. 병원 탓이에요. 내 탓이 아니에요" 하는 것이다. 그러나 사실은 커피가 뜨거울 경우가 거의 없으니 화상 입을 염려 없고, 카페인이 없으니 중독될 염려 없고, 대부분 가짜 설탕이니 당이 순식간에 올라갈 염려도 없다. 더군다나 사람들이 갑자기 복도로 나오는 것은 그들이 방 안에 멍하게 있는 것에 비하여 운동도 되고 얼마나 좋은가 말이다.

그래도 나는 커피 방의 열쇠를 쥐고 있는 사람으로서 커피를 언제, 누구에게, 어떤 상황에서 주고 안 주고 하는 것을 체계화하여 커피 타임을 원활하고 능률적인 시스템으로 만들어야 한다. 그런데 하나하나 따지다 보니 내가 커피와 설탕에 관련해 결정해야 하는 사항이 아주 많음을 알게 되었다.

—커피를 언제 줄 것인가. 그룹 전, 후, 또는 그룹 치료 사이에? 또 얼마나 자주 줄 것인가?

—커피를 그룹 치료에 참여한 사람만 줄 것인가 아니면 다 줄 것인가? 그렇다면 그룹 치료에 참여하다가 중간에 나가는 사람에게는 커피를 한 잔 다 줄 것인가, 아니면 반 잔만 줄 것인가?

—그룹 치료에 참여하는 사람에게만 커피를 준다고 하면, 100퍼

센트 참여를 해야 하는가? 50퍼센트 참여는? 아니면 10분만 참여해도 되는가? 1분만 참여한 사람은?

　―커피만 마시고 그냥 나가는 사람은 어떻게 해야 하는가? 커피를 빼앗아야 하는가?

　―빨리 마시고 커피를 더 달라고 하는 사람에게 리필을 해줄 것인가 말 것인가?

　―만약 커피 스무 잔을 가지고 갔는데 열다섯 명만 커피를 마시고 다섯 잔의 커피가 남았으면, 이것을 부엌으로 도로 가지고 갈 것인가, 리필을 원하는 선착순 다섯 명에게 줄 것인가, 아니면 내가 다 마실 것인가?

　생각을 하면 할수록 커피 타임의 체계화는 어려운 과제인 것 같다. 이 중요한 일을 슈퍼바이저와 동료 치료사에게 같이 하자고 해도 관심을 보이지 않는다. 고민 고민 하다가 어떻게 하면 좋을지 제법 멀쩡해 보이는 중년의 남자 환자에게 물으니 이렇게 대답한다.

　"거…… 뭐…… 원하는 사람은 주고 원하지 않는 사람은 안 주면 될 거 아니오."

　"그럼, 리필은요?" 내가 물었다.

　"있으면 주고 없으면 말면 되지 않소?"

　지혜의 소리인가, 아니면 세상물정 모르시는 소리인가? 나는 커피 방의 열쇠를 쥐고 있는 사람으로서 평등하게 분배를 해야 한다. 평등이 중요한 미국의 풍토에서 평등하게 분배하기 위해 세세한 룰을 만들어 적용하지 않으면 "당신은 불평등해요!"라는 항의를 받기 일쑤고, 이들에게 불평등한 사람은 나쁜 사람이다. 그런데 가끔 이러한 나의 고민과 노력을 완전히 물거품으로 만드는 사람들이 있으니 이런 사람들이다.

　—줄을 서서 자기 몫을 받아서는 다른 환자에게 주는 사람.
　—줄 서서 받기만 하고 마시지는 않는 사람.
　—나 마시라고 챙겨주는 사람.

내가 이렇게 커피에 대해 규칙을 세우려고 노력하는 동안, 25년 경력의 미술 치료사이자 내 슈퍼바이저 웬디는 아주 간단한 규칙만을 가지고 별 무리 없이 일을 해내는 것 같았다. 내가 커피 타임의 룰을 시스템화해야 한다고 주장하는 말을 듣는지 마는지, 내가 침 튀기며 하는 말에 그는 입으로는 "응. 그래, 그래" 하면서 손은 바쁘게 움직인다.

웬디의 커피 카트에는 스타일이 있다. 같은 까만 물과 일회용 컵을 쓰지만, 웬디의 카트는 내 것과는 다르다. 커피를 가지런히 줄을 맞추어서 담는 것은 기본, 집에서 가져온 레이스 종이를 커피 잔 밑에 놓기도 한다. 직원 식당에서 슬쩍 가져온 커피 젓는 막대와 설탕 크림 등을 커피 수만큼 세어서 가지런히 카트에 놓는다. 카트를 향해 몰려드는 사람에게 조용하지만 단호히 이렇게 말한다.

"자리에 앉으시면 제가 가져다드릴게요."

그 말에는 친절한 힘이 있어서 그 말을 들은 사람들은 가만히 자리에 앉는다. 웬디는 서두르지 않고 천천히 한 사람 한 사람 "커피 어떻게 드세요?" 묻고는 일일이 기호에 맞추어 타준다. 아주 기본적인 것이지만, 커피 한 잔을 나누는 방법에서 환자를 모시는 섬김의 마음이 느껴졌다. 커피 타임에 대한 웬디의 태도를 보고 내가 항복을 했다. 그 대신 빙고 게임의 룰을 체계화하는 것으로 나의 관심을 돌렸다.

금요일은 나에게는 지겨운 빙고 게임 날이다. 빙고 게임을 하는 날은 미술 재료를 챙기는 대신 빙고 게임의 상품인 싸구려 물품이나 콜라와 사이다 같은 음료와 사탕 등을 챙기고, 집단 치료를 세 번 하는 대신 빙고 게임을 세 번 진행하면 하루가 끝난다. 나는 이 단순한 게임이 너무 지겨워서 번호를 부르면서도 거의 졸다시피 하는데 아이러니하게도 이날은 환자들이 제일 기다리는 날이다. 평소에 먹을 수 없는 콜라나 사이다, 초콜릿 등을 따낼 수도 있고, 나의 정보통에 따르면 이곳 병원 블랙마켓의 가장 값진 교환 상품인 흰양말도 따낼 수 있다.

환자가 위험한 행동을 할 때 신체 강박의 방법으로 환자를 침대에 묶기도 하는데, 빙고 게임을 하는 날에는 이 빈도가 현저히 낮아진다. 제대로 조사하지는 않았지만 빙고 게임을 하며 놀다가 "나 죽네, 누구를 죽일 거네, 뭐가 보이네" 하면서 소리 지르고 왔다 갔다 하는 환자를 본 적이 없다. 내가 이곳에서 일하는 동안 빙고 게임을 하는 금요일에 치료사나 의사나 간호사가 환자한테 구타당한

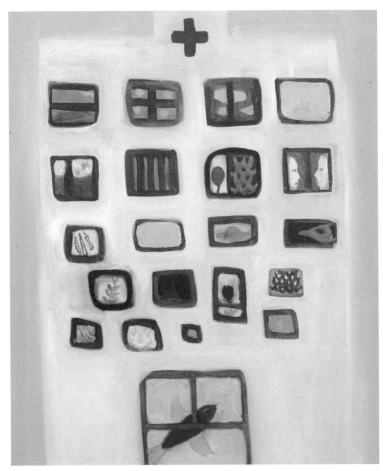

정신 병원 문과 창 (2014), 캔버스에 유화, 45×53cm

짤랑거리는 열쇠뭉치는 문을 열 때
쓰는 게 아니라 겹겹이 문을 잠글 때 쓴다.
환자들의 방문은 잠겨 있지 않지만,
그들의 마음은 차곡차곡 잠겨 있다.
아니면 우리가 그들을 밖에서 잠가버린 것일까?

일도 없었고, 병원을 도망간 사람도 없었다.

극도의 긴장이 일상인 이곳에서 빙고 게임을 하는 금요일은 따분하기 그지없는 날이다. 게다가 종종 기적이라면 기적 같은 일도 있다. 환자들이 자신의 상태를 까먹는 것이다. CIA가 자기를 죽이러 온다며 숨어야 한다고 다급히 병원의 이쪽저쪽 왔다 갔다 하던 사람이 자리에 가만히 앉아서는 빙고 번호판을 아주 열심히 보고 있다. 더 놀라운 때는 눈이 안 보인다, 귀가 안 들린다 하던 사람들이 번호판 숫자를 읽고 빙고 번호를 듣는다는 것이다. 심지어 지금 누가 살해당하는 장면이 눈앞에 보인다고 두려움에 몸을 바르르 떨던 아줌마도 빙고 게임을 할 때는 너무나 정상적으로 "빙고! 이거 빙고 맞지? 뭐라고? 빙고 맞잖아, 봐봐 한 줄이잖아!" 하고 따지는 것을 보았다. 심 봉사 눈도 뜨게 할 게임이다.

사실 치료의 효과를 말하자면, 미술 치료보다도 의사와의 상담보다도 신체 강박보다도 약물보다도 가장 빨리 효험이 나타나는 것이 바로 이 빙고 게임인 것 같다.

이곳 정신 병원도 작은 사회이다 보니 바깥세상에서 목격되는 현상들이 종종 목격된다. 세상의 놀이에서도 그렇듯 빙고 게임을 하는 사람들도 관찰하면 세 가지 유형으로 나눌 수 있다.

1. 게임의 결과와 상관없이 게임에 열중하는 사람.
2. 게임의 과정과 상관없이 결과만 따지는 사람. 그래서 원하는 결과가 안 나오면 판을 엎는 사람.

3. 게임의 과정도 즐기고 결과에도 목표를 두지만, 원하는 것을 갖지 못했다고 해서 판을 엎지는 않는 사람.

여기서 제일 잘 노는 사람은 3번 유형이다. 이들은 목표를 두고 놀되 목표에 연연해하지 않는 사람들이다. 제일 잘 놀지 못하고 남까지 놀지 못하게 하는 사람은 2번 유형의 사람들이다. 놀자고 하는 짓인데 결과에만 연연해하다가 원하는 것을 갖지 못했을 때 화를 내는 사람들이다. 이 2번 유형의 사람들이 주로 티격태격 싸우기도 하고 판을 엎기도 한다. 2번 유형의 사람들 때문에 커피 타임 시스템화에 실패한 내가 다시 바빠졌다. 내가 고려할 사항들을 써보았다.

─빙고를 해서 상품을 받아간 사람이 다시 또 게임을 한다면?
─중간에 들어오는 참여자가 있을 경우, 그 판을 처음부터 다시 시작해야 하는가, 아니면 그 판이 끝날 때까지 기다리라고 해야 하는가?
─사탕이 딸기 맛과 포도 맛이 있는데, 승자가 딸기 맛 반과 포도 맛 반을 달라고 하면 섞어줄 것인가 말 것인가?
─콜라를 원하는데 사이다만 있으면 사이다만 있다고 하나, 아니면 사실대로 창고에 콜라가 더 있으니 그것을 가져다주겠다고 하나?
─반칙을 하는 선수가 있으면 퇴장을 시키나 마나?

이 게임에서도 체계화하고자 하는 나의 노력을 완전히 무시하는 사람이 있으니 이런 사람이다.

　―끝까지 게임에 참가하여 상으로 얻은 과자 한 봉지를 옆 사람들과 나눠먹는 사람.
　―일등을 했으나 자신은 필요 없다며 선물 달라고 흥분하는 다른 환자한테 양보하는 사람.
　―나보고 먹으라면서 나에게 주는 사람.

　내가 이 게임의 복잡성으로 머리가 지끈지끈 아픈데도 웬디는 이런 나를 도와주기는커녕 상품에 리본을 달고 양말을 포장지로 싸는 등의 준비로 바쁘다.
　그러나 오해 말기를. 나는 룰을 좋아하거나 규칙을 잘 따르는 사람이 절대 아니다. 그런데 왜 이 커피와 빙고 게임에 대한 룰에 연연해할까 생각해 보았다. 어느 정도의 시스템이나 서로 공유하는 규칙은 있어야 한다. 하지만 그렇게 세세하게 나누고 또 나누다 보면, 맛있자고 하는 것이 맛이 없고, 재미있자고 하는 놀이가 재미없어진다. 그런 것을 알면서도 규칙에 연연해하는 이유는 불편해서이다. 이따위 싸구려 물건 가지고 싸우는 사람들을 보는 것이 불편하고, 이따위 맛없는 커피를 한 잔 더 받으려고 빨리 마시고는 안 받았다고 거짓말하는 사람들을 대하는 게 불편하다. 같은 인간으로서, 내가 생각하는 인간의 존엄성 밑에 사는 사람들에게 내가 그것

밖에 할 수 없어서 너무나 불편하다. "커피 한 잔 더 줄 수 없어요" 라고 말하는 내가 너무 싫어져서 묻지 말기를 바라는 것이다. 즉 어떻게 하면 내가 불편한 상황과 만나지 않을까 고민하는 것이다. 이 것은 법칙이거든요. 죄송해요 커피 더 못 드려요. 병원 규칙이거든요. 콜라 못 바꿔드려요. 빙고의 법칙이거든요. 난 몰라요. 내 잘못 아니에요.

웬디가 커피 밑에 레이스 종이를 깔고, 사탕을 셀로판지로 묶은 뒤 리본을 단다고 해도 사실 변하는 건 없다. 같은 싸구려 커피에 같은 싸구려 선물이다. 하지만 동시에 모든 것이 변하기도 한다. 이 까만 물은 존중의 마음을 표시하는 매개체가 된다. 누가 주면 먹지 도 않을 싸구려 사탕이지만, 색색 종이에 정성스럽게 싼 사탕에는 섬김의 마음이 담겨 있다.

내가 만약 하루 종일 할 일 없이 멍하게 있다가 커피 한 잔 받아 먹는 것이 그 무료함을 넘는 유일한 방법이라면 나도 그것을 위해 서 무슨 짓이라도 하려고 하지 않을까? 그것을 받아서 과연 다른 사람에게 줄 수 있을까? 일주일 내내 기다렸다가 열심히 빙고 게임 을 해서 좋아하는 초콜릿을 상으로 받았다면 그 귀한 것을 남들하 고 나눌 수 있을까? 내가 커피 방 열쇠를 쥔 파워풀한 사람이라는 것을 잠시 잊고, 나도 이 까만 물 한 잔을 받아서 환자들과 텔레비 전 방에서 함께 마시고 있자니 그제야 이런저런 생각이 든다.

내가 여기서 왜 이러고 있냐면 나도 병동에 갇혔기 때문이다. 환 자 한 분이 열쇠 꾸러미를 훔쳐서 달아났다. 비상 사태라 우리가 가진 열쇠까지 모두 압수당하고, 모든 문의 자물쇠를 바꾸는 동안 병동을 나가지도 못하고 갇혀 있었다. 이 몇 시간 동안 환자들 무리에 끼어 커피를 마시면서 텔레비전을 시청했다. 시간은 더디게 갔고 병동 생활의 기본적인 지식이 없어 선배 환자님들에게 이것저것 묻게 되었다.

리모트 컨트롤은 어디 있어요? 텔레비전이 왜 저렇게 안 나와요? 화장실은 어디 있어요? 물은 어디서 받아 마셔요? 화장지는 누구한테 받아요? 밥은 몇시에 나와요? 텔레비전이 만날 저렇게 지지직대요? 안테나 조절은 어떻게 해요? 다른 병원에서는 밥이 더 잘 나와요? 병원 오기 전에 계셨던 시설에서는 뭘 하는 게 재밌어요?

또 "어떻게 하면 더 좋은 미술 치료사가 될 수 있을까요?" 하고 환자들에게 물어보았다. "잘하고 있어. 그냥 그렇게만 해"라고 말씀해 주시는 친절한 노인도 있고, "뭐 더 재밌는 거 가져와봐. 다른 병원에서는 목걸이도 만들고 그러대. 그런 거 하면 내가 잘하지" 하는 베테랑 환자도 있고, "미술 재료 좀 좋은 것 좀 가지고 와봐. 그게 뭐야? 만날 다 쓰고 부러진 색연필만 주고 말야" 하고 따끔하게 말씀하시는 분도 있고, "뭐 하고 싶은지 물어보면 되잖아"라고 말해서 그러지 못한 나를 부끄럽게 하시는 분도 있다. 이렇게 내가 이미 배웠어야 할 것들을 다시 배웠다.

—규칙을 만들고 권력을 행사하는 것은 복잡한 일이다.
—작은 것들로 섬김을 표할 수 있다.

—정성은 통한다. 친절은 강한 것이다.

—놀 때는 놀아야 한다. 잘 놀면 정신병도 순간 잊는다.

—색연필은 꼭 깎아오자.

—내가 할 수 있는 만큼 하고, 모르면 물어보면 된다.

명언집 만들기: 보편적인 삶의 지혜

재료 쓰기, 그리기 또는 만들기 도구.
방법 내 삶을 돌아보면서 깨달은 바를 명언으로 정리하고 주위 사람에게도 삶의 지혜의 말을 달라고 해서 그것을 함께 묶어 명언집을 만든다. 자주 가는 마트의 점원에게, 지나가는 사람에게, 가게의 손님에게, 직장의 옆자리 동료에게, 늘 짜증내는 청소년 자녀에게 물어보자. 당신의 삶에서 얻은 지혜를 구한다고, 그것은 무엇이냐고.

내가 정신 병원에서 인턴을 하고 있을 때 정신분열증 환자들과 자살미수 우울증 환자들을 대상으로 명언집 만들기를 한 적이 있다. 자신의 삶에서 배운 지혜를 명언으로 만들고 이 명언들을 모아서 간단한 책자를 만드는 활동이었다. 이 활동을 통해서 환자들이 스스로를 긍정적으로 보기를 바랐다. 자신을 나눌 것 없고 도움만 받는 존재가 아니라 삶의 지혜가 있고 남들에게 나눠줄 것이 있는 사람으로 바라보기를 바랐다.

종이 한 장에 자신의 삶의 지혜를 담은 명언을 쓰고 크레용과 색연필 등으로 간단히 꾸미게 했다. 나는 꾸며진 페이지들을 복사하고 간단히 묶어서 명언집을 만들어 나누어주었다. 이 모든 작업을 한 시간 안에 하다 보니, 어떤 지혜의 말들이 쓰여 있는지 제대로 볼 시간이 없었다. 이미 나누어주고 나서, 점심 시간이 되어서야 한숨을 돌리고 찬찬히 읽어보았다.

"당신이 받고 싶은 만큼 남들에게 하세요"라는 명언도 있었고, 사랑의 고백, 신에 대한 사랑을 표현한 아름다운 페이지도 있었고,

무슨 말을 하는지 모르겠는 글도 있었고, "외롭다. 문병 올 친구가 있었으면 좋겠다"는 가슴 찡한 고백도 있었고, 하느님의 비서라고 자칭하는 아줌마가 빼꼭하게 흘려 쓴, 알아보기 힘든 하느님의 말씀도 있었다. 딱히 원하던 내용은 아니었지만 그들이 고민하고 생각해 낸 몇몇 글자들에서 그들의 삶이 보였다. 삶의 지혜를 물으니 나온 그들의 목소리가, 그들의 어려운 삶에서 나온 이야기가 귀한 고백 같아서 참 많이 감동했던 기억이 있다.

과연 삶의 지혜가 없는 사람이 있을까? 네 살짜리 아이건 불혹을 넘긴 사람이건 인생의 죽음을 준비하는 사람이건 얼마나 많은 지혜로 삶을 일구어나가고 있는가 말이다. 내가 아주 좋아하는 책 중에서 《내가 만약 인생을 다시 산다면 데이지 꽃을 더 많이 딸 테야 If I Had My Life Over I'd Pick More Daisies》라는 책이 있다. 삶의 황혼기에 있는 할머니들이 쓴 이야기를 묶어놓은 책인데, 이 책의 제목이자 대표시가 85세의 나딘 스테어Nadine Stair라는 할머니가 쓴 같은 제목의 시이다. 인생이 다시 주어진다면 더 가볍게 살 것이고, 춤을 더 많이 줄 것이고, 데이지 꽃을 더 많이 따겠다는 내용이다. 이 시가 울림이 있는 이유는 그분이 유명해서거나 중요한 일을 해서가 아니라, 삶을 통째로 경험한 사람만이 할 수 있는 이야기이기 때문이다. 삶의 경험에서 나온 지혜의 이야기는 그렇게 울림이 있다. 똑같은 말이라도 어떤 삶을 산 사람이 그 말을 했는지에 따라 무게와 울림이 다르다.

대부분의 우리는 위인이 아니고, 죽어서 가죽도 이름도 남기지

오로라 (2014), 캔버스에 유화, 50×73cm

오로라를 보러 북쪽의 겨울로 가는
사람들의 인터뷰를 본 적이 있다.
영하 40~50도의 추위에서
하늘이 열리기를 기다려야만 한다.
그렇게 기다리던 오로라가 하늘 옷을
펄럭이며 춤을 추자 사람들은 죽어도
여한이 없겠다며 울면서 웃었다.
볼 수도, 못 볼 수도 있었는데 거기까지 갔다.

못하겠지만, 자기 자신의 삶에 대해서만은 가장 큰 지혜를 가지고 있다. 그 지혜가 뭔지 스스로에게 물어보고 명언으로 집약해 보자. 또한 나와 삶을 나누고 시간을 함께 쓰고 함께 성장하는 학교 친구나 직장 동료, 가족이나 이웃 주민들에게도 그들의 삶에서 터득한 지혜를 한마디로 정리해 달라고 부탁해서 그들의 지혜를 묶어보자.

이 글을 쓰다가 갑자기 내 부모님은 어떤 명언을 줄까 싶어 전화로 여쭈었다. "엄마, 엄마 삶에서 나온 명언 하나 말해줘 봐." 순간 당황하더니 곧 하시는 말씀이 "믿음으로 살아라"였다. "아니, 그런 거 말고 엄마 인생에서 나온 엄마만의 어떤 거." 그러자 무슨 뚱딴지같은 소리냐며 큭큭 웃더니 생각해 보고 저녁 때 이야기해 주겠다고 하셨다. 그리고 며칠 뒤 아버지한테 이메일이 왔다.

"하류가 탁하더라도 한 방울 한 방울 끊임없이 하류로 흘려 보내다 보면, 생명의 강으로 변해 고기가 모여 살게 되고, 어부들이 모이고, 강가에 나무들이 자라고, 새들이 깃들게 된다. 솟아나 흐르는 샘물이 되거라."

사랑이 가득하네

아름다움이 무엇인지 이해하는 가운데서
우리는 사랑을 알게 된다. 아름다움에 대한 이해는
곧 우리 가슴에 평화를 이룬다. 우리가 살아가는 데
가장 중요한 것은 좀 더 친절해지는 것이다.
내일은 오늘보다 더 친절해지는 것이다.
그 다음날은 더 친절해지는 것이다.
왜냐하면 친절에 한도가 있는 것이 아니기 때문이다.
이런 사랑이야말로 모든 삶에 기초가 된다.
우리가 더 친절하고 사랑한다면 우주가 확장된다.
보이는 것만이 우주가 아니다. 끝없는 우주이지만 우리가
보다 더 친절하고 사랑한다면 우리들의 우주가 그만큼
확장이 된다. 이웃에게 좀 더 친절하고 우리 서로 사랑하자.
—법정 스님,《산에는 꽃이 피네》중에서

여러 해 전, 아침이면 좋은 음악을 틀어주는 빵집에서 책을 읽고 있었다. 고소한 빵 냄새와 헤이즐넛 커피를 즐기며, 법정 스님의 향기 나는 책《산에는 꽃이 피네》를 음미하고 있었다. 법정 스님의 글을 읽으면 옆구리 쓸쓸한 곳이 느껴지고, 동시에 스님의 맑은 글이 시냇물같이 마음 안으로 흐른다. 그날 바로 이 구절─이웃에게 좀 더 친절하고 우리 서로 사랑하자─을 읽으면서 내 마음에 잔잔한 감동이 밀려왔고, 마음이 사르르 녹는 것을 느꼈다. 그 잔잔한 감동을 느끼느라 잠시 책에서 눈을 떼고 고개를 드니 사람들이 보였다. 빵을 사고파는 사람들, 엄마가 이거 사자는데 저거 사겠다고 우기는 여자아이, 그 모녀에게 생긋 웃음을 보이는 점원, 이렇게 저렇게 왔다 갔다 하는 사람들. 그들만 보인 것이 아니고 그 사람들 사이의 공간 가득히 차 있는 무엇인가가 보였다.

맑은 글을 읽으며 내 영혼의 눈이 잠깐 열리니 이렇게 평범한 삶 속에 가득 차 있는 '그것'을 보았고, 눈물이 주르륵 흘렀다. 어떻게 표현할지 몰라 다른 사람들에게 말할 수도 없었던 이 경험을 다시 하게 된 것은 몇 년 뒤 정신 병원을 처음 방문했을 때였다.

학생 인턴 자리를 찾아 인터뷰를 하러 갔다. 이곳이 일하기 힘든 곳이라는 것은 이미 들어서 잘 알고 있었다. 일하는 환경이 칙칙하고 아주 안 좋다는 것, 사무실에 책상도 없고 내가 쓸 수 있는 서랍 하나 있을까 말까 하다는 것, 일하는 사람이 종종 환자에게 맞거나 욕을 먹는 일이 있다는 것, 일하기 아주 피곤하지만 그러나 많은 경험을 할 수는 있는 곳이라는 이야기를 들었다. 좋은 경험이고 많이 배울 수 있다는 말을 빼면, 죄다 안 좋은 얘기들만 있어서 고민을 하다가 이왕이면 강도 높은 경험을 해야 많이 배우지 않을까 하는 생각으로 인터뷰를 하러 갔다.

나를 인터뷰한 표현치료과Expressive Therapy Department의 디렉터는 의외의 사람이었다. 실제보다 훨씬 나이 들어 보이는 육십대 초반의 백인 할머니로 모양이 전혀 없는 남청색 옷을 비만이 심한 몸 위에 대충 걸쳐놓았고, 무릎 관절염으로 쩔뚝쩔뚝 걸었다. 그곳의 모든 사람들이 그녀를 '시스터 모'라고 친근하게 불렀다. 모는 그분의 이름인 모린의 약칭이었고, 시스터는 가톨릭 수녀님을 부르는 호칭이다. 시스터 모는 미술 치료사가 되기 훨씬 전부터 가톨릭 수녀로 일해 온 분으로, 젊을 때는 아프리카 케냐에서 미션 활동을 했고, 지금은 이 병원을 당신의 선교 활동의 근거지로 삼고 있었다.

시스터 모의 비좁은 사무실은 환자들에게 줄 양말이며 사탕, 작은 성경책 등이 쌓여 있고, 낡고 몸집만 큰 사무 기기와 껌벅거리는 낡은 컴퓨터가 복작복작 자리싸움을 하는 곳이었다. 게다가 이거 있느냐 저거 있느냐 하면서 사람들이 제 집처럼 들락거렸고, 전화통은 계속 울려대 아주 정신이 없었다. 나중에 안 일이지만 시스터 모가 하는 일은 아주 포괄적이고 잡다했다. 병원 운영을 위한 기금 모금 행사를 하고, 병원의 이사들을 찾아다니면서 환자를 위해 필요한 것을 얻어내고, 병원 직원들의 고민을 다 들어주고, 각종 대내외 행사를 맡아 진행했다. 게다가 이 병원에서는 디렉터부터 청소부까지 말을 트고 지내는 분으로 누구한테나 '시스터'였다.

수녀님은 피곤해 보이기도 했고 몸이 불편해 보이기도 했으나, 동네 할머니처럼 편했고 동시에 강인함이 느껴지는 목소리를 지니고 있었다. 이 병원에 대해서 말씀하실 때면 차분한 열정 같은 것이 느껴졌다. 이 느낌의 정체는 나중에 병원 구경을 시켜줄 때 확실히 알 수 있었다.

인터뷰가 끝나고 회장실부터 창고까지 두루두루 안내를 하며 인사를 시켜주셨다. 이사들이나 고위 간부들이 회의를 하다가도, 의사들이 점심을 먹다가도, 청소 아주머니가 화장실 청소를 하다가도, 모든 사람들이 하던 일을 멈추고 일어나서는 시스터 모와 나를 반갑게 맞아주었다. 사무동을 다 돌아보고 마지막으로 내가 일하게 될 정신과 병동에 들어갔다. 감옥 안에라도 들어가는 양 한 뭉치나 되는 열쇠 꾸러미 중 맞는 열쇠를 찾아 문을 열고, 조금 가서는 등 뒤의 문을 잠그고, 다른 열쇠로 문을 열고 잠그고 하면서 걸어 들어 갔다.

정신 병원은 태어나서 처음이었다. 내 눈앞에 펼쳐진 광경은 텔레비전이나 영화에서 보는 것보다 훨씬 더 고약했다. 오물 냄새에 분위기는 칙칙했고 환자들 모습은 너무나 우울했다. 병원 가운을 대충 걸치고 꾸부정한 모습으로 멍하게 서 있는 사람, 왔다 갔다 하는 사람, 방 안의 침대에 누워서 밖을 멀뚱히 쳐다보는 사람들이 시야에 들어왔다. 아름답거나 따뜻한 요소는 하나도 없는 칙칙하고 어둡고 퀴퀴하고 답답한 곳이었다.

그런데 시스터 모와 내가 지나가면서 한 사람 한 사람 인사를 하다 보니 그곳에서 어떤 기운이 가득히 전해져 왔다. 너무 의외의 느낌이라 당시에는 이것을 뭐라고 부를지 몰랐지만, 그 기운 때문에 여기서 일하겠다고 결심하게 되었다. 이것이 내가 늘 경험하고 싶어 했던 사랑이 가득한 공간이 아닐까 싶었기 때문이다.

이곳에서 느꼈던 그 기운이 뭔지 알게 된 것은 시간이 한참 지난 뒤였다. 동료 미술 치료사와 인턴들이 모여 이야기를 하다 나온 얘기였는데, 그들도 시스터 모가 병원 곳곳을 안내해 줄 때 그런 느낌을 받았다는 것이다. 도대체 그것이 무슨 기운이었을까 하고 의견을 나누다 내린 결론은, 우리가 수녀님의 사랑을 느낀 게 아니었을까 하는 것이었다.

이 병원에서는 가을 학기부터 실습을 하기로 하고, 여름방학 동안에는 내가 오래 전부터 해보고 싶던 '마더 테레사의 집'에서 봉사를 하기 위해 인도로 갔다. 내가 병원 일을 할 때 필요한 내적인 힘과 충만함을 인도에서 얻을 수 있지 않을까 하는 기대감이 있었다. 하지만 마더 테레사 집에는 세계에서 몰려온 자원 봉사자가 넘쳐서 대기자 리스트가 있을 정도였고, 마더 테레사가 처음 세운, 죽어가는 사람을 위한 호스피스인 깔리가트에는 자원자가 너무 많아 족히 몇 주는 기다려야 했다.

결국 자리가 나서 간 곳이 프렘담이라는 곳으로 장기 투병중인 나이든 여자 환자들이 묵는 시설이었다. 나는 마더 테레사의 책을 읽으면서 봉사하는 수녀님들의 얼굴에 가득한 사랑의 모습을 기대했는데, 실제로는 눈만 빼고 다 가린 커다란 마스크 때문에 수녀님이 세상에서 가장 큰 고래의 눈.
바다 속에서 고래가 바로 옆에 있다면
큰 벽이 있는 것으로 착각할지도 모르겠다.
꿈뻑꿈뻑하는 눈을 만나야,
'아, 고래구나!' 알 것 같다.
그리고 고래의 망막에 비치는 세상은
내가 볼 수 있는 것보다 훨씬 더 클 것 같다.

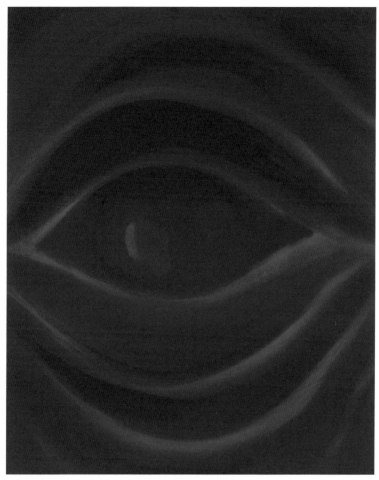

고래의 눈 (2014), 캔버스에 유화, 50×61cm

들의 얼굴을 제대로 볼 수 없었다. 그림을 그려서 소통하리라 생각했던 자만심도 잠시, 매일같이 모기에 엄청 뜯기면서 병원 뒤켠 야외 수도 시설에서 대량의 설거지를 해야 했다.

솔직히 말해서 내가 기대했던 하느님의 사랑을 설거지 봉사를 하면서 느끼지는 못했다. 그렇다고 해서 그토록 만나고 싶었던 마더 테레사의 흔적을 보지 못했냐 하면 그것은 아니다. 마더 하우스 봉사자의 증표인 성모 마리아 목걸이를 하고 릭샤(자전거 인력거)를 타거나 식당에 가서 밥을 먹을 때면 인도 사람들이 존중의 표시를 해주었다. 물론 이것은 나에 대한 존중이 아니라 테레사 수녀에 대한 존중이다. 마더 테레사 수녀를 만나보지도 못했을 사람, 빈민가에 가서 만난 주민들이, 고급 영국식 책방에서 만난 부자 인도인들이 내 목에 걸린 증표를 보고 이렇게 말했다. "그분이 나의 삶을 바꿨습니다. She changed my life."

봉사를 했다고 말하기도 너무 부끄러운 이상한 여행을 마치고 미국으로 돌아왔고 가을 학기부터 인턴십을 시작했다. 일을 시작해보니 첫날의 그 기운은 오간 데 없고, 침대에 묶인 환자가 사람의 것이라고는 상상할 수 없는 소리로 계속 비명을 질러대 소름이 끼쳤다. 지칠 대로 지친 간호사들은 환자들을 귀찮아하는 듯 보였고, 정신과 의사는 지나가는 모습만 몇 번 보았지 입을 여는 적이 없고, 환자들 역시 거의 말을 해본 적이 없는 것 같았다. 오물 냄새와 소독 냄새와 음식 냄새가 마구 섞여 있는 이곳에서 내가 무슨 좋은 기운을 느껴보겠다고 했는지 내 착각을 많이도 구박했다. 그래서 하나도 섭섭하지 않을 것 같던 인턴십 마지막 날이 왔다.

마지막 날, 병동을 돌면서 인사하는 것으로 하루를 보냈다. 사실 이곳은 단기 시설로, 자주 입원을 해서 나를 여러 번 본 사람도 있지만 불과 며칠 또는 딱 하루 본 사람도 있었다. 나와 관계를 맺은 사람들은 거의 퇴원하고 없어서 지금 이곳에 있는 분들에게 오늘이 마지막 날이니 잘 계시라고 인사를 하는 것이 무슨 의미가 있을까 했는데, 의외로 마음이 움직였다. 돌아다니면서 환자들과 스태프들과 내가 가진 많은 기억들에게 인사를 하는데 마음이 찡하고 눈물이 날 것 같았다. 가장 찡했던 것은 환자들의 반응이었다.

내가 정신 병원을 그만두고 청소년거주치료센터로 간다고 하니까 여러 환자들이 우려를 해주기도 하고 겁을 주기도 했다. 사람들은 정신 병원이 위험하다고 하는데 여기는 그곳에 비하면 아무것도 아니라며, 아이들은 물불을 안 가리니 조심해야 한다, 가자마자 기선 제압을 해야 한다, 조심해라, 애들한테 맞지 마라, 내가 그런 곳에서 평생 살았기 때문에 잘 아는데 그곳에 가지 마라, 두려워하지 마라, 두려워하면 허점을 보이는 것이다, 절대 허점을 보여서는 안 된다, 애들한테는 강하게 나가야 한다는 등 자신의 경험(대부분의 사람들이 그 비슷한 시설에서 산 경험이 있었다)을 들려주었다. 어떻게 해야 강인하게 살아남을 수 있는가에 관한 조언을 하루 온종일 이곳저곳에서 들었다.

하루 종일 인사만 하고 다녔다. 인사를 하고 또 했다. 환자들이 나를 정말 무척이나 걱정해 주었다. 나는 그들에게 잘 있으라고, 좋아져서 이런 데 오지 말라고, 훨씬 더 좋은 데 가시라고 인사말을 하는데, 오랫동안 알고 지낸 동무와 작별 인사를 하는 듯 마음이 찡했다. 그리고 그 작별 인사를 하는 공간 가득히, 정말 가득히, 그 기운이 가득 차 있음을 또 느꼈다. 원래 늘 있었던 것처럼, 이곳에 처음 들어와서 본 그것을 또 보았다. 어쩌면 그 기운은 시스터 모의 것도 내 것도 아니고, 원래 늘 있었던 것 같았다.

내 옆을 지나가던 환자 아주머니 한 분이 뜬금없이 한마디를 툭 던졌다. "당신은 신神의 일을 하고 있소."

그 말을 듣는 순간, 나의 걸음과 나의 시간이 멈췄다. 정신을 차려 돌아보았을 때, 그분은 그 말의 울림을 뒤로하고 벌써 저만큼 걸어가 버리고 난 뒤였다. 나는 사랑이 가득함을 보고 싶어서 멀리까지 다녀왔는데, 이곳이 바로 그곳이었던 것이다.

시스터 모는 아직도 그곳에서 일하는데 심장이 안 좋아서 많은 일을 하실 순 없다고 한다. 그분에 대해서도 많은 사람들이 이렇게 말하리라. "그분이 나의 삶을 바꾸었습니다"라고.

헤어짐 주머니 만들기

재료 천 주머니, 추억의 상징물, 종이와 필기 도구.
방법 헤어진 사람 또는 헤어질 사람을 상징하는 글, 사진, 물건 등을 주머니에 넣고 꾸민 뒤, 잘 보냈다고 여겨질 때까지 주머니나 가방에 지니고 다닌다.

삶 속에서 늘 함께할 수 있는 음악이나 무용처럼 목소리나 몸을 사용하는 방법이 부러울 때가 있다. 그렇다 보니 일상의 삶과 가까운, 또는 흐름이 있는 미술 작업을 상상하곤 한다.

마음이 아플 때 자신에게 불러주는 나지막한 자장가처럼, 가슴이 아플 때 가슴을 쳐서 막힌 감정을 움직이게 하는 몸짓처럼, 미술 치료도 내 삶 속에 들어와 삶을 지탱하게 돕는 방법이 있지 않을까? 또 그런 작업이 꼭 필요한 경우가 있지 않을까? 이런 생각을 하면서 눈을 감으니 내 마음에서 펼쳐지는 이미지가 있다.

네팔의 안나푸르나의 티베트 인 마을에서 본 풍경으로, 푸르른 하늘을 배경으로 기도 깃발인 룽따가 바람에 춤을 추는 모습이다. 경전이 적힌 통을 돌리는 마니차(법구)나 손에 들고 다니면서 돌리는 미니 마니차의 모습도 떠오른다. 티베트 인들은 깃발에도 마니차에도 '옴마니 반메훔'이라는 만트라를 써 넣어 바람과 손이 글귀를 움직인다고 생각하고, 또 그것이 불경을 읽는 것과 같은 효과를 준다고 믿는다. 그래서 시도 때도 없이 건물 밖에 있는 마니차 통을 돌리고, 손에 들고 있는 마니차를 흔들고, 바람에 깃발을 날려 기도

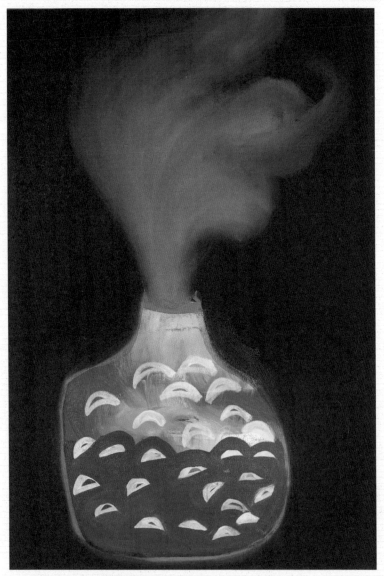

추억 주머니 (2014), 캔버스에 유화, 41×61cm

꿈속에서 나는
자른 손톱을 왼손에 소복이 담고 있었다.
나의 일부였으나 더 이상
나의 일부가 아닌 손톱.
지나갔으나 잊히지 않는 사람.
한참 시간이 지나고 또 손톱 꿈을 꾸었다.
손톱깎이로 톡톡 자르고,
손톱 파일로 쓱싹쓱싹 갈고는 깔끔해진
내 손을 펼쳐보았다. 이제 끝났구나.

가 바람에 날리게 한다.

유태인들은 몇천 년 동안 태플린tefflin이라 부르는, 토라의 경전을 담은 작은 가죽 상자를 이마와 팔에 묶고 기도를 해왔다. 바람에 읽히는 경전의 글같이, 또는 들고 다니는 마니차처럼, 몸에 묶고 있는 토라처럼 내 몸에 지니고 다니는 미술 치료 작품을 상상해 본다.

몸에 무엇을 지니는 방법은 아주 많다. 몸에 어떤 것을 지닐 이유 또한 아주 많다. 그중에서도 어떤 만남의 끝에서 그 인연의 끄트머리를 아직 놓지 못하고 있을 때, 그 단계를 잘 넘어가게 도와주는 어떤 것을 상상해 본다.

심리학자 위니콧Winnicott은 중간 대상transitional object이라는 개념을 이야기했다. 절대적으로 엄마에게 의존하는 아기는 '나'와 '나 아닌 것' 사이의 구별이 없다. 이때는 자신이 엄마와 하나이고, 자기가 세상을 창조했으며, 대상이 자신의 통제하에 있다고 경험한다. 이처럼 자신이 전능하다는 판타지적인 단계로부터 '나'와 '나 아닌 것'을 분리해서 객관적으로 바라보는 과도기 단계로 발달해 가는데, 이 시기에는 잠들 때나 불안할 때 이불이나 인형이나 천 조각처럼 부드러운 것을 부둥켜안고는 한다. 이러한 것을 '중간 대상'이라고 부른다.

스누피 만화에 나오는 라이너스가 어디를 가든 질질 끌고 다니는 담요가 그런 중간 대상의 좋은 예이다. 이러한 물건은 내가 떠나온 세계의 끄트머리를 잡고 있는 행위이며, 이곳과 저곳 사이의 중간 단계를 넘어가게 도와주는 뗏목 같은 존재이다.

사랑하는 사람을 떠나보내고 충분히 슬퍼하고 애도할 겨를 없이 주위 사람들에 의해 삶의 파도 안으로 떠밀려 들어간 여러 사람들을 만나면서, 과도기 대상으로 '주머니 만들기'를 하면 좋겠다는 생각이 들었다. 관계의 끈을 그만 내려놓아야 한다는 걸 머리로는 알아도 이런 상황에서는 의지라는 것이 별로 도움이 안 된다. '생각을 하지 말아야 해' 하면 더 생각나는 것은 기본이고, '왜?' 하고 의문을 던지면 던질수록 머리 속은 빙빙 돌기만 한다.

이럴 때, 이쪽에서 저쪽으로 넘어가게 도와주는 주머니를 만들어보자. 이 주머니에 한때 내 삶의 일부분이었지만 이제 내 삶 밖으로 보내려고 하는 사람에 대한 추억과 지나간 관계에서 놓지 못하고 있는 것들을 담아서 안녕을 고할 때까지 지니고 다녀보자.

아래에 있는 작품은 멀리 떠나게 된, 하고 싶던 말을 삼켜야 했던 아쉬움이 남는 친구를 생각하며 만든 주머니이다. 구름 모양이 그려져 있는 종잇조각에 그 사람을 위한 내 마음을 담아 정성스레 글귀를 썼다. "원하는 것을 이루시기 바랍니다"라고.

주머니 한쪽에 달려 있는 단추들은 나를 표현한다. 연결과 소통

의 대상을 찾아다니는 단추의 모습이다. 꿰는 도구인 단추는 나에게 연결의 상징이다. 원래는 윗부분에 단추를 잘 끼우게 도와줄 수 있는 촉수 모양의 팔이 달려 있었는데, 그 촉수를 잘라서 관계를 정리하려는 의지를 표현해 보았다. 이것을 잘라내면서 가슴이 덜컹했다. 단지 플라스틱 끈을 자른 것이지만 내 마음을 담았으니, 잘리는 것 또한 내 마음인 것이다. 주머니 뒤편에는 그 사람이 열정적인 삶을 살 수 있도록 불을 지펴줄 수 있는 성냥을 꿰매어 달고, "쿵 지지직"하는 의성어를 붙였다. 그 사람에게 나의 진심을 담아 "쿵 지지직" 하고 주문을 외워주니 아쉬운 대로, 흘러가는 대로 괜찮다 싶었다.

이러한 작업은 헤어짐을 더 빨리 받아들이게 하지는 못하더라도 잘 지나가게 도움을 줄 수는 있다. 아쉬운 마음, 아픈 마음, 그리운 마음 들이 모두 주머니에 담겨 언어적·비언어적 만트라로서 주머니를 만지작거릴 때마다 움직일 것이다. 티베트 인들이 기도문을 써넣어 바람에 날리게 하는 기도 깃발처럼 바람으로 아픔을 다독일 수 있을 것이다. 그러다가 떠나보낼 그때가 오면 이렇게 말할 수 있을 것이다. 아름다운 나의 추억이여, 내가 너의 이야기를 들었고, 보았고, 느꼈으니, 이제 가라.

공감

영어에는 자기 애인이나 배우자를 부르는 이름 가운데 달콤한 것과 연관된 것이 많다. 꿀honey, 단 완두콩sweet pea, 단 파이sweet pie 등등. 그러다가 사이가 더 깊어지면 나의 반쪽my half 또는 나보다 나은 나의 반쪽my better half이라는 표현을 쓴다. 그런데 한국어는 어떤가? 애인을 부를 때 아예 '자기'라고 부른다. '너'를 '나'로 부르니, 그보다 더 가까운 연결의 표현은 없을 것이다.

그렇다면 정말 '너'가 '나'라는 이야기일까? 이것은 정신의 건강과 질환 상태를 나누는 중요한 질문이다. 나와 너 사이의 자아 경계를 '넘어가는 것처럼 느끼느냐' 아니면 경계를 정말 '넘어가느냐'에 따라 다르다. 프로이트에 의하면 전자는 사랑에 빠진 거고, 후자는 미친 것이다.

자아 경계는 나와 너 사이에 확실한 경계가 있다는 것을 말하는 심리학 용어이다. 이것은 서양 심리학의 중요한 전제 중의 하나로 확실한 자아 경계는 건강한 자아의 척도이기도 하다. 그러나 정도의 차이는 있지만 실제로 타인에게 감정이입이 되고 상대가 느끼는 것을 함께 느끼는 것은 자주 있는 일이며, 이것은 우리 모두가 타고난 능력이라고 최근의 연구 결과들은 밝히고 있다. 우리 모두가 가진 이 능력을 공감empathy이라고 부른다.

자아 경계와 공감의 관계는 정신 건강을 이야기할 때 자주 거론되는 중요한 개념 중의 하나이다. 자아 경계가 확실히 선 사람만이 공감을 할 수 있다고 하기 때문이다. 공감은 내가 네가 아닌 것을 알면서도 네가 나인 것처럼 자아 경계를 넘어가는 행위이기 때문에, 자아 경계의 성립과 그것을 넘어가는 행위 둘 다 필요하다는 것이다. 그렇다면 자아 경계가 없는 사람은 공감을 하지 못할까? 서구의 심리학은 그렇다고 가정한다. 즉 자폐는 다른 사람의 입장에서 생각할 수 있는 공감의 능력이 부족하고, 정신분열증은 자아 경계가 붕괴되어 내가 아닌 것까지 나라고 정의하기도 하고 나를 내가 아닌 것으로 여기기도 하여 공감을 못한다는 것이다.

그런데 새로운 추측과 연구 결과가 이전에 우리가 당연하게 여겼던 것들을 그렇지 않게 여기게 한다. 자아 경계에 관한 확고한 믿음에도 금이 가기 시작한다. 나는 너와 확연히 구분되어 존재한다는 서구의 모더니즘적인 세계관에 "그래? 정말 그럴까?" 하는 질문의 목소리가 다문화적 연구에 자극받아 서구의 심리학 내부에서 나오기 시작한 것이다. 서구의 심리학에서는 나와 네가 독립된 존재임을 아는 것이 정신 건강의 척도이지만, 공동체적인 다른 많은 사회에서는 "개별화의 확립은 자아의 건강을 의미하는 것이 아니라 사회에서의 고립을 의미하거나 부적응 또는 정신이상으로 보일 수도 있다"는 연구들이 있다. 생태심리학의 선구자인 로작Roszak은 '자기'에 관한 집착은 이 사회의 집단적인 정신병이며, 개인을 존재하게 하는 많은 관계(예를 들어서 타인과의 관계, 자연과의 관계)와 따로 떨어뜨려서는 생각할 수 없다고 했다.

이렇게 자아 경계가 확립되어야 건강한 자아라는 서양의 심리학에 대한 반박이 많이 일고 있지만, 보수적인 치료계에서는 아직도 자폐증과 정신분열증을 가진 사람들은 공감을 하지 못한다는 견해를 가지고 있으며, 공감을 못하는 것이 자폐증과 정신분열의 증상 가운데 하나라고 이야기한다. 그런데 정말 그럴까?

실습을 하면서 처음 만난 자폐증 아동들은 내가 상상한 것처럼 숫자나 외우고 있고 달력이랑 놀며 다른 사람들과 관계 맺기를 전혀 하지 않는 그런 아이들이 아니었다. 아이들은 각기 다른 성격과 특징과 자폐 유형을 보였으며, 하나하나 특별하고 특이한 존재였다. 그 아이들 중에서도 이 책 서론에 언급한 데이비드는 나의 이름을 불러주었고, 안 잊을 거라고 했고, 그리고 정말로 잊지 않았다. 내가 머문 뒤 1년이 지나서 후배가 같은 곳으로 실습을 하러 갔는데, 데이비드는 그 후배가 나와 같은 학교에서 왔다는 이야기를 듣고 그에게 편지를 대필하게 했다. 내용은 이랬다. "은혜야, 안녕? 잘 지내? 보고 싶어."

이런 아이가 어떻게 공감을 못한다는 것일까? 아니면 우리의 방식으로 공감하지 않기 때문에 혹여 못 알아듣는 것은 아닐까? 보통 생각하는 것처럼 자폐를 가지고 있는 사람들이 공감 능력이 없는 것이 아니라 너무 공감이 잘되어서 견디지 못해 내면으로 후퇴하는 것이라는 연구 결과가 최근 발표된 바 있다.* 그 연구 결과는 자폐를 가진 사람의 말을 인용하면서 "사람들이 모인 방 안으로 들어가면 다른 사람들이 너무나 잘 느껴져서 견딜 수가 없으며, 차갑게 보이는 행동은 사실 너무 많은 공감에 대한 두려움으로 인해 자기 방어를 하는 것"이라는 설명을 내놓았다. 즉 공감을 못하는 것이 아니라 너무 많이 해서 내면으로 들어가 버린다는 굉장히 다른 해석이다. 자폐증과 공감에 관한 연구는 계속될 것 같다.

어떻게 결론이 날지 모르겠지만, 어쩌면 공감이라는 것에 다양한 형태가 있을지도 모른다는 생각이 든다. 실제로 우리와 같은 방법으로 느끼지 못한다고 해서 감정이 없는 사람으로 치부되어 어렸을 때부터 엄하고 호된 행동 요법을 치료라는 이름으로 받아온, 그래서 마치 사육당하다시피 살았다며 그러한 치료를 거부하는 자폐 운동가의 말이 생각난다. 또 그는 자폐를 가진 사람들이 일반 사람들과 같이 반응하도록(사실 반응하게 보이는 것처럼 교육받은 행동 요법) 강요하는 대신 그들이 우리와 다르다는 것을 인정하고, 다름을 가지고 같이 공존하자고 한다. 그리고 아직 작은 목소리이지만 자폐적 상태를 '독특한 문화' 또는 '소수인의 행동 양식'으로 받아들이자는 목소리도 있다.

---

* Henry Markeram and Kamila Markram, the Swiss Federal Institute of Technology in Lausanne.

그렇다면 정신분열증 환자 역시 공감 능력에 문제가 생긴 것일까? 정신 질환을 앓고 있는 사람들을 위한 토론 사이트*에 "당신은 공감을 하는 데 문제가 있습니까?"라는 질문이 올라왔다. 여러 종류의 답변들이 있었다. 전혀 그렇지 않다는 대답도 있고, 정신분열증이 발병하고 난 뒤에는 너무나 많이 느껴져서 괴로웠는데 약물 치료를 하고 증상이 나아지면서 오히려 공감이 안 된다는 대답도 있었고, 또 이런 대답도 있었다.

"누구도 그 사람에 대하여 관심 보이지 않는 것처럼 느껴진다면, 그 사람은 다른 사람에게 관심을 보이기 아마 어려울 겁니다."

내가 만난 정신분열증 환자의 경우 혼란스러운 상황에서도, 힘든 상황에서도 친절함을 보였고 공감 능력도 보여주었다. 그들은 물론 자신들의 상상으로 만들어낸 외계인과 하나님의 계시적인 삶에 빠져 있기는 했지만, 나와 만나서 나의 세계에서 이야기를 하기도 했고, 또 기회가 생기니 공감의 행동을 보이기도 했다.

한번은 이런 일이 있었다. 한 남자가 정신 병원의 복도를 지나가는 나를 다급하게 붙들었다. 나도 급하게 어디를 가고 있었는데, 그 사람의 표정이 너무나 급해 보여 붙잡히고 말았다. 그 사람의 말투가 마치 지구가 끝나기 직전이라도 되는 듯한 그런 긴장감이 뚝뚝 떨어지는 말투라 듣는 나도 숨을 쉬기가 힘들었다.

---

* http://www.mytherapy.com/discussion/topic.asp?TOPIC_ID=10880.

그: CIA가 밖에 와 있어?

나: 아니요. 왜요?

그: (두려움이 가득한 눈으로 주위를 두리번거리며 속삭이듯이) CIA가 쫓아오고 있어. 이 건물 바깥쯤 왔을 거야. 언제 들이닥칠지 몰라. 나를 죽이려고 해.

나: (헉, 하고 놀라며) 왜 아저씨를 죽이려고 해요?

그: 그건…… (말을 잠시 멈추고 내 눈을 또렷이 쳐다본다. 마치 이 말을 해도 될까 말까 망설이는 듯하다) 그러니까, 그건 내가 중요한 정보를 가지고 있기 때문이야.

나: (조심스럽게) 어떤 정보인데요?

그: 종이하고 펜 있지?

나: 네. 여기요. (팔에 끼고 있던 스케치북과 크레용을 꺼낸다.)

그: (손으로 바닥에 앉으라는 제스처를 하며) 받아 적어. 그리고 CIA가 나를 죽이면, 이 정보를 내가 알려주는 대로 처리해야 해. 알았지?

나: 앗, 네. (복도 바닥에 앉아서 종이와 크레용을 차려놓는다.)

그: (옆에 구부리고 앉아서는 더 낮고 꾹꾹 누르는 듯한 목소리로) 아무한테도 알려주면 안 돼. 약속해야 해. 알았지?

나: 아, 네.

그: (한 마디 한 마디 꾹꾹 누르듯이 말한다.) 일이삼사오육칠팔구십.

나: …… (열심히 적다가 올려다본다. 혹시 이건 내가 아는 거?)

그: (숫자들을 아주 만족한 표정으로 바라보더니) 다음 줄. ABC
DE…… 아냐, 아냐. 더 크게 적어. 그렇지, 그렇게.

나: (불러주는 암호를 행여 잘못 받아 적을까봐 하나하나 따라 부
르면서 쓰는데 갑자기 기침이 난다.) 콜록콜록 코올록 켁켁쿡쿡!

그: (그러자 그의 표정과 말투가 갑자기 확 바뀌면서 너무나 정
상적인 목소리로 묻는다.) 아가씨, 괜찮아? 기침 많이 하네. 감기
조심해야지. 왜 이러고 있어? 오늘 일찍 퇴근하고 들어가서 쉬지
그래?

이 상황의 심각성과 코믹성이 잘 전달될까 싶다. CIA가 자기를
죽이려고 한다는 급박한 상황에 있는 이 사람이 나를 걱정해 준 것
이다. 이런 사람들을 우리는 정신병자라고 사회에서 격리하고, 심
하면 약물 투여로 멍한 상태로 만들고, 그들과의 소통을 포기한다.
병원을 빠져나가려고 탈출을 시도하면 진정 주사를 놓거나 침대에
팔다리를 묶곤 한다. 사회가 소통하기를 포기한 이들이 그날 하루
종일 들은 말 중에 가장 따뜻한 말을 내게 건넸다.

또 이런 경우도 있었다. 사이코 호러 영화에 나올 것 같은 모습을
한 중년 여성이 있었다. 대부분의 환자가 예쁜 모습을 보여주지는
않지만 이 아줌마는 너무 심했다. 꿈에 나올까봐 무서울 정도였다.
흐트러진 머리에 썩어서 까매진 이빨, 일그러진 표정, 계속 뜨고 있
어서 핏줄마저 서 있는 눈. 그런데 그런 모습보다 더 무서운 건 그
녀에게 보인다는 환각과 환청의 내용이다. 나와 마주보고 이야기하

너도 달팽이, 나도 달팽이 (2014), 캔버스에 유화, 65×53cm

다이빙을 하다가 만난 갯민숭달팽이.
이렇게 아름답고 신비로운 존재를 상상한 적이 없었다.
갯민숭달팽이가 자신과 전혀 다르면서도
비슷한 육지 달팽이와 만나는 장면을 상상해 보았다.
하나는 집을 지고 살고, 하나는 바다집 속에 살지만,
그래도 둘 다 달팽이. 나는 여기 살고, 너는 저기 살지만,
그래도 우리는 둘 다 똑같이 느리다.

는데, 자기 앞에 누가 살해당하고 있는 모습이 보인다, 피가 튄다, 저~기~ 봐라~(떨리는 목소리로 내 바로 옆 벽을 손가락질하며) 피가 튀어 있다고 하는 호러 스토리 때문에 등골이 오싹오싹했다.

속으로 주기도문을 외우고 십자가를 그리면서 간신히 상담을 하다가 옆에 둔 뜨거운 커피를 내 손등에 쏟았다. 긴장하고 있어서 그랬는지 순간 너무 뜨겁고 놀라서 "악!" 하고 짧은 비명을 지르며 자리에서 박차고 일어났다. 그런데 이 아줌마, 우리 사이의 공간에서 벌어지고 있다는 살인 장면에서 눈을 떼 데인 내 손등을 살짝 만지며 물었다. "아가씨, 괜찮아? 조심해야지. 뜨거웠겠네." 내가 헛소리를 들었나 하고 놀라서 얼굴 표정을 살피니 주름진 눈매와 핏줄 선 눈망울이 나를 부드럽게 쳐다보고 있었다.

내가 정신 병원에서 일하면서 환자들에게 가장 많이 들은 불평은 자신의 병에 관한 것이 아니었다. 가장 힘든 게 뭐냐고 물으면, 병이나 가난이나 살 집이 없다거나 하는 그런 것이 아니라 외로움이라고 했다. 치료를 더 잘 받았으면, 더 좋은 약물이나 더 좋은 의사를 만났으면 하는 게 아니고, 애인이 있었으면, 가족이 있었으면, 친구가 있었으면, 한 명이라도 있었으면, 또 그 한 명이 하루라도 문병을 왔으면 하는 것이었다. 그들은 환자이기 전에, 정신병자이기 훨씬 전에 나와 같이 외로워하는 인간이다. 공감하고 공감받고 싶어 하는 우리와 똑같은 사람들이다.

공감에 관해 생각을 하다 보니 이것이 참으로 다양한 모습을 가진 게 아닐까 하는 생각이 들었다. 또한 다양한 문화와 다양한 이론과 입장에서 본 이 꼬인 이야기를 풀려고 하다 보니, 인간으로 살아간다는 이야기를 할 때 공감이란 뺄 수 없는 것이구나 하는 것을 느낀다. 어떤 형식이든 어떤 모양이든 '나'와 '너'가 연결되어 있다는 것은 인간으로 살아가는 데 있어 기본 중의 기본이고 무척이나 귀한 것이구나 싶다. 이것은 우리의 이야기이고, 우리 주위 자폐 아동의 이야기이고, 우리 사회와 격리된 정신 병원의 환자들 이야기이기도 하다.

프랭크 벌토식Frank Vertosick이라는 암 전문 의사가 쓴《우리는 왜 아픈가: 고통의 자연 역사Why we hurt: the National History of Pain》라는 책이 있다. 이 책에서 저자는 진화론적인 입장에서 고통의 역할과 필연성에 관해 이야기한다. 고통은 종족 유지와 종족의 번식을 위해서 꼭 필요한 장치라는 것이다. 하지만 죽어가는 암환자의 마지막을 지켜보면서 이 책의 저자는 많은 고민을 하게 된다. 말로 표현 못하는 고통을 겪으면서 제발 자기를 죽여달라고 매달리는 환자들을 보면서, 과연 고통이 무슨 의미가 있으며, 왜 신은 이렇게 감당할 수 없는 고통을 주었는지, 이러한 고통이 진화론적인 입장에서 무슨 의미가 있는지 근원적인 질문들을 던진다.

책의 마지막 부분에서 저자는 이렇게 말한다. 사람이 아픈 것은 다른 사람의 아픔을 이해하기 위해서가 아닐까, 즉 공감을 위해서 있는 장치가 아닐까 하고 질문을 던진다. 신은 이렇게 아픔을 통해서라도 우리가 공감하기를 바라셨는지 모르는데, 세상은 점점 각박해지고 우울증이 퍼지고 자살 이야기가 끊이지 않는 것은 바로 이 공감이 사라지기 때문이 아닐까 하는 생각이 든다.

한국에 돌아온 후 학교 폭력 방지와 치료를 위한 프로그램을 학교에서 진행했는데, 이 일을 하면서 가장 무서웠던 것이 집단적인 공감 결여였다. 누가 무시를 당하고 있는데, 억울해서 우는데, 화가 나서 떼굴떼굴 구르는데, 대다수의 아이들이 아무 반응도 없는 것에 놀랐다. 자신이 억울한 상황이 되면 울고불고 난리를 치거나 안으로 움츠러드는데, 그것이 당사자가 아니면 못 본 척하는 정도가 아니라 정말 못 보는 게 아닐까 싶을 정도로 무시를 하는 장면을 목격하곤 했다.

또 겉으로도 안으로도 별 문제가 없어 보이는 성인들이 치료를 받으러 오는 일들이 종종 있다. 이들의 이야기를 잔잔히 들어주다 보면 안타까울 때가 있다. 그들에게 필요한 것은 치료사가 아니라 자신의 이야기에 공감하는 친구이기 때문이다. 공감이 결여된 사회에 사는 것만큼 우리 사회가 아프다는 증거가 있을까 싶다. 공감이 사라지는 세상을 생각하니 침울해진다. 하지만 우리가 공감 못하는 인간으로 취급했는데도 불구하고, 나를 만나주고 나에게 공감으로 친절함으로 만나준 자폐를 가진 아이들과 정신병을 가진 아줌마 아저씨 들을 생각하니 공감은 인간 본성이며, 없앨 수 없는 것이 아닐까 하는 희망이 생기기도 한다.

공감적인 듣기 훈련

재료 귀, 입, 마음.
방법 1. 몸짓 듣기, 2. 적절한 추임새 사용하기, 3. 피드백 주기, 4. 동의하지 않더라도 먼저 인정하기.

아이가 머리를 책상 모서리에 찧어서 아프다고 한다. 그러자 할머니가 하는 말이 "아이고 머리 찧었어? 어디 보자. 이런 엄청 아팠겠네. 때찌 때찌! 나쁜 책상 같으니라고" 하면서 죄도 없는 책상을 때려준다. 그러면 아이는 울음을 멈추고 놀던 것을 계속한다. 이것은 치유적이고 공감적인 대화의 훌륭한 예이다. 공감적인 듣기와 반응하기는 화를 녹이기도 하고 상처를 달래기도 하고 아픈 마음을 치유하기도 하는, 마법 같은 놀라운 비법이다. 그리고 모든 마법이 그런 것처럼 이것도 갈고 닦는 연습이 필요하다.

치료를 받는 것과 친구랑 수다 떠는 것이 뭐가 다른지를 물어온 사람이 있었다. 어차피 넋두리를 할 뿐이고, 어차피 자신이 해결해야 하는 문제인데, 친구랑 수다를 떨면 되지 비싼 돈을 주며 굳이 치료사를 만나야 하는가 하는 질문이었다. 누군가에게 넋두리를 하듯, 토하듯 생각나는 대로 떠오르는 대로 말할 수 있는 대상이 있다는 건 축복이다. 하지만 이렇게 일방적으로 쏟아내는 것은 대화가 아닐 뿐 아니라 자신이 뱉은 말과 연결될 수도 없다. 상대방이 진정으로 내 이야기를 들어주고, 쏟아내는 말을 담아서 뺄 것은 빼고, 중요한 것은 밑줄 치고, 거울이 되어주어 중요한 말을 적절하게 돌려주는 피드백을 받을 때, 내가 쏟아낸 말과 나의 감정이 연결된다. 문제는 잘 들어주는 사람을 만나기가 쉽지 않다는 점이다. 그래서 듣는 훈련이 된 치료사라는 직업이 있는 것이겠지만, 타인의 이야기 듣기를 영어 듣기의 10분의 1, 아니 100분의 1이라도 공부한다면 얼마나 좋을까? 서로가 서로의 귀가 되어주고 마음이 되어준다면 이렇게 외로운 사람이 많지 않을 텐데.

영화 〈아바타〉에서 나비 족이 상대방의 존재를 인식하는 가장 큰 고백이 "나는 당신을 듣습니다I hear you"이다. 정말 잘 들어주는 것, 상대가 내 이야기를 잘 들어주는 것은 크나큰 치유의 선물이다. 진정으로 잘 들어주는 사람을 만나는 건 흔한 일이 아니지만, 내가 그러한 사람이 되도록 노력을 하는 것은 나한테 달렸다.

공감적인 듣기의 몇 가지 창의적인 훈련법

1. 몸짓 듣기

A가 말을 하고 B가 경청을 하면서 A의 몸동작을 따라한다. 처음에는 어색해서 과장된 몸동작을 하거나 아예 얼음이 되어 안 움직이기도 한다. 하지만 이야기를 계속해 가다 보면 본래의 특유한 제스처가 나오게 마련이므로 그때까지 5분이든 10분이든 계속해 본다. 어느 정도 익숙해지면 대부분의 제스처는 눈동자를 굴린다거나 손을 포개고 있는 방향을 바꾼다거나 하는 작은 움직임이 된다. 이 연습을 자꾸 하다 보면 의식하지 않아도 그 사람의 움직임을 따라

하게 된다. 몸동작 따라하기를 통해 훈련하는 것은 두 가지다.

첫째로, 소통의 상당 부분을 담당하는 보디랭귀지 읽기를 통해서 상대방의 감정 표현에 좀 더 민감해지는 것을 훈련한다. 이야기의 방향이 바뀌거나 중요한 이야기를 할 때 몸동작이 바뀌거나 얼굴 표정이 바뀌는 경우가 많은데, 이러한 변화에 예민해지면 마음의 내용을 함께 들을 수 있다.

둘째로, 내면의 대화를 멈추는 훈련이다. 보통 대화를 할 때, 상대방의 이야기를 들으면서도 자기 생각을 하고 있는 경우가 많다. 친구들과 수다를 떨 때는 내 얘기 네 얘기를 번갈아가면서 할 수 있다. 하지만 치료적 대화를 할 때 내면의 대화를 동시에 하는 것은 큰 잡음이 된다. 이 훈련에서 화자의 손동작이나 보디 제스처를 따라하다 보면 너무 바빠서 내 생각에 귀를 기울일 틈이 없게 된다.

2. 적절한 추임새 사용하기

반응이 좋은 사람은 추임새를 적절히 잘 넣어주는 사람이다. 모 강사가 처음에 텔레비전 강의 제안을 받고 자신은 절대로 못한다고 완강하게 거절을 했다고 한다. 그랬더니 PD 왈, 비싼 아줌마들을 섭외해 놓았으니 잘 못할 수가 없다고. 무슨 말인가 하면 "우와~" "와와~" 등의 추임새와 리액션이 좋은 방청객을 섭외해 놓았으며, 강의를 잘하게 하는 것은 강사의 실력이 아니라 방청객들의 반응이라는 것이다. 판소리에서 "얼쑤" "좋다!" 하는 것이 추임새의 원형이지만, "리얼리?" 하고 묻는 것이나 "맞나~?" 하는 말 또한 추임새의 일종이다. 고개를 끄덕이는 것도 몸으로 하는 추임새이다. 적절한 추임새의 사용은 말하는 사람으로 하여금 자신의 이야기와 더 잘 연결되도록 도와준다.

추임새는 일단 많이 해보면서, 내가 진실하게 할 수 있는, 그리고 감정의 다양함을 보여줄 수 있는 방법을 찾아보는 것이 좋다. 일상적인 대화에서 추임새 넣기 연습을 한다면 당분간 주위 사람들이 이상하게 볼 수 있지만, 그런 거 감수하고 이것저것 넣어도 보고 빼어도 보자. 그냥 듣기만 할 때와 반응을 하겠다고 결심을 하고 들으면 훨씬 집중해서 잘 듣고 있는 자신을 발견하게 될 것이다.

3. 피드백 주기: 이야기를 되돌려주기와 감정 읽어주기

화자의 이야기를 자신이 이해한 대로 되돌려주는 것을 연습한다. 들은 것에 대한 해석이나 판단이 고개를 들기 전에 재빨리 해야 한다. 나의 언어로 표현하지만 그 사람의 입장에서 말해야 한다는 것이 중요한 원칙이다. 예를 들어 상대방이 혼란스런 상황을 어렵게 설명했다면, "네가 지금 이런저런 것 때문에 복잡하고 힘들구나"라고 되돌려 말해주는 것이다. 이는 진심으로 그 말과, 말이 표현하는 것을 느끼면서 해야 한다. 그 말을 되풀이하면서 그 말에 담긴 감정을 내 마음에서 느껴보는 것이다.

이렇게 되돌려주는 것이 웬만큼 된다면 '감정 읽어주기' 단계의 피드백도 연습해 보면 좋다. 감정이 혼란스러운 상태에서 이런저런 이야기가 뒤죽박죽 나올 때, 듣는 사람이 말하는 사람의 의도와 핵심을 파악하면서 동시에 보디랭귀지, 목소리의 톤, 내용 등에 집중해 그 사람이 경험하는 감정이 무엇인지 파악하고 그것을 알려주는 것이다. 자신의 감정을 잘 이해하지 못하거나 표현하기 힘든 사람에게, 예를 들어 어린아이나 감정 표현이 서툰 사람에게 감정을 읽어주고 되돌려주는 것인데, 여기에는 감정을 정화하는 힘이 있으며, 이는 상대방한테서 깊게 이해받고 있다는 귀한 느낌을 준다.

이러한 예를 읽은 적이 있다. 아빠와 어린 딸이 비행기를 탔는데, 화물칸 짐 속에 있는 기린 인형을 달라고 딸이 떼를 쓴다. 비행기는 출발을 했고, 화물칸에 갈 수도 없는데, 아이의 떼쓰는 소리는 점점 더 심해져 주변 사람들이 어떻게 좀 해보라는 표정으로 쳐다본다. 결국 아이는 악을 쓰기 시작한다. 이런 상황에서 부모는 그치라고 야단을 치거나, 주의를 다른 쪽으로 옮기려고 어떤 물건을 꺼내 보이거나, 관심을 거두고 상관 안 하는 방식으로 아이가 감정을 추스를 때까지 기다리고는 한다.

하지만 아이에게 필요한 것은 조용히 하라고 야단치는 것이 아니라 감정을 읽어주는 것이다. 아이가 자기 감정을 잘 표현하지 못하고 있지만 적어도 이 상황이 아이에게 불편함을 주고 있다는 것을 이해해 주는 것이다. 그리고 다음과 같이 감정을 읽어주고, 자신의 감정 또한 솔직히 말하면서 대안을 찾아갈 수 있다.

"우리 영희가 많이 속상한가 보구나. 비행기를 타는 게 무섭고 불안해서 기린 인형을 안고 있으면 마음이 편해질 것 같은데, 기린 인형이 없어서 속상하고 무서운 거야? 하지만 기린 인형은 다른 칸에 있어서 지금 가져올 수가 없어. 아빠도 그걸 가지고 올 수 있으면 좋겠지만 지금은 어쩔 수가 없어서 속상해. 조금만 기다리면 도착할 텐데 그 전까지 기린 인형 대신에 아빠가 안아줄까?"

이렇게 감정을 읽어주면 아이는 그 자리에서 바로 울음을 뚝! 그치지는 않더라도, 아빠가 감정을 읽어주는 만큼 차츰 자신의 감정을 이해하게 되고 조금씩 차분해질 것이다.

4. 동의하지 않더라도 먼저 인정하기

이 원칙에서 중요한 것은 인정하는 것과 동의하는 것은 다르다는 점이다. 인정하는 것이 지는 것이라고 생각하면 인정하지 않는 습관이 생긴다. 그러나 동의하지 않더라도 상대방의 경험이나 생각, 느낌 등을 있는 그대로 인정해 줄 수는 있다.

요즘 관계의 문제를 다루는 텔레비전 다큐 프로그램에서 많이 보이는 장면이기도 하다. 부부 중 한 사람이 뒤돌아 앉고 상대방이 "당신은 왜 만날 아무 말도 없냐?"고 다그치는 장면을 많이 본다. 서로 동의하지 않더라도 인정은 할 수 있다. "너 때문에"라는 화살이 날아올 때, 나 때문에 저 사람이 저렇게 불행해졌다거나 화가 나 있다는 것에 동의하기는 힘들더라도, 그 사람이 고통을 받고 있다는 사실은 인정할 수 있지 않은가. 하지만 인정과 동의가 같은 것이라고 믿는다면, 지기 싫어서 또는 책임을 지기 싫어서 인정을 안 할 것이며, 동의도 인정도 하지 않으면 소통이 이루어지기 힘들다.

이러한 기술은 혼자 글을 읽어서는 익힐 수가 없다. 친구와 연습을 해볼 수도 있고, 몇 명이서 듣기 연습을 하는 연습 모임을 만들어 해볼 수도 있다. '비폭력 대화법'을 배워보는 것도 좋다. 비폭력 대화법은 '관찰—느낌—욕구—부탁'이라는 절차를 거치는 방식의 대화법인데, 폭력적인 상황에서도 연민의 마음을 잃지 않고 반응하게 하는 훈련법이다. 비폭력 대화의 창시자인 로젠버그는 불통의 상황에서 서로의 대화를 반복하며 되비추어 주는 것만으로도 소통에 많은 도움이 된다고 말한다. 예를 들면, "오늘 엄마한테 짜증을 내고 와서 속상해"라고 할 때 "엄마한테 짜증내서 속상하구나?"라고 반복해 주면 그것이 소통의 시작이 될 수 있다는 말이다.

불통이 되는 거친 상황에서 정작 대화가 필요한 두 사람에게 대화는 무척 힘든 일이다. 이때 내가 당신의 말을 듣고 있다는 표현, 추임새, 동의하지 않더라도 인정하기, 그리고 피드백을 잘 해준다면, 한 사람은 뒤돌아 앉아버리고 다른 한 사람은 "내 말이 말 같도 않아!!"라고 소리 지르는 상황들은 없어질 것이다.

가장 중요한 것은 "I hear you"(나는 당신을 듣습니다)라는 것을 내 존재로, 목소리로, 보디랭귀지로 표현하고 전달하는 것이다.

이해하기 힘든 사람이 있다.
그럴 때 이해하려고 노력하면서
그 사람의 본래 모습을 상상해 본다.
상처를 받아 상처를 주는 사람이 되기 이전에,
자기를 보호하느라 두꺼운 껍질로
스스로를 감싸기 이전에,
세상과 싸우느라 굳은 얼굴을 갖기 이전에,
그 사람의 모습은 어땠을까?

물고기 여신 (2014), 캔버스에 유화, 50×61cm

요술봉 만들기

재료 종이, 테이프, 각종 꾸밀 재료(꽃이나 나뭇잎, 구슬 등)
방법 종이를 말아서 요술봉을 만들고 각종 꾸밀 거리로 꾸민다. 그리고 이 요술봉에 어울리는 주문을 외운다.

　　　　　　시골의 작은 초등학교에서 3학년 아이들을 대상으로 수업을 할 때의 일이다. 아이들이, 늘 그렇듯이, 말을 안 들었다. 그날 수업 분위기는 왁자지껄을 지나서 점점 카오스 상태가 되어가고 있었다.

　나는 종이, 테이프, 자연물, 반짝이 구슬 등의 재료들로 만들 수 있는 다양한 것들의 예를 보여주고 있었다. 학교는 통제가 안 되고 갈등이 많은 이 반 아이들을 나한테 맡기면서 뭐든 해보라고, 많은 자유와 지지를 해주었다. 그런데 아이들이 조금만 더 소리를 지르고 떠들면 곧 교실 문이 열릴 것만 같았다.

　이와 비슷한, 무척이나 당황스러운 상황이 이전에 수업을 했던 학교에서도 있었다. 아이들과 교실을 뛰어다니며 신나게 역할극을 하고 있었는데, 갑자기 교장 선생님이 교실 문을 활짝 열고 들어와서는 "누가 수업 시간에 놀아라고 그랬어!"라고 소리를 친 것이다. 몹시 난감한 상황이었는데, 그 이유는 바로 내가 아이들에게 놀아라고 했기 때문이다.

　나는 그런 상황을 만들지 않기 위해서라도 카오스를 감소시켜야 했다. 이제 아이들은 떠들다 못해 소리를 지르기 시작했고, 2층 교실의 창틀에 위험하게 매달리기까지 했다.

'아, 어쩌지? 어쩌지?' 허리와 어깨가 뻣뻣해졌다. 아직 수업이 끝나려면 30분도 더 남았고, 나는 무엇을 어떻게 해야 할지 몰랐다. 아이들에게 종이를 돌돌 말아 기둥 만드는 방법을 보여준 것이 화근이었다. 이렇게 만든 기둥으로 집을 만들 수 있다는 것을 보여주려고 했던 것인데, 아이들은 거기에서 기둥 대신 종이 몽둥이를 보았고, 그것을 서로에게 휘두르게 된 것이다. 난감한 상황 앞에서 나는 잠시 멍해졌다.

그런데 이 멍함은 특별한 창조적인 상태이기도 하다. 보기에는 그냥 멍 때리는 것 같아 보일 텐데, 내 머릿속에서는 파파팟 전기가 일어나면서 뇌 전체에 불이 들어오는 듯한 각성의 상태가 된다. 나는 이 순간 무엇을 할지 방법을 찾고 있지만 그 과정은 언어로 하는 생각의 과정이 아니어서, 뇌에서 일어나고 있는 탐색 과정을 내가 읽거나 듣지는 못한다. 이러한 '찾는' 또는 '헤매는' 경험은 창조적인 작업에서 볼 수 있는 '몰입'의 단계이다. 이 단계는 꽤 길게 느껴지기도 하지만, 사실은 숨이 멎어 있는 것으로 보아 겨우 몇 초 정도의 시간인 것 같다.

한 호흡의 시간이 지나 나의 의식은 다시 정신없는 교실로 돌아왔고, 나는 말던 종이를 계속 말았다. 방법을 찾기는 찾은 것 같은데, 아직은 내가 무엇을 하려는지 모른다. 아니 알기는 아는데, 언어화하여 설명할 수 있을 정도로 알지는 못한다. 하지만 내 손은 무엇을 해야 하는지 알고, 그 움직임을 따라간다.

나는 말던 종이를 재빨리 다 만 다음, 다른 종이를 구겨서 대충 둥근 모양으로 만들어 종이 방망이 위에 붙였다. 아, 이제야 내가 뭘 하고 있는지 알겠다. 그리고 반짝이 구슬들도 글루건으로 빠르게 붙였다.

자기들이 떠들고 있는데도 내가 아무런 말도 하지 않고 교실 앞에서 뭔가를 열심히 만들고 있으니, 궁금한지 아이들이 흘끔흘끔 쳐다보는 게 느껴졌다. "선생님 뭐하세요?" 한 아이가 물었지만 나는 아무 말 없이 작업에 집중했다. 이 상태에서는 언어로 하는 대화가 힘들다. 몇 분 후에 작업이 끝났다.

"아, 다 만들었다!"

나는 아이들을 향해서 지금 막 완성한 요술봉으로 천천히 세 번 원을 그리고는, 확신에 찬 목소리로 주문을 외웠다. "조용해져라, 뾰보봉!" 제일 마지막에 요술봉으로 아이들에게 주문을 쏘는 것도 잊지 않았다. 그랬더니 아이들이 정말로 요술처럼 순식간에 조용해졌다. 몇 초의 정적이 흐르고, 아이들이 까르르르 웃었다.

"선생님 말을 잘 들어라, 뾰보봉!"

이것으로 아이들이 다시는 떠들지 않는 기적이 일어나지는 않았지만, 이 순간 이후부터 아이들이 내 말을 '듣기' 시작했다. 내가 시키는 것을 아무 대꾸 없이 한다거나 얌전해지지는 않았지만, 이전에는 나의 말이 아이들의 귀에서 그대로 튕겨나갔다면 이제는 내가 하는 말을 아이들이 듣기는 했다. 아이들하고 줄다리기도 실랑이도 계속 있었지만, 연결 안에서 일어나는 일이어서, 아이들은 나에게,

나는 아이들에게 상관이 있는 사람이 되었고, 함께 노는 사람이 되었다.

이 일은 그때만의 특수한 상황이라고 생각하고 기억에서 잊고 지냈다. 그런데 오랜 시간이 지나고 요술의 힘을 다시 경험하는 일이 있었다.

나는 치료사가 되면서 많이 안정적인 사람이 되었지만, 원래는 그리고 지금도 여전히 감정적인 종류의 인간이다. 기뻤다가 슬펐다가 속상했다가 두려웠다가 놀랐다가 감격하기를 반복한다. 그렇다 보니 내가 슬플 때나 괴로워할 때 그 슬퍼하고 괴로워하는 깊이가 꽤 깊어서 가까운 친구가 내 감정에 공감을 하느라 애를 쓰게 되는 미안한 경우들이 생긴다.

그날도 지금은 기억이 안 나는 어떤 일로 인해서 내가 괴로워하고 있었다. 그날 마침 친구랑 나는 중요한 약속이 있어서 같이 움직이는 중이었고, 나는 얼굴이 점점 굳어지며 잔뜩 미간을 찌푸리고 있었다. 내 상태에 공감을 해주며 걱정 어린 눈으로 나를 쳐다보던 친구가 갑자기 표정을 초롱초롱하게 바꾸더니 내 얼굴 가까이에서 검지손가락을 하나 펼쳐보였다. 그리고 그 손가락으로 원을 그리며 이렇게 말했다. "괜찮아져라, 뾰로롱~ 뿅!" 이 말이 끝남과 동시에 손가락 끝으로 내 미간을 깃털처럼 가볍게 톡 건드렸다. 그랬더니 정말 한 순간에 괜찮아졌다. 마치 마법에라도 걸린 듯 정말 씻은 듯이 괜찮아졌다.

다른 초등학교에서 1학년 아이들과 미술 치료 수업을 할 때도 생각이 난다. 막 1학년이 된 아이들은 통제가 불가능해 보였다. 한 아이가 울면 너도나도 서럽다고 울고, 서로 "얘가 때렸어요" "쟤가 때렸어요" 해서 누가 누구를 어떻게 했는지 파악하기도 불가능했다. 그런가 하면 안아달라거나 업어달라며 내 팔과 다리에 엉겨 붙거나 등에 업히기도 했다.

이렇게는 수업을 할 수가 없어서 아이들과 함께 아래와 같이 규칙을 만들었다. 그런데 지금 그때 만든 규칙들을 읽어보니, 다 요술이고 주문이다. 이렇게 하니, 아이들은 스스로 만든 규칙을 좋아하고 지켰으며, 규칙을 지키는 아이들도 규칙을 어기는 아이들도 다 재밌어했다. 한 학기 동안 수많은 호랑이 그림이 쌓여갔고(아래 3번 참조), 다행히도 내가 교실 구석에 앉아서 만화책을 읽는 일(아래 5번 참조)은 생기지 않았다.

1. "달팽이!" 하고 외치면 동작과 말 모두 슬로 모션으로 느리게 움직인다. 지키지 않을 경우 20초 동안 쉬지 않고 웃어야 한다.(대안: '땡!' 할 때까지 말하지 못한다.)

2. "시금치!" 하면 20초 동안 말없이 앉아 있어야 하고, 어길 경우 시금치를 뽑아와야 한다.(대안: 선생님을 도와 교실을 치운다.)

3. "구름!" 하면 눈을 감아야 하는데, 어길 경우 호랑이를 잡아와야 한다.(대안: 호랑이를 그려온다.)

4. 친구들을 때리거나 물건을 함부로 다룰 경우 그날 활동에 참

여하지 못하고 구석에 앉아서 만화책을 읽어야 한다.

5. 선생님이 아이들을 때리거나 혼을 내도 그날 활동에 참여하지 못하고 구석에 앉아서 만화책을 읽어야 한다.

part 2

비행 청소년과
눈싸움

"나는 우수생으로 졸업할 것이고 과학자가 될 것이다.
내가 그것을 아는 이유는 내가 혼자 런던에
갔었기 때문이고, 누가 옆집 개인 웰링턴을 죽였는가
하는 미스터리를 풀었기 때문이고,
혼자 엄마를 찾았고, 용감하였고, 이 책을 썼고,
그 말은 나는 무엇이든 할 수 있다는 뜻이다."

—자폐증을 가진 소년의 입장에서 쓴 소설, 마크 해던의
《한밤중에 개에게 일어난 의문의 사건》중에서

현장 스케치

 2부에 소개하는 이야기들의 무대는 미국 시카고의 서북쪽에 위치해 있는, 청소년을 위한 거주치료센터이다. 학대와 방치 등으로 인한 트라우마와 정신 질환, 사회와 학교에서의 부적응 등등의 이유로 이곳에 보내진 청소년들이 여러 동棟의 기숙사에서 집단생활을 하고 있다. 이곳은 그들에게 집 역할도 하고 치료 센터 역할도 하고 있지만, 때로는 감옥 같기도 하고, 아이들의 말에 의하면 지옥 같기도 한 곳이다.

 여기서 사는 여덟 살부터 열여덟 살 사이의 아이들과 청소년들 50여 명은 법적으로 국가가 부모이다. 즉 부모나 보호자로부터 버림을 받았거나 학대나 방치를 받아서 국가가 그들의 부모 자격을 박탈하고 국가가 직접 보호하거나, 정신 병원에 입원해 있거나 경찰서에 있는 아이들을 부모가 찾아가지 않아 국가의 보호로 넘어온 아이들이다.

이곳의 치료 철학은 기본적으로 밀리유 테라피milieu therapy*이다. 즉 환경의 모든 요소가 치료에 관여한다고 보는 것이다. 하지만 건강한 환경이라야 아이들을 치료할 텐데, 건강하기는커녕 구성원들이 가지고 오는 문제들이 한데 엮이고 소용돌이치고 증폭되는 아픈 환경이다. 모두들 이 시스템에 문제가 있다는 점을 시인하나 딱히 대안이 없다 보니 시스템은 놔두고 그 안에서 규율을 이렇게 저렇게 바꾸면서 더 좋게 하려고 노력할 뿐이다. 그러니 아이들도, 일하는 사람들도 늘 허덕인다.

이곳에는 일명 '당근 요법'인 행동 수정 요법behavior modification의 원칙에 의거한 수많은 규칙들이 있다. 행동 수정 요법은 긍정적인 결과에 의해서 원하는 행동은 긍정적으로 강화되고, 제거해야 할 행동은 부정적으로 강화되어(즉 당근을 안 주는 방식으로) 점차 없어지게 하는 방법이다. 이 강화 원리에 따라서 아이들이 하는 행동 하나하나에 점수가 매겨진다. 긍정적인 행동을 할 때마다 행동 점수가 쌓여서 이 점수에 따라 용돈, 주말 특별 활동 또는 외출을 할 자격이 주어진다.

하지만 이 규율들은 자주 바뀌고, 규율을 집행하는 센터 스태프들도 자주 바뀌고, 사람들의 해석이 저마다 달라서 운영상 헷갈리는 점이 한두 가지가 아니다. 기본적으로 '상과 벌'의 시스템으로 노

---

* 밀리유 테라피를 보통 환경 치료라고 번역하지만, 밀리유는 물리적인 환경뿐만 아니라 그 환경에 있는 모든 사람들, 공간의 분위기, 비물리적인 것들까지 포함하는 개념이다.

력을 해서 상을 받도록 유도하고자 하지만, 이 청소년들은 물불을 안 가리며, 자신에게 이득이 있는 행동을 취하지 않는다. 자신이 원하는 것을 위해서(예를 들어 외출) 규율 점수를 쌓는 대신 반항하고, 저항하고, 도망간다. 어쩌면 이 시스템 자체가 반항감과 저항감을 키우는 것으로 보이는데, 우리에게는 규율을 강요하고 반항을 제제할 방법들만 많이 고안되어 있지, 인간에게 있는(특히 청소년들에게 많은) 저항감이라는 끈끈한 에너지를 다루는 방법들은 잘 알지 못한다.

이론적으로는 행동 수정 요법에 '벌'이란 없다. 단지 상을 주고 안 주고 할 뿐이다. 아이들이 말을 잘 들으면 아이들은 원하는 것을 가질 수 있고, 아이들이 말을 안 들을 때는 치료 또는 학습이란 것이 주어지니, 아이들이 치료 시간이나 학습 시간에 순순히 잘 참여할 리가 없다. 우리는 벌로 주어진 것은 그것이 무엇이든 저항하게 마련이다.

그런데 미술 치료의 경우에는, 아이들이 이 수업을 원하는 경우가 많기 때문에 어떤 스태프들은 이것을 상으로 구분하여 규율을 잘 따라야만 받을 수 있는 것으로 생각하고, 어떤 스태프들은 이것을 벌로 구분하여 규율을 어길 때 억지로 받아야 하는 것으로 생각한다. 우리 치료센터를 구성하는 여러 레벨의 스태프들은 이러한 규율의 주관적인 해석들 사이에서 무척 헛갈려하는데, 아이들은 여기저기 눈칫밥을 많이 먹고 살아서인지 규율의 허점을 아주 빨리 파악하여 요리조리 잘 피하기도 하고 때로는 그 규칙을 이용해 먹기도 한다.

이론적으로 아이들은 자기가 원하는 대로 치료센터를 들어오거나 나갈 수가 없다. 매 시간마다 주어지는 행동 점수가 모여서 일정 점수를 넘어야만 외출이 가능하다. 하지만 문에는 자물쇠가 없고 아이들을 물리적으로 한사코 잡아둘 수는 없으므로, 아이들은 시도 때도 없이 도망을 가고 돈이 떨어지거나 갈 곳이 없으면 돌아오곤 한다.

도망가서 별일 없으면 다행인데 길거리에 살면서 구걸을 하다가 마약에 손을 대기도 하고, 몸을 팔아 돈을 벌기도 하고, 갱들과 어울려 다니다가 경찰에 잡혀서 소년원에 가기도 한다. 여자아이들은 임신해서 들어오는 경우도 있고 폭행을 당해 다쳐서 돌아오는 경우도 빈번하다. 도망갔던 아이가 죽어서 시체로 발견되는 경우도 근래에 두 번이나 있었다.

어른인 척, 터프한 척, 자기 삶을 책임질 수 있는 척하는 우리 아이들. 사랑의 노래를 입에 달고 다니고 누구누구를 너~무 사랑한다는 말을 주문처럼 입에 달고 다니는 우리 아이들. 관심 끌고 싶어 하고 사랑받고 싶어 하고 인기 있고 싶어 하는 소녀들. 힘세고 싶어서 열심히 근육을 키우는 소년들. 조금만 불끈하면 주먹이든 의자든 가위든 움켜쥐고 죽이겠다고 서로 덤비고, 삶이 지옥이라며 죽겠다고 손목을 긋고 몸을 던지는 아이들.

여기 2부에 실린 이야기들은 너무나 버겁고 격렬한 삶을 살아온 시카고 빈민가 청소년들에 대한 이야기이다. 한국 독자들은 "왜 우리가 미국의 흑인 청소년들의 이야기에 관심을 가져야 할까?" 질문을 할지 모르겠다. 이 아이들을 만나고 십수 년이 흐른 지금, 한국에서 청소년들을 만날 때마다 그때 만난 아이들이 계속 떠오른다. 한국의 청소년들은 미국의 빈민가 흑인 청소년들처럼 공격적이지 않다. 그 대신 한국 청소년들은 자해를 하고 자살을 하는 경우가 많다. 저항감이나 분노가 내면으로 향해서 자신의 삶을 벌하거나, 저항하기를 아예 포기하여 생명력 없이 무기력한 아이들을 요즘 한국 사회에서 많이 만날 수 있다. 아이들이 분노와 저항감을 표출하는 방식은 다르지만, 이 아이들이 사는 세상의 원칙은 거의 똑같다. 청소년들에게 규율을 요구하고 그들의 저항감을 누르는 방식으로 '착한' 아이들과 '못된' 아이들을 나누는 방식이 똑같다. 우리의 현실은 시카고의 빈민가와는 매우 다르지만, 마음이 황폐한 상태에서 어떤 일들이 벌어지는지는 매우 비슷하다.

심리학자인 스캇 펙Scott Peck이 쓴《아직도 가야 할 길The Roadless Travelled》이란 책에 보면 이런 구절이 나온다. "정말 어려운 상황에서 미친 사람들을 보면, 왜 그 사람이 미쳤을까가 궁금한 것이 아니라 그런 어려운 상황에서 그 사람들이 왜 더 미치지 않았을까가 궁금해진다." 미치고도 남을 상황에서 미친 것은 당연한 것인데, 왜 더 심하게, 더 일찍, 더 많이 미치지 않았을까 하는 질문이 든다는 것이다.

나도 이 아이들의 짧은 과거사를 적은 차트를 들여다볼 때마다 그런 생각이 들고는 했다. 그들의 짧은 삶의 기록은 학대와 폭력과 강간과 버림받은 이야기로 대부분 채워져 있다. 이 아이들의 삶을 보면, '이 아이들이 왜 이렇게 말을 안 듣고 문제가 있고 비정상적인 행동을 하나?'가 아니라, '이 아이들이 인간으로서 당해서는 안 될 일들을 그렇게 당하고도 어떻게 삶의 희망을 가지고 있을까? 사랑을 받아야 할 사람들에게 버림을 받고 배반당하고도 어떻게 아직도 사랑을 갈망할까?' 하는 생각이 들었다.

그래서 여기 실린 이야기들은 짓밟히고 빼앗겨도 사라지지 않는 사랑과 연결의 갈망에 대한 이야기들이다.

너도 서쪽 동네 출신이야!

첫째, 해害를 입히지 마라. 이것은 기원전 5세기에 쓰였다고 하는 히포크라스 선서의 내용 중 하나이다. 이것은 오늘도 전 세계적으로 의대 졸업식 때 쓰이는 선서이며, 우리 치료사들도 많이 생각하는 선서이다. 나는 비슷한 표현이지만 다른 울림이 있는 '아힘사ahimsa'라는 단어를 좋아한다. 아힘사는 인도 고어인 산스크리트 어로 '비폭력'이라고 번역되기도 하는데, 이것은 힌두교, 불교, 자이나교, 그리고 요가에서 공통적으로 중요하게 다뤄지는 개념이다. 위대한 영혼 마하트마 간디가 그의 삶을 바쳐서 실천한 비폭력이 바로 이 아힘사이다.

나는 청소년거주치료센터에서 일하면서 히포크라테스 선서와 아힘사에 관해 많이 생각하게 되었다. 이전에는 단순히 비폭력이란 단어에 관념적으로 끌렸다면 이번엔 비폭력에 관해 현실적인 고민을 많이 하게 되었는데, 어떤 깊은 뜻이 있어서라기보다 순전히 개인적인 이유 때문이었다. 어떻게 해야 아이들한테 맞지 않고 직장을 다닐 수 있을까 하는.

또한 폭력 안에 깃든 두려움에 대해서도 관심을 갖게 되었는데, 두려움은 폭력의 불에 기름을 붓는 것과 같다는 것을 이곳에서 터득했기 때문이다. 아이들이 질러대는 욕이나 휘두르는 주먹에 동요한다면 내 안에 있는 두려움과 자기 보호 본능이 발동하여 나도 함께 욕을 내뱉거나 주먹을 쓸지도 모르고, 그렇게 한다면 내가 분명 그들에게 맞을 거다. 그래서 나는 맞지 않고 직장을 다니기 위해서라도 폭력 앞에서 두려움이 없어야 했고, 그러기 위해서 내 스스로의 폭력성을 잘 알고 있어야 했다. 내 내면에 있을 수 있는 폭력성을 두려워한다면 그것을 타인에게 투사할 수도 있고, 부정하다 보면 어느 날 이상한 데서 이상하게 나올 수도 있기 때문이다.

그렇기 때문에 타인에게도 자신에게도 두려움을 갖지 않는 것이 중요하며, 그것은 아힘사가 포함하는 내용이기도 하다. 단순히 '나는 하나도 안 무서워. 해볼 테면 해봐' 하는, 그런 식의 싸우자는 소리가 아니라, 폭력을 자비와 측은지심으로 마주할 수 있게 하는 아바야abhaya(두려움 없음)가 필요한 것이다. 내 경험상 '아힘사'와 '아바야'가 우리 아이들한테 맞지 않고 직장을 다니는 가장 확실한 방법이었다.

상대방이 내 편인지 아니면 적인지를 알고자 하는 것은 동물적인 본능인 것 같다. "나는 네 편이야"라고 환하게 웃으며 아이들을 만나지만, 아이들이 정작 그 말을 믿게 하기 위해서는 정말 그렇다는 것을 증명할 수 있는 여러 시험을 통과해야 한다. 불안정한 가정에서 정신적·육체적 학대를 받고 자라온 아이들은 이 동물적인 본능이 더 많이 살아있다. 그러다 보니 이들과의 처음 만남은 기쁘고 설레는 것이 아니라 극도의 긴장 상태에서 이뤄지는 일종의 의식이고 시험이다. "너는 내 편이니? 내가 너를 이렇게 나쁘게 대해도 내 편이니? 내가 무슨 짓을 해도 내 편이니?" 하고 묻는다. 물론 말로 묻는 것이 아니라 아주 적극적인 표현 방식으로 묻는다. 미운 짓, 버림받을 짓을 반복하는 것이다. 이런 행동으로 이 애들이 말하는 것은 "이래도 나를 끝까지 안 버릴 거야? 그럴 수 있어?" 하는 것과 "이래도 나를 버리지 말아줘"라고 하는 두 가지일 것이다.

아이들이 내 눈앞에서 별별 욕을 다 한다. 나에게 "씨발, 이 쌍년!FUCK You, You Mother FUCKER Bitch!"이라고 귀청이 날아가게 소리를 지른다. 아는 욕이란 욕은 다 붙여서 퍼붓는다. 별별 욕을 다 한다고 하지만 사실 가짓수로는 몇 개 되지 않는다. '씨발fuck'이란 단어를 문장 중간중간에 끼워 넣고 가끔 어머니란 단어를 끼워 넣거나 남자의 경우는 '개의 아들' 여자의 경우는 '여자 개' 정도의 단어로 양념을 치는 것이다. 더 강도를 세게 하기 위해서는 이 단어들을 여러 번 반복한다. 이것은 표현의 종류와 강도의 레벨이 다양한 한국어 욕에 비해서 참 배우기 쉬운 실전 영어이다. 아무튼 갖가지 욕을 반복하면서 코앞에서 주먹을 흔들거나 물건을 잡고 던지겠다고 위협을 한다. 레이저 광선이 바로 튀어나올 것처럼 부릅뜬 눈을 하는 것도 잊지 않는다.

아이들이 욕을 할 때, 주먹을 휘두르며 협박을 할 때, 기물이 날아올 때 동요함이 없는 것이 내가 살 길임을 일찍이 깨달은 후 나는 눈 한 번 깜짝하지 않으면서 아무렇지 않은 척하는 법을 배웠다. 비록 나중에 집에 와서 내가 왜 이것들에게 이런 서러운 꼴을 당해야 하나 하고 닭똥 같은 눈물을 똑똑 떨어뜨리며 한탄을 하더라도 말이다. 그러다가 이 '척'하는 것도 반복 학습을 해서 그런지 어떤 때는 아이들이 소리를 지르고 벽을 부수고 하는 사이에 틈틈이 새어 나오는 그들의 혼돈감, 두려움, 절망 등이 보이기도 했다.

열네 살짜리 애니는 아주 예쁘게 생긴 흑인 여자아이이다. 반듯한 콧대며 가는 얼굴의 선이 동양적이기도 하다. 그러나 예쁘다는 것은 입을 열지 않거나 인상을 짓지 않는 드문 경우에만 알 수 있다. 눈을 마주치기라도 하면 이 아이의 얼굴은 일그러지고, 입을 열면 나오는 게 다 욕이다. 애니가 나를 처음으로 만나자마자 한 얘기가 "아이 헤이트 유 I hate you!"였다. 증오스럽단다. 그 후로 나오는 말은 다 욕설. '아이들한테 좋은 소리 들을 걸 기대하지는 않았지만, 참 서럽다 서러워. 내가 미술 치료사가 되려고 이 먼 곳까지 와서 얼마나 노력을 했는데, 내 나이의 반도 안 되는 애한테 이런 욕을 들어야 하다니!' 속으로는 이래도, 겉으로는 그저, "하이, 마이 네임 이즈 은혜. 나이스 투 미트 유", 즉 "안녕, 나는 은혜라고 해. 만나서 반가워"라고 할 수밖에.

첫 만남은 차라리 나았다. 그 후 복도에서 만날 때마다 애니는 콧등을 찌푸리고 벌레라도 씹은 듯 혐오스럽다는 표정으로 째려본다. 이때도 나는 "하이, 하우 알 유?" 한다. 내 질문이 기가 막힌 듯, 애니는 더 째려본다. '아, 표정 하나로 사람을 죽일 수도 있겠구나!' 그렇게 몇 달 동안 우리는 째려봄과 "하우 알 유?"라는 인사를 주고받기를 매일 반복하였고, 그러면서 이 아이한테 안 맞는 것이 다행이라고 생각하고 있었다.

그러면 미술 치료 시간에는 어땠을까? 애니는 미술 치료 시간에 순순히 와서 순순히 하트를 반복적으로 그리고 시간이 끝나면 순순히 기숙사로 돌아갔다. 애니는 규율을 철저히 지켜서 치료센터의 당근을 다 챙겼고, 다른 치료사들과 감독관들에게 문제를 일으키지 않는 아이로 여겨졌다. 하지만 미술 치료를 통해서 자기 내면을 들여다보거나 자신의 상황이나 감정을 표현하는 것은 전면 거부했다. 그날의 주제와 상관없이 매번 그리는 하트 그림을 저항하는 행동으로 받아들여야 할지, 그것 말고는 그릴 줄 아는 것이 없는 것인지, 정말 하트 그리기를 좋아하는지 판단이 안 섰다.

우리의 만남은 그렇게 몇 달 동안 계속되었다. 그 아이는 지속적으로 나를 볼 때마나 더러운 것을 본 듯한 표정을 지었지만, 이것도 몇 달이 지나니 이력이 나서 더 이상 그 애의 눈이나 말투가 무섭지 않았다. 더 시간이 가니 째려보는 것도 덜하고, 혐오감이 가득하던 표정도 누그러졌다. 뭐 그렇다고 해서 인사성이 좋아졌다거나 하는 건 아니었다. 규칙은 잘 지키지만 언젠가는 폭발할 듯 보이는 애니는 나와 관계 맺기를 거부하면서 주어진 시간을 묵묵히 견뎌내는 것 같았다. 그래도 애니는 욕을 하고 째려보는 정도였는데, 처음 만남부터 내 눈앞에서 주먹을 휘두르는 배은망덕한 못된 놈들도 있었다.

기숙사 C동의 남자아이들은 나를 조금, 아니 사실 많이 기죽게 했다. 열너댓 살 정도의 남자애들이 여섯 명 사는 기숙사동인데, 이 녀석들이 얼마나 말을 안 듣는지 다들 포기한 상태였다. 기숙사 스태프들도 얼마 못 가 그만두곤 했다. 방과 거실은 난장판이고 가구도 자꾸 부수곤 해서 멀쩡한 가구가 없다.(그런데 텔레비전과 플레이스테이션은 멀쩡하다는 놀라운 사실!) 게다가 밤이 되면 몰래 도망 나가서 숨겨놓은 마리화나를 피우다 들어오기도 하고, 밤에 여자애들과 도망가서 무슨 짓을 하다가 오는지 하여간 아무런 통제도 안 되는 놈들이다. 이렇게 전혀 통제가 안 되는 애들과 그룹 미술 치료를 하겠다고 들어갔다가 신체적 위협을 느끼고 짐 싸서 나온 적이 몇 번 있었다. 나는 스스로를 실력 있는 미술 치료사라고 생각하고 있었는데, 미술 치료를 시작도 못하게 하는, 그러니까 나를 무능력자로 만드는 못된 놈들이다.

한 주는 찰흙을 주물럭거리고 두드리면 카타르시스를 느끼지 않을까 해서 찰흙을 준비해 가지고 갔다. 예상했던 대로 찰흙을 주먹으로 내려치고 때리고 하는 것까지는 다 좋았는데, 그 다음에 예상치 못한 일이 벌어졌다. 날아오는 찰흙 덩어리가 내 머리카락을 스치고는 벽에 통 하고 붙는다. 나는 하나도 재미없는데 뭐가 재미있는지 조롱 섞인 웃음으로 나를 자극한다. 망할 놈들. 속은 엄청 놀라도 겉으로는 아무렇지 않은 듯 꿈쩍도 하지 않고 그 자리에 있으니 제2단계로 접어든다. 한 녀석이 한 손으로 내 어깨를 잡고, 다

넌 누구니? (2014), 캔버스에 유화, 91×73cm

처음 본 바다 속 풍경은 놀라웠다.
눈 화장 찐한 물고기, 팔렐레 물고기,
가시 물고기, 플라맹고 옷 입은 갯민숭달팽이와
맨드라미꽃을 닮은 연산호까지.
그들은 같이 사는 것에 익숙한 듯했고,
공기방울을 내뿜으며 오리발을 허우적거리는
이 검은 옷의 포유 동물에게는 눈길조차 주지 않았다.

른 손으로 찰흙 덩어리를 내 입으로 집어넣으려 하지 않는가! 기숙사 스태프가 달려와서 봉변은 피했지만 너무 놀랐다. 놀라고 당황한 나를 보고는 이제야 원하는 반응을 얻었다는 듯 웃느라 자지러진다.

미술 치료는 적합하지 않은 거 같으니 차라리 운동이나 연극 치료를 하게 해보라고 상부에 제안을 했지만, 그 애들은 치료를 받기 위해 여기에 왔고, 치료를 받을 권리가 있으며, 나는 치료사이니 치료를 하라는, 하나도 틀린 말 없는 답변을 들었다. 그 애들이 나에게 인종 차별적인 농담을 하면서 낄낄거리며 웃을 때, 얼굴을 들이대면서 성을 돋울 때, 당황스럽기도 하고 위협을 받는 것 같아 머리가 쭈뼛쭈뼛 서고 열이 얼굴로 확 올라오는 게 느껴졌다.

그리고 또다시 그 아이들을 대상으로 하는 그룹 미술 치료 시간이 돌아왔다. 제발 치료 거부를 해서 넘어가기를 바랐는데, 그날따라 더 난폭하고 제어가 안 되므로 미술 치료가 오늘 꼭 필요하단다. 젠장. 이런저런 재료를 가지고 C동으로 들어갔다. 이런 것을 해보자 하는 나의 설명에 아이들이 콧방귀를 뀌면서 낄낄거린다. 기숙사 스태프가 "조용히 안 할래! 말 안 들어? 너희들 주말에 안 나가고 싶어?"라고 했지만 그래봤자 소용없다. 행동 점수 같은 거, 주말에 상으로 어디 놀러 가는 거 다 포기한 아이들이다. 워낙 점수가 마이너스다 보니 열심히 노력해 봤자 주말에 놀러 갈 정도로 만회하지 못할 거라는 걸 알고 있는데다 또 원하면 언제든지 도망을 가는 아이들이라 점수, 규율, 허락, 그런 협박 다 소용없다.

그런데 이쯤이면 짐을 싸고 도망을 가던 내가 오늘은 버티고 있으니 이제는 적극적으로 나를 어떻게 할 기세다. 한 놈이 얼굴을 내 코앞에 바싹 대고는 "어떡할 거야, 때리고 싶어? 욕해 보지?" 하면서 빈정거린다. 처음에는 이 애들 이러는 게 그렇게 무섭더니 이제 나도 좀 겪어봤다고, 싸울 수도 도망갈 수도, 그렇다고 아무것도 안 할 수도 없는 이 상황에서 마음이 조용해진다. 째려보는 이 아이의 눈을 보다가 뜬금없는 아이디어 하나가 떠올랐다.

"우리, 눈으로 하는 게임 하나 할래?" 이 질문에 인상 짓고 있던 아이의 표정이 확 바뀐다. "그게 뭔데?" 하고 궁금증이 가득한 목소리로 묻는다. 이런 놀이를 미국에서도 하는지 모르겠다. 한국에서 어렸을 때 동네 친구들하고 자주 했던 눈싸움 놀이를 설명한다. 서로 눈을 뚫어지게 쳐다보면서 먼저 웃는 사람이 지는 것이라고. 째려보는 게 특기이니 뚫어지게 노려보는 게 너무나 쉬울 것 같은 이 아이들과 승산이 있을까 싶었는데, 눈싸움 놀이를 시작하자마자 이 놈들 몇 초를 못 견디고 웃느라 제대로 쳐다보지도 못한다. 나랑 눈만 닿으면 웃겨죽겠다며 자지러진다. 그런데 웃음소리가 다르다. 비웃고 작당 모의하고 기분 나쁘게 웃어대는 웃음소리가 아니라, 재미있어서 까르륵까르륵 넘어가는 애들 웃음소리다. 어라? 재밌어 하네?

서로가 원수라 말도 안 하는 두 아이를 붙여준다. 그런데 둘 다 너무 웃어대서 누가 이겼는지 알 수가 없다. 조만간 아메리칸 아이돌에 나오리라 예상되는 천사의 목소리의 주인공 제레미아가 구석에서 컴퓨터로 보고서를 작성하고 있다가 아이들에게 끌려서 눈싸움 판에 끌려나왔다. 솜처럼 부드러운 천사의 목소리와 더불어 190센티미터의 키에 200킬로그램쯤 되는 거구의 몸을 가진 제레미아는 거친 아이들에게 너무 당해서 늘 불쌍해 보이는 청년이다. 아이들이 웃으면서 그의 팔을 잡아당기니 어리둥절한 표정이다. 아이들은 웃으면서 제레미아를 내 앞에 앉힌다. 내 특기인 이상한 표정 짓기를 써본다. 코를 실룩실룩거리고 입을 삐죽삐죽거려서 상대방을 웃기는 기법인데, 하도 오랜만에 해봐서 효험이 있으려나 싶었는데 효과가 직방이다. 다들 웃다가 쓰러진다. 결국 나는 완승무패로 이 경기의 챔피언이 된다.

이 사건은 내 짧은 미술 치료 역사상 가장 훌륭한 치료의 예로 남을 것이다. 붓 하나 연필 하나 없이 해낸 최고의 치료적 개입이지 않은가? 나중에는 서로 얼굴을 보기만 해도 웃음보가 터져서 웃겨 죽을 것 같아한다. 한 시간이 훌쩍 지나고 펼쳐만 놓고 쓰지도 않은 미술 도구를 주섬주섬 모으는데 아이들이 이것저것 집어주면서 도와준다. 그러고는 이 동의 리더이자 갱단 두목 같은 녀석이 "은혜, 너 어디 사니?" 하고 묻는다.

"나? 시카고 아베뉴와 웨스턴 아베뉴 근처에 살아."

"웨스턴? 그러면 웨스트사이드 출신이네!"

목소리가 한 톤쯤 올라간 반가운 목소리이다. 시카고에서 웨스트사이드라고 하면 웨스턴 아베뉴의 서쪽을 가르킨다. 웨스턴 아베뉴 길 하나를 두고 동쪽은 유럽계 백인들이 살고, 서쪽은 히스패닉과 흑인들이 산다. 서쪽은 갱의 활동이 활발하고 험한 동네가 많은 곳이며, 우리 아이들 대부분이 웨스트사이드 혹은 흑인들이 많이 사는 사우스사이드 출신이다.

"아니, 그렇지는 않아. 웨스턴 아베뉴에서 한 블록 동쪽에 살거든."

"한 블록? 아냐, 그 정도면 웨스트사이드나 마찬가지야."

그러고는 이 아이, 뒤로 돌아서서는 다른 녀석들에게 크게 말하기를, "얘들아, 은혜도 우리처럼 웨스트사이드 출신이래!" 한다.

그 아이의 말에서 '우리처럼'이란 단어가 쨍 하고 울린다. 우리처럼 은혜도 같은 동네에서 왔다고, 은혜도 우리라고!

상대방을 이기거나 이기지 못하면 친구가 되라는 말이 있지 않은가. 이 아이들과의 기 싸움에서는 이기지 못했지만 아이들과 친구가 된 듯하다. 이 녀석들이 나를 '우리'의 하나로 받아준 것으로 험한 통과 의례는 마침내 끝났다.

시간이 흘러 이곳에서의 마지막 날이 왔고, 아이들과 스태프들에게 인사를 하러 기숙사동들을 돌아다녔다. C동에 인사를 하러 가니 그때 '우리처럼'이라고 나를 불러줬던 그 아이가 내 묶은 머리를 뒤에서 잡아당긴다. "그만두지 못해!"라고 제레미아가 소리를 치는데, 내 머리를 살짝 잡은 채 놓지를 않는다. 이 녀석, 많이 섭섭한가 보다.

기숙사를 다 돌아다니고 잠시 쉴 겸 가을의 맑은 햇빛을 즐기려 펜스로 둘러싸인 운동장에 나오니 여자아이들 한 무리가 운동을 하고 있다. 그리고 그 그룹에 끼지 않은 애니가 혼자 나무로 만든 피크닉 테이블에 앉아서 뭔가를 쓰고 있다. 애니 옆에 가서 조용히 앉는다. 애니가 나를 슬쩍 쳐다보고는 곧바로 아무 말 없이 하고 있던 일을 계속한다. 볼펜으로 나무 테이블에 하트 모양을 새기고 있는 중이다.

"너는 왜 나를 그렇게 미워하니?" 하고 내가 묻는다. 나를 쳐다보지는 않았지만, 볼펜을 움직이던 손이 멈춘다. 잠시 머뭇거리는 듯하더니, "미워한 적 없어요"라고 간단히 말한다. 언제인지 모르겠지만 애니와의 통과 의례도 패스했나 보다. 좋은 날씨다. 쇠창살 펜스에 싸여 있기는 하지만 바람이 통하는 운동장에 앉아서 바람과 햇볕을 느끼며 애니가 볼펜을 꾹꾹 누르면서 그리는 것을 바라본다. 나도 테이블에 하트를 그린다.

두려움을 직시하는 최악의 시나리오 만들기

재료 색찰흙(시중에 나오는 여러 가지 종류의 색찰흙들이 클레이, 아이클레이 등의 이름으로 나와 있다. 시중에 시판하는 것을 사서 쓰면 간단하고, 밀가루에 색을 입히고 기름을 몇 방울 떨어뜨려서 직접 밀가루 찰흙을 만들 수도 있다.)
방법 서로를 믿고 지지하는 몇 명이 모여 걱정거리를 나눈다. 위로의 말 대신 걱정을 증폭시키는 질문을 던지며 최악의 상황을 만든 뒤, 서로의 걱정들을 모아 장면을 꾸며본다. 색찰흙으로 만든 인물, 소품, 배경 등을 움직여보면서 필요한 것은 더 만들어 넣고 불필요한 것은 빼내 최악의 상황을 함께 헤쳐 나가본다.

사람들의 반항을 다룰 때 뉴턴의 운동 법칙 제3번인 작용과 반작용의 법칙을 기억하는 것이 도움이 된다. 이 법칙의 전통적인 해석은 다음과 같다. "모든 작용에 대해 크기는 같고 방향은 반대인 반작용이 존재한다." 누군가가 물체를 때리면, 그 물체 또한 같은 힘으로 그 사람을 때린다는 것이다. 즉 반작용은 작용이 있기 때문에 있는 것이다.

청소년의 반항을 다룰 때 기억할 것이 바로 이 점이다. 반항은 작용에 대한 반작용이며, 반항의 크기나 세기나 정도는 청소년이 생각하는 작용의 크기나 세기나 정도에 비례한다는 점이다. 청소년의 반항을 다룰 때 써볼 수 있는 방법 중 하나로, 하지 말라고 하는 것이 아니라 더 하라고 아예 멍석을 깔아주는 역설적인 방법이 있는데, 그렇게 같은 방향으로 움직이는 것으로 반작용의 힘을 약화시킬 수 있다. 소리 지르고 싸우는 청소년에게 아예 더 소리 지르라고 하고, 떼를 쓰는 아이에게 끝까지 떼를 쓰라고 자리와 시간을 내어주고, 슬픔에 잠겨 우는 사람에게 감정의 바닥까지 가서 통곡을 하라고 하는 것이다.

두려움을 다루는 방법 또한 이와 비슷하다. 두려움은 피하려고 하면 더 심해지므로 두려움을 더 세게, 더 자세히 경험하는 것이 두려움을 다루는 한 가지 방법이다. 별일도 아닌데 지나치게 걱정을 하는 사람들이 있다. 마음의 긴장은 몸을 긴장시키기 때문에 가슴의 압박감, 두통, 소화불량, 만성통증 등의 신체적인 증상을 동반한다. 안절부절못하거나 늘 긴장되어 있고, 쉽게 피곤하고 자주 짜증이 나고, 근육이 긴장되고 잠을 잘 못 잘 수 있다. 다른 정신 질환을 앓고 있는 게 아니라면 이러한 증상에서 범几불안 장애를 의심할 수 있다. 범불안 장애는 더 심각한 공황 장애로 이어질 수도 있고 우울증을 동반하기도 해서 치료가 필요하다. 범불안 장애를 치료하는 효과적인 치료법인 인지 행동 요법은 왜곡된 생각을 바꾸어나가는 인지 치료와 불안으로 인한 긴장을 이완시키는 긴장 이완법 등이 있다.

그리고 역설적인 방법으로 걱정 노출worry exposure 기법이 있다. 불안감에 엘리베이터를 못 타는 사람이 있다면, 이런 사람이 불안을 이길 수 있도록 하는 탁월한 기법은 그 사람의 생각이나 근본적인 믿음을 바꾸려 애쓰는 것이 아니라 실제로 엘리베이터를 타는 것이다. 이것을 점차적으로 하는 방식이 있고(엘리베이터를 상상하고, 엘리베이터 모형에 들어가 보고, 엘리베이터 안에 들어갔다가 나오고, 치료사와

176

함께 들어가고, 혼자 들어가는 등), 처음부터 과감히 그냥 엘리베이터 안으로 들어가 버리는 방법이 있다. 죽을 듯이 심장이 뛸 것이고 폭발할 듯한 불안으로 땀이 나고 어지럽고 호흡 곤란증이 따르지만, 죽을 것 같은 그런 증상들은 결코 그 사람을 죽이지 않으며, 몇 초 후에는 엘리베이터 문이 열린다. 그것을 증명하고 나면 자신의 잘못된 믿음(엘리베이터를 타면 죽을 것이라는)을 바꿀 수 있다.

하지만 이보다 더 흔한 불안은 일어나지 않은 미래의 일들에 대한 걱정, 또는 우리가 어떻게 할 수 없는 것에 대한 걱정이다. 사랑하는 사람이 갑자기 이별을 통보하면 어쩌나, 내가 키우는 개가 갑자기 죽으면 어쩌나, 내 아이가 납치를 당하면 어쩌나 하는 등의 알 수 없고 통제할 수도 없는 미래에 대한 막연한 불안이다. 이런 경우 탁월한 치료법은 아예 불안을 극대화해서 최악의 상황을 경험하는 것이다.

걱정 노출법의 구체적인 방법으로 매일 30분 정도 시간을 정해서 '최악의 시나리오'를 쓰는 방법이 있다. 자신의 걱정이 현실로 왔을 경우를 상상하고 그 상황을 끝까지 파고 들어가서 최악의 시나리오를 구체적으로 쓰는 것이다. 이때 오감을 자극하는 언어를 사용하여 색과 형태와 빛과 소리와 맛의 감각까지 살려가며 시나리오를 쓴다.

이것을 하다 보면, 엘리베이터를 못 타던 사람이 그 안으로 들어가는 것과 마찬가지로, 심장이 빨리 뛰고 눈물이 나고 두렵고 떨릴 수도 있고 공포에 휩싸일 수도 있다. 이런 현상이 일어나면 잘하고

동굴을 걸어 나오면서 가장 신기했던 것은
갑자기 뻥 열리는 구멍과 그 구멍으로 보이는
땅 위 세상이었다. 빛을 받아 어질어질하게
빛나는 덩굴나무와 그 사이로 보이는 하늘.
저 구멍은 빛 세상의 일부가 아니라
깜깜한 동굴의 일부다.

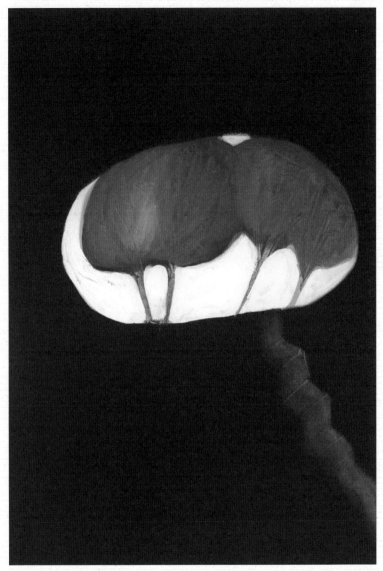

동굴 끝 (2014), 캔버스에 유화, 41×61cm

있는 것이다. 이것을 반복하다 보면 걱정이 사라지기 시작한다. 감정을 피하려고 하다 보면 감정이 갈 길을 몰라서 둥둥 떠다니다가 이 생각 할 때도 불쑥, 저 생각 할 때도 불쑥 나타난다. 그런데 감정을 직시하고, 정확하게 보아내고, 그 강렬함을 받아내면, 걱정하는 것들이 점점 힘을 잃고 사라진다.

우리의 상상과 무의식과 꿈과 미래에 대한 걱정은 대부분 이미지로 구성이 되어 있기 때문에, 미술과 시각적인 상상을 통해서 좀 더 생생하게, 좀 더 처절하게, 좀 더 무섭게 최악의 시나리오를 만들 수 있다. 그런데 이 과정이 정말 무서울 수 있기 때문에, 치료사와 함께 하거나 믿는 사람들과 함께 해보는 것을 추천하고 싶다. 나는 이 방법을 집단 워크숍에서 서로서로 연민의 마음으로 연결되게 하는 방식으로 쓰고는 한다. 우리는 모두 불안한 면이 있고 삶에서 걱정이 없는 사람은 없지만, 연민의 마음이 있다면 그런 서로서로를 보살피고 도울 수 있기 때문이다.

공감을 위한 걱정 노출 미술 치료 방법

서로 믿음의 관계에 있거나 유대감이 있는 사람이 몇 명 모여서 같이 한다. 일단 걱정 리스트를 만들어본다. 너무 고민하지 말고 생각나는 걱정거리들로 리스트를 만든다. 그것을 돌아가며 읽으면서 각자의 리스트 중 어떤 것이 최악의 시나리오로 발전할 만한 것인지 함께 고른다. 그리고 걱정하는 것을 최악의 상황으로 발전시킬 수 있도록 서로 돕는다. 이때 '만약에'를 넣어 만든 질문이 도움이 된다. "만약에 진짜 납치가 되면 어떻게 해? 납치가 되어서 팔아넘기면 어떻게 돼?" 이런 식으로 다른 사람들이 악마의 역할을 해주면서, 그 사람이 정말 두려워하고 심각하게 여기는 두려움의 본질에 가까이 다가가도록 돕는다.

이 작업을 해보면 정말 놀라운 게, 사람들이 하나같이 다양한 상황과 다양한 시나리오를 언급하지만 중심으로 들어가 보면 우리가 정말로 두려워하는 것은 손에 꼽힐 정도의 몇 가지 주제의 변주일 뿐이라는 사실이다. 버림받는 것에 대한 두려움, 혼자가 되는 것에 대한 두려움, 이루지 못하는 것에 대한 두려움…… 아무리 다른 상황, 다른 입장, 다른 종류의 걱정거리를 가지고 있다고 해도 그 중심 두려움에 다다르면 우리는 서로에게 연민의 마음을 가질 수 있다. 왜냐하면 나의 두려움은 나 혼자만의 것이 아니라 보편적인 것임을 알게 되기 때문이다. 상대방의 '그' 두려움의 형상을 정확하게 모르더라도 중심 두려움은 우리가 잘 아는 것일 가능성이 크다. 버림받는 것에 대한 두려움이 어떤 것인지, 존재감 없이 사는 것이 어떤 것인지 직접적으로 이해하기 때문이다.

한 최악의 시나리오 워크숍에서 나온 걱정 리스트에는 이런 것들이 있었다. 남편이 바람을 피울까 걱정, 자녀가 가출할까 걱정, 내가 뚱뚱해져서 사랑을 못 받을까봐 걱정, 아무것도 못 이루고 삶을 마무리할까봐 걱정, 돈이 없이 가난하게 살까봐 걱정 등등. 이러한 걱정들을 묶어서 인형극 장면으로 만들었다. 손으로 쭈물쭈물

주물러서 뚱뚱하게 살찐 주인공을 만들고, 바람피운 남자는 돌아서서 떠나는 것처럼 위치와 방향을 바꾸어 세워놓고, 가방 하나 달랑 들고 집을 나가는 아들의 모습과 텅텅 빈 지갑 등의 모습을 서로 도와가며 만들었다. 웃고 떠들며 "그래그래, 나도 뚱뚱해질까봐 걱정이야" "나도 남편이 바람을 필까봐 걱정이야" 하는 이야기가 오고갔다. 하지만 웃고 떠들다가 어느 순간 마음이 모아지고, 웃음이 멈추고, 서로가 연민의 마음으로 연결되는 찡함이 있었다.

불안을 극복하는 게 목적이라면 문제에 대한 답을 내놓거나 두려움을 직접 경험하는 것이 핵심이다. 하지만 연민을 통한 공감이 목적이라면 결국 무엇인가를 서로에게, 자신에게 해주고 싶어진다. 집을 나갔던 아들이 들어오고, 누군가 돈을 한 주먹 쥐어주고, 찰흙 살점을 떼어내 다이어트를 시키고, 처진 입술의 꼬리를 위로 올려주고, 서로 포옹을 하게 한다. 불안에서 회복시켜 주는 것, 이는 남에게도 선물이 되고 나에게도 선물이 된다. 그리고 그것은 고통을 경험했을 때만, 피하지 않고 소화할 때만, 직시할 때만 이루어지는 선물이다.

날카로운 것들

열세 살의 마샤가 바늘에 찔려 병원에 실려 갔다고 한다. 아니 바늘에 찔린 게 아니라 바늘로 자기를 찔렀다고 한다. 나중에 또 알아보니 찌른 정도가 아니라 바늘을 거의 팔 속 끝까지 집어넣었다고 한다. 무슨 일이 있었기에 그런 심한 행동을 했는지 모르겠다. 마샤는 가끔 황당한 행동으로 사람을 지치게 하곤 했지만, 명랑하고 밝은 아이이며 더욱이 요즘은 문제 없이 잘 지내고 있었던 터라 더 당황스럽고 충격이 컸다. 도대체 왜 그랬을까? 무슨 일이 있었을까? 바늘을 어디서 구했을까? 혹시 내 바늘?

겨울 동안 우리 미술 치료실에서는 베개 만들기가 대유행이었다. 어린 아이들, 좀 큰 아이들, 자기다 다 컸다고 생각하는 아이들 모두 너도 나도 베개를 만들고 싶어 해서 천 가게를 수도 없이 왔다 갔다 했다. 베개 유행이 좀 가시나 싶으면 누군가가 만든 새로운 형태의 베개가 짠하고 나타나서 다시금 유행의 파도가 물결쳤다. 처음에는 낮잠용 베개라고 작고 네모난 베개가 유행하더니, 조금 후에는 하트 모양 베개와 조각 천으로 무늬를 낸 디자인 베개가 살짝 유행을 타고, 나중에는 무조건 큰 대형 베개가 대세가 되었다.

사실 베개를 만드는 데 주로 사용한 펠트천은 꼭 바느질을 할 필요가 없다. 글루건(총 모양의 접착용 공구)으로 붙이면 웬만한 베개도 10분이면 완성할 수 있다. 그런데 몇 시간, 며칠이 걸리는 손바느질을 하게 한다. 아이들에게는 그래야 튼튼해서 베개로 사용 가능하다고 했지만, 사실은 일부러 일을 만들어 시키는 것이었다. 왜냐면 바느질에는 큰 힘이 있기 때문이다. 붕붕 들떠 있는 아이들, 핵핵 이리저리 왔다 갔다 하는 아이들도 진득이 앉아서 한 땀 한 땀 뜨게 하는데, 그 이유는 지금 이렇게 하면 나중에 이런 베개가 생긴다는 과정과 결과의 인과 관계를 확실하게 보여주고 싶어서다.

또한 바느질은 우리 아이들에게 꼭 필요한 '만족 미루기delaying gratification'를 실습하는 좋은 방법이다.* 하지만 참을성을 키우고 만족감을 미루려면 베개를 끝까지 만들어야 하는데 아이들은 자꾸만 그만두려고 했다. 마음만 앞서는 경우가 많아서 복잡한 형태로 커다란 베개를 디자인해 놓고 바느질하다 지쳐서는, "이거 못해, 이거 재미 하나도 없어" 하며 대신 끝내달라고 하는 아이들이 많다. 나

---

* '만족을 미룰 수 있는 능력the ability to delay gratification'은 심리학자 스캇 펙이 쓴 베스트셀러 《아직도 가야 할 길》에서 다루기도 했는데, 인생에서 필요한 중요한 능력 중의 하나이다. 이 방법은 나중에 좋은 것을 위해서 지금 견디고 노력하는 것이다. 예를 들자면 중간에만 크림이 들어간 크림빵이 있다고 치자. 그러면 크림부터 먹는 것이 아니라 가장자리부터 먹으면서 크림 부분을 마지막에 먹는 것으로, 빵을 먹는 전 과정을 가장 즐겁고 보람차게 하는 방법이다.

는 그 애들을 어르고 달래고 꾀고 마무리해 주느라 아주 바빴다. 나보다 훨씬 큰 열일곱, 열여덟 된 남자아이들이 사이즈를 가지고 남자임을 과시하려는 듯 더 큰 베개, 더 큰 베개 하다가 나중에는 침대 반만 한 커다란 천을 놓고, 해도 해도 끝나지 않는 바느질과 씨름하고 있는 것을 보면 정말이지 사랑스러워 웃음이 났다.

이렇게 훌륭한 손바느질 작업이지만 작업을 할 때면 늘 걱정이 되고 신경이 곤두서는데 그 이유는 바늘의 관리 때문이다. 바늘을 나눠줄 때 개수를 세고, 정리하면서 다시 세고는 하지만, 내가 워낙 숫자에 약해 처음에 몇 개였는지 까먹는 경우가 많아 별로 도움이 되지 않는다. 어떨 때는 아이들로부터 갑자기 바늘을 빼앗아야 할 상황이 생기는데, 그럴 때면 바늘을 천이나 종이에 대충 말아서 내 바지 주머니에 넣고는 했다. 이 나쁜 습관 때문에 바늘에 찔린 적이 한두 번이 아니었다. 한번은 화장실 갔다가 바지 주머니에 왕 바늘이 있는 것을 깜박하고 바지를 올리다가 허벅지를 죽 긁은 적도 있다. 피도 찔끔 나고 따끔하기도 했는데 이 기다란 상처를 보면서 기분이 묘했다. 우리 아이들이 하는 것이 이런 건데 싶었다. 자해로 팔다리에 상처가 나 있는 아이들처럼 나도 다리에 분홍색 긴 줄이 생겼다. 커터. 커팅. 컷. 도대체 무엇을 컷하려고 하는 것일까?

바늘이 위험할 수도 있는데 바느질을 미술 치료에 사용하는 것이 적합한 것일까? 청소년거주치료센터의 규칙에 의하면 무기가 될 수 있는 것은 어떤 것도 사용하면 안 된다. 미술 치료사의 윤리에 따르면 미술 치료사는 안전한 환경을 만들고 안전한 재료를 줄 의무가 있다. 바늘은 안전하기는커녕 위험하기까지 하다. 그런데도 바느질을 포기하지 못하는 이유는 이것을 대신할 만한 매체가 없기 때문이다. 상처가 열려 있는 사람과 작업을 하면서, 천을 꿰매고 인형을 만들고 포근한 베개를 만들 때 바느질이 은유적으로 주는 '상처를 꿰맨다'는 메시지를 대신할 만한 것이 없기 때문이다. 바느질은 스스로의 상처를 바라보고 잘 아물 수 있도록 꿰매는 경험을 은유적으로 하게 하는 참으로 훌륭한 미술 치료 매체이다.

마샤가 어디서 바늘을 구했을까? 아마도 내 미술 치료실에서 슬쩍한 것일 게다. 그렇다면 이것은 내가 크게 책임을 져야 할 일이다. 안전한 환경을 만들어야 할 의무와 책임을 다하지 못한 일이며, 이는 직장을 잃을 수도 있을 만큼 큰 일이다. 다행히 마샤의 팔에서 바늘을 뺄 수 있었고 크게 다치지 않아서 큰 문제는 생기지 않았다. 또한 바늘 때문에 걱정을 하고 있었는데 그것도 그냥 넘어갔다. 마샤가 학교 갔다 오는 길에 바늘을 샀다고 했다는 거다. 그러나 아무래도 그 바늘은 내가 책임져야 하는 바늘일 것 같았다. 어느 가게에서 바늘을 세트로 팔지 않고 덜렁 하나만 팔겠는가? 그리고 우리 아이들은 학교 끝나면 바로 이곳으로 와야 하므로 바늘이나 실 등을 파는 가게를 지나거나 들를 시간이 없다. 그래도 끝까지 바늘 하나를 자기가 가게에서 샀다고 주장을 했고, 그래서 그 일은 그렇게 넘어갔다.

내게 책임을 물을까봐 내심 걱정하고 있었는데, 혹시 마샤가 나를 걱정해 준 것일까? 그 황당하고 정신없는 아이가? 이것은 추측이지만 충분히 가능한 일이다. 우리 아이들이 그런 아이들이기 때문이다. 우리 아이들은 자신을 믿어주는 사람을 저버리지 않는다. 그것이 자기가 만들어낸 거짓 믿음이라도 말이다. 가해자가 어머니일 경우, 경찰한테 그 사실을 숨기고 계속 다른 이야기를 만들어내고 거짓말을 만들어내는 일은 흔히 있다.

클라라는 열여섯 살의 여자아이인데, 감수성이 무척 예민하고 예술적인 작업을 즐겨 하는 소녀이다. 미술 치료실에서는 나랑 곧잘 그림도 그리고 시도 쓰고 노래도 만들곤 했다. 하지만 기숙사에서는 적응을 못해서 툭하면 친구들과 싸우고 도망을 가 갱단과 몰려다니면서 몸을 팔고 마약을 팔다가 경찰한테 잡혀 감옥에 가고, 결국 우리 센터로 보내지곤 했다. 자신한테 몸을 팔게 하고 마약을 팔게 한 갱 두목 뻘인 남자친구를 너무너무 사랑한단다.

하루는 클라라가 어디서 구했는지 유리조각으로 손목을 긁어서 병원에 실려 갔다가 팔목에 붕대를 감고 돌아왔다. 손목을 날카로운 것으로 긁는 일은 드물지 않은 일이다. 대부분은 죽을 정도로 심하게 긁는 것은 아니고 죽는 시늉만 하는 것이다. 이쪽 분야에서 오래 일한 사람들은 이런 경우를 하도 많이 봐서 정말 심각한 상황이 아니면 콧방귀도 안 뀐다. 그 아이들의 의도가 관심을 끌려는 것이고, 자해하는 것으로 원하는 관심 끌기에 성공하면 또 이런 일을 반복한다는 것이다. 맞는 말이다. 하지만 모두들 소리를 지르고 있으면 더 크게 소리를 쳐야 들리고, 말로 죽겠다고 그러는데 아무도 관심을 보이지 않으면 행동으로 시늉이라도 해야 관심을 끌 수 있는

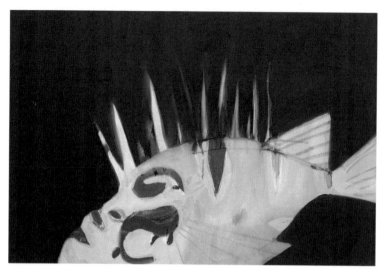

가시 물고기 (2014), 캔버스에 유화, 61×41cm

쏠배감펭. 라이온피시라고도 불린다.
알록달록 예쁜 모습에 괜히 만지고 싶은
화려한 가시, 그 끝에 치명적인 독이 있다.
이리 오라는 꼬심과 오면 찔러버리겠다는 독심.
알면서도 날카로움의 치명적인 매력에
빠지기도 한다. 아플 텐데.

것처럼, 관심과 반응이 무뎌질수록 아이들의 극단적인 행동의 수위가 갈수록 높아져갔다.

붕대를 감고 돌아온 클라라와 피아노 의자에 나란히 앉았다. 몇 주째 노래를 만들고 있었는데 뒷부분과 후렴 부분을 조금 더 작업해야 하기 때문이다. 그 아이가 멜로디를 흥얼거리면 내가 그것을 음표로 적고, 적은 것을 쳐주고, 그러면 클라라가 노래로 다시 불러보는 방법으로 노래를 만들고 있는 중이다. 노래의 주제는 물론 사랑이다. 완벽한 그대가 언젠가 나타나 나를 이곳에서 빼내고 영원히 행복한 그곳으로 데려갈 것이라는 구원의 노래다. 손목에 붕대를 감고 나타나서는 완벽한 그대와 꿈꾸는 그곳을 노래하는 클라라를 보니 마음이 너무 아파서 울고 싶어진다. 목이 매여 아무 말 못하고 가만히 손만 잡고 있으니, 내 눈을 똑바로 보면서 이렇게 말한다. "은혜, 이곳은 지옥이야. 사는 게 지옥이야."

관심을 끌려고 죽겠다는 시늉을 한 것이든 정말 죽으려고 한 것이든 클라라의 말이 진심인 줄 알겠다. 그 상황에서 치료사인 나는 긍정의 힘을 끌어내 "아니야, 삶은 지옥이 아니야. 여기에도 좋은 게 많아. 좋은 것을 찾아"라고 말을 해야겠지만, 그런 말이 차마 목에서 안 나온다. 그 대신 "그래, 네 말이 무슨 말인지 알아"라고 했다. 노래의 다음 소절을 만들어야 하는데 차마 노래를 끝맺지 못하고 클라라와 나는 한참 동안 손을 잡고 앉아 있었다. 마음으로 같이 울면서 말이다.

클라라가 어디서 그 유리조각을 찾았을까? 그 역시 미술 치료실에서였고, 마이크와 스테인드글라스 작업을 할 때 슬쩍했을 것이다. 마이크는 서열상으로는 내 밑의 스태프이지만 오십대 초반의 백인 아저씨로 이 분야에서 20년 정도 일한 베테랑이다. 그의 태도는 공적인 것과 사적인 것 사이의 경계를 오락가락해, 관리직 사람들로부터 여러 번 경고를 받은 적이 있고, 높은 사람들은 그를 눈엣가시로 생각하는 것 같았다. 그는 아이들을 위해서라면 규율을 상관하지 않았고 최대한 아이들의 요구를 받아주는 편이었다. 그러다 보니 다른 스태프들과의 관계는 삐걱거리지만 아이들은 마이크가 자신들을 진심으로 대한다며 무척 따랐다. 그런 그가 스테인드글라스 작업을 아이들과 하게 되면서 문제가 많이 생겼다. 워낙 위험한 재료이다 보니 그 작업을 그만두라는 경고를 받았지만 그는 쉽게 포기하지 못했다. 그도 아이들도 반짝거리는 유리조각들에 매료되어 있었다.

내가 이곳에 출근한 지 얼마 안 돼서 마이크에게 "어떻게 여기서 일하게 되었나요?"라고 별 생각 없이 물었다. 그때 우리는 차를 타고 어디를 가고 있었는데, 그가 "정말 알고 싶어요?"라고 물었고, 나는 정말 알고 싶다고 말했다. 그는 차를 멈추고 숨을 길게 내쉰 뒤 다음과 같은 이야기를 들려주었다.

그에게는 딸 하나와 아들 하나가 있었다. 아마추어 음악가인 본인과 무명 가수인 와이프에게, 어렸을 때부터 음악에 천재적인 재능을 발휘하는 아들은 희망이고 꿈이었다. 그 당시 소년원에서 체육 선생으로 일하고 있었는데 아이들로부터 목숨의 위협을 받은 적이 여러 번 있었다고 한다. 정말 힘든 일이었는데 아들의 음악 활동을 돕기 위해서 열심히 일해 돈을 벌었다. 그런데 어느 날 "밴드 연습하고 올게요~" 하고 기타를 메고 나간 열일곱 살 아들이 집에 늦게까지 들어오지 않았다. 그날 밤 텔레비전에서 집 근처 전철역에서 갱단이 무작위로 쏜 총에 승객 몇 명이 다치고 한 명이 죽었다는 뉴스를 보고 있는데, 현장을 잡은 카메라가 전철역 바닥에 총알이 관통해 깨진 아들의 안경을 비추고 있었다.

그 다음의 이야기는 상실, 우울증, 딸의 실어증, 자살 기도, 그리고 다시 살기로 결심한 긴 이야기였다. 그는 애통함과 비통함 끝에 아들을 위해서, 청소년을 위해서 살기로 결심했다고 한다.

"내 아들은 정말로 천사가 내려온 것 같았지. 얼마나 착했는지 몰라. 정말 특별한 아이였어. 다른 사람들의 아픔을 보고 참 많이 괴로워했지. 그때 사고가 났을 때도 누구를 보호하려고 하다가 대신 총에 맞았을 거라고 나는 확신해."

그 이후로 줄곧, 낮은 직급과 낮은 임금과 낮은 처우를 받으면서도 청소년 시기에 죽은 아들의 이름을 걸고, 무조건 청소년 아이들의 편을 들어온 것이다. 그런 그가 스테인드글라스는 안 된다는 나의 경고를 무시하고, 디렉터의 충고를 무시하고, 잘릴 수 있는 위험을 감수하면서까지 아이들과 유리 공예 하는 것을 밀고 나갔다. 아이들과 함께 유리 조각을 조심스럽게 갈고, 납으로 감고, 유리창에 걸어서 형형색색의 빛을 아름답게 반사시키는 펜던트를 만들었다.

그는 쉬는 시간이나 업무가 끝나고도 혼자서 유리를 만지곤 했는데, 유리를 만지는 그의 모습이 참 인상적이었다. 늘 어딘가 한 부분은 긴장이 느껴지곤 했는데, 색색의 아름다운 유리판을 세공하는 모습은 행복해 보였다. 스테인드글라스 관련 책을 사다가 공부를 하기도 하고, 주말이면 집으로 도구를 가져가 만들어온 것들을 내게 자랑스레 보여주고는 했다.

그러나 마이크는 결국 직장을 잃었다. 당장 사무실을 비우라는 통보를 받고 짐을 싸는 그를 지켜보았다. 아이들이 동요할까봐 그런 것이겠지만, 마이크에게는 아이들에게 인사할 기회도 주어지지 않았다. 언제나 진심으로 아이들을 대하고 아이들을 위해서 삶을 바쳤는데 인사도 못하고 떠나게 되다니. 너무 안쓰러워서 울고 있는 내게 마이크는 처음 보는 그림 하나를 건네주면서 "이제 이건 필요 없을 것 같다"고 했다. 마이크의 자화상이었다. 삐쩍 마른 남자가 해골을 품에 끌어안고는 너무나 서럽게 울고 있는 그림이었다. 나는 그에게 아들을 위해서 할 만큼 했으니 이제는 본인을 위해서 자유롭게 살았으면 좋겠다고 했다.

마이크의 이야기는, 많은 이야기가 그런 것처럼, 해피엔딩이 아니다. 하지만 모든 삶의 이야기처럼 엔딩은 시작이기도 하다. 그는 일을 그만두고 가난해졌지만, 스테인드글라스 공예를 계속하며 자신의 예술 장르를 찾은 것 같다고 했으며, 와이프와 늘 노래를 하며 지냈다.

마음의 부서진 상처를 꿰매고, 날카로운 자리를 다듬고, 깨진 조각들을 세공해서 다양한 빛을 반사시키는 것은 부서짐에도, 아니

부서졌기 때문에 가능한 일이다. 아마도 우리 아이들의 상당수는 평생 힘들게 살 것이다. 현실적으로, 통계가 보여주듯 우리 아이들 중 몇 명은 결국 감옥이나 정신 병원에서 살 것이고, 이중 몇 명은 사랑과 학대의 사이클을 반복할지도 모른다.

그러나 그중 몇 명은 스스로의 몸을 찌르거나 베서 상처를 내거나 그 상처를 내보이지 않고도 아픔을 어루만지는 법을 배울 것이다. 베개 만드는 과정을 통해서 상처를 어루만지는 법과 스스로를 보듬는 방법을 배웠으면 좋겠다. 날카로운 바늘로 천을 한 땀 한 땀 떠서 열린 것을 꿰매고 연결하여 포근하게 쉴 수 있는 물건을 만드는 그 경험을 통해서 아이들이 자신의 삶에서 열리고 뜯어진 부분을 고칠 수 있다고 생각하기를 바란다. 또한 창가에 걸려서 다양한 색으로 햇빛을 퍼트리는 스테인드글라스 펜던트처럼, 깨어짐을 통해서만 완성될 수 있는 스테인드글라스 유리처럼, 자신의 깨어짐을 가지고 창조해 낼 수 있는 아름다움을 찾을 수 있었으면 좋겠다. 그리고 마이크는 죽은 아들을 이제는 잘 보내고 아들을 위해서가 아니라 스스로를 위해서 스테인드글라스 작가로 살았으면 좋겠다.

삶의 은유 찾기

재료 그때그때 다르다.
방법 자기 삶의 은유를 찾는 방법은 아주 많다. 내가 흔히 쓰는 방법은 평소 자신의 말버릇을 관찰하거나 친구들에게 내가 자주 쓰는 은유적인 표현들을 물어 찾아보는 방식이다. 아예 시를 써보거나 이야기를 써볼 수도 있다. 시각적이거나 촉각적인 표현이 나오면 그 느낌을 살릴 만한 미술 재료를 선택해서 작품으로 만들어본다. 은유는 단어일 수도 있고, 시일 수도 있고, 미술 작품일 수도 있다. 이야기 속에서 나를 표현하는 은유를 찾자.

자기 마음속의 것을 설명하기 위해서는 은유를 통하지 않을 수 없다. 기분이 더럽다고 말할 때 '더럽다'라는 것은 은유이며, 마음이 '쓰리다'라고 하는 것 역시 은유이다. 은유적으로 이야기하기 위해서는 상상 속으로 들어가야 하는데, 은유와 상상을 통해서만 보이지 않는 사람의 심성이 꺼내어지고 표현될 수 있다.

은유에 대하여 연구하는 심리학자 토마스 허쉬Thomas R. Hersh는 은유와 상상의 세계를 무시하거나 귀를 닫아버리는 것은 위험하다고 말한다. 왜냐하면 은유의 세계는 현실이 아니지만 또한 동시에 현실이기 때문이다. 그는 전쟁터의 군사를 예로 든다. 적을 쏴 죽이려고 총을 들고, 적군의 이마를 또렷이 노려보면서 겨냥을 한다. 마치 두 사람의 공간이 없어지는 듯하고, 그 총을 든 군사의 눈에는 마치 그 이마라는 표적이 바로 눈앞에 있는 것처럼 보인다. 이것은 상상이다. 하지만 그 상상이 각인이 되어, 그가 죽는 날까지 그의 삶을 괴롭히는 장면이 될 수 있고, 이때 그 괴로움은 상상이 아니라 현실이다.

허쉬는 현실 감각이 떨어지는 정신 질환 환자나 은유의 바다에서 자신의 몸속, 뼛속, 영혼 속에 느껴지는 어떤 것을 표현할 언어를 찾는 환자들을 보면서, 그들에게 은유를 빼앗을 것이 아니라 그들의 은유 세계를 인정하고 치료사가 직접 그 안으로 들어가야 한다고 말한다. 치료사가 그의 은유의 세계에 들어가 적절한 은유를 찾는다면, 고통의 어두움을 표현한 은유를 빛의 은유로 바꿀 수 있으며, 죽음이라는 은유가 새로 태어남의 은유로 변할 수 있는 여지가 생긴다는 것이다.[*]

은유는 개인의 심상을 표현하는 언어이기 때문에 애매하고 주관적이고 불확실하고 알듯 말듯하다. 하지만 그렇게 체계가 없음에도 우리는 마음을 표현하는 많은 은유를 애매하게나마 이해하고 알아듣는다. 우울증과 오랫동안 싸우고 치료를 받고 연구한 저자가 쓴 《정오의 악마: 우울증의 지도*The Noonday Demon, An Atlas of Depression*》는 중증 우울증의 고통을 아름다운 은유의 언어로 표현한 놀라운 책인데, 그는 중증 우울증을 앓는 수많은 사람들을 인터뷰하면서 그들의 주관적인 경험을 드러낸 표현들이 놀랍도록 비슷하다는 것을 알게 되었다고 한다.

우울한 사람은 "절벽의 가장자리를 넘어 아래로 떨어진다"는 표현을 고통에서 광기로 넘어가는 단계를 표현할 때 자주 쓴다. 절벽

---

[*] Thomas R. Hersh, "Metaphor and Imagination," *Clinical Psychology*.

의 가장자리를 넘어 끝 모르는 '깊은 구렁 안으로' 빠진다는 표현 또한 반복적으로 쓴다. 사람들이 이토록 똑같은 언어를 사용하는 것은 참 희한한 일이다. 왜냐하면 절벽의 가장자리라는 것은 아주 추상적인 은유이기 때문이다. 대부분의 사람들은 절벽뿐만 아니라 어떤 가장자리에서도 떨어져본 경험이 없고, 끝을 모르는 구렁으로 떨어져본 적도 없다. 그랜드 캐니언? 노르웨이 피오르드? 남아프리카 다이아몬드 광산 탄갱? 떨어질 구렁을 찾는 것조차 힘들다. 그런데 그들의 경험에 대해 물어보면 그들은 '구렁'이란 표현을 일관되게 쓴다.*

은유는 마음을 다루고 마음과 소통하고 마음을 치료하기 위해서 우리가 써야 하는 언어이다. 은유는 우리가 나 밖의 세상을 이해하고 나 안의 세상을 이해하는 방식이며, 또 소통하는 방법이다.

얼마 전에 스스로를 니트 족NEET(Not in Education, Employment, or Training의 준말로 학교를 다니지 않고 직장을 다니지 않으며 직장을 구하지도 않는 20~30대의 젊은이를 말한다)이라고 부르는 이십대 여성을 만났다. 단기 미술 치료 때였지만 이 여성과의 작업에서 건져낸 은유는 '알'이었다. 학교를 다니다가 그만두고, 일을 하지 않고, 일을 찾지도 않고, 친구도 없고, 사회 생활도 하지 않고 집에 칩거하는 이 청년은 나와 미술 치료를 하면서 '알'이라는 은유를 찾았다. 자신은

---

* Andrew Solomon, "The Noonday Demon, An Atlas of Depression," *New York: Scribner*, 2001, p. 27.

알 속에 들어가 있고, 알의 껍질이 갈라지기 시작했지만, 그 껍질이 톱니처럼 날카롭게 갈라지고 있어서 그 틈으로 나가는 것은 위험하다고 했다. 하지만 갈라지기 시작한 알을 깨고 나오지 않으면 외부에서 주사기가 찔러지고, 아직 병아리로 형체가 갖춰지지 않은 물컹한 액체 상태의 자신이 주사기로 뽑혀서 알 밖의 땅에 버려질 거라는 것이다.

다른 그림에서는 갈라진 틈 밖으로 빠져나온 병아리를 그렸다. 하지만 언제 쫓아올지 모르는 톱니 같은 알을 피해서 머물 틈도 없이 도망을 가야 한다. 이 청년은 알을 깨고 나올 것인가, 그냥 있다가 액체 상태로 뽑혀질 것인가, 나온다면 무사히 도망갈 수 있을 것인가 하는 이야기를 '알'이라는 은유로 표현했다.

이 치료는 단기로 끝났지만, 만약에 치료가 계속된다면 은유를 찾는 것은 미술 치료의 시작이라고 볼 수 있다. 그리고 이 은유를 어떻게 표현할 수 있을까 하는 단계가 미술 치료에서 중요한 다음 단계이다. 이때 미술 재료에 대한 미술 치료사의 유연함과 창의성이 필요하다.

미술 치료를 공부하고자 하거나 관심 있는 사람들에게 자주 듣는 질문 중 하나가 "미술 전공을 안 했는데도 미술 치료사를 할 수 있나요?"이다. 중요한 것은 미대 졸업장이 아니라 이러한 은유의 바다에서 은유를 시각적으로 풍부하게 하는 작업을 할 수 있는가 하는 것이다. 그 은유를 표현하고 구현할 수 있는 재료를 창의적으로 찾고 응용하고 때로는 창조할 수 있는가 하는 것이다. 이빨이 있

날아라, 병아리! (2014), 패널에 유화, 61×50cm

알을 깨고 나왔니?
힘껏 솜털 날개를 흔들어보아라.
아직 날지 못하겠지만,
백 번 천 번 날갯짓을 하는 사이
깃털이 자리를 잡을 것이고,
바람을 받아 펄~럭~ 날아오를 것이다.

는 알을 무엇으로 어떻게 표현할 것인가? 주사기로 뽑아지는 그 액체의 느낌은 어떤 재료로, 그 빨려 들어가는 느낌은 어떻게 표현할 수 있을 것인가?

미술 치료사의 가장 중요한 역할 중 하나는 내담자가 처한 상황과 감정 상태를 표현하기에 적합한 재료를 찾도록 도와주는 일이다. 물론 내담자가 직접 원하는 재료를 선택하게 하는 것이 가장 이상적이지만, 재료의 성격과 느낌을 잘 알지 못한다면 치유적인 작업을 위한 재료 선택은 힘들 수 있다. 예를 들어 막힌 곳에서 뭔가가 흘러나오는 것을 표현하고 싶다면, 그 사람만의 막힘과 흐름의 느낌을 표현하는 데 어떤 재료가 좋을지 생각해 봐야 한다. 물감을 쓰기로 정했다 하더라도 수채화가 좋을지 아크릴이 좋을지 유화가 좋을지 하는 결정은 이 세 가지 재료의 특징을 잘 알아야 할 수 있다. 재료를 잘 알아야만 그 사람의 느낌을 미술 재료의 색과 질감으로 잘 통역할 수 있는 것이다.

하지만 내가 일반인을 대상으로 워크숍을 하거나 미술 치료사가 되고자 공부하는 학생들을 대상으로 수업을 할 때, 재료 선정을 위해서 제일 먼저 가르치는 것은 미술 재료 사용법이 아니라 감정을 시적인 언어로 말하게 하는 것이다. 미술은 풍부한 은유를 가지고 있지만 경험자가 아니면 익숙한 언어가 아니므로, 먼저 은유의 말로 감각과 생각과 느낌을 담아보게 하는 것이다.

북미 인디언들의 이름은 은유로 만들어져 있다. 다음은 상상을 동원한 이야기이지만 이름이 은유가 되고 은유가 이름이 되는 힘을 잘 보여준다.

　한 남자가 산꼭대기에 혼자 올라갔다고 치자. 그가 산에서 내려
와 사람들에게 말을 하는데 모든 사람들이 그가 변했다는 것을 알
수 있었고, 그래서 그를 '높이 나는 독수리Eagle Flying High'라고 부르
기 시작했다. '높이 나는 독수리'는 모든 사람에게는 자신의 자리가
있다고 말했다. 그는 사람들은 서로의 이야기에 더 귀를 기울여야
한다고도 말했다. 또한 가끔은 하고 있는 일을 잠시 멈추고 몸을 아
주 낮게 구부려 '작은 생쥐Tiny Mouse'가 하는 말을 들어야 한다고 했
다. 작은 생쥐는 땅에 가깝게 있고 아주 작기 때문에 저 수평선 너
머 무엇인가가 땅을 울리며 다가오는 것을 누구보다 빨리 느낄 수
있기 때문이라고 했다. 만약 '작은 생쥐'가 저쪽에 뭔가 위험한 게
도사리고 있다고 느끼면, 그래서 모든 이들이 불안해하기 시작하
면, 그들은 '앉은 황소Sitting Bull' 옆에 앉아야 한다고 했다. '바람의
Of the Wind'가 계획을 속삭이게 해야 하며, 그를 통해서 받은 영감은
'낮의 빛Light of Day'과 확인해야 한다고 했다. 그런 다음에 '타는 불
Burning Fire'에게 가서 그의 눈앞에서 시들지 않을지 확인해야 한다.
전투의 날에는 초조한 버펄로 전사들이 '숲의 물Forest Water'이나 '꽃
의 계곡Valley of Flowers'이나 '영혼이 피운 꽃Eternal Blossom'과 시간을
좀 가질 필요가 있을 것이다. 그렇게 하고도 용기가 안 생기고 마음
이 약한 전사는 '나이 많은 메디신 우먼Old Medicine Woman'에게 가서
그에게 노래를 불러달라고 해야 할 것이다.

'높이 나는 독수리'는 모든 전사들은 '저승의 말OtherWorld Horse'을 따라야 한다고 했다. 왜냐하면 적이 '저승의 말'이 오는 것을 보면 당당하던 태도를 잃고 혼란해지며 공포를 느끼기 때문이다. 그는 '작은 모기Little Mosquito'와 거리를 두라고도 했다. 그는 아무에게도 이득이 되지 않으며 윙윙거리고 돌아다니면서 문제를 일으키고 사람을 물고는 하는데, 이것은 작은 고통을 불러오고 마음을 산만하게 하기 때문이다.*

이 이야기를 읽으면서 앞에서 말한 청년이 알을 깨고 나올 때 이름이 은유적으로 바뀐다면 어떻게 될까 상상을 해보았다. '알을 깨고 나온 용기'라고 불리지 않을까? 자신을 잡으러 오는 톱니를 피해 달아난다면 '톱니보다 빠른 바람'도 좋고, 자신이 성숙하지 않았을 때 고름을 빼는 바늘을 피한다면 '바늘을 피한 알'도 좋겠다. 그리고 그에 대한 나의 바람을 은유 이름으로 만들어보았다. '알을 깨고 나는 새.'

---

* Thomas R. Hersh, "Metaphor and Imagination."

골무

　　나의 인턴인 리사는 나보다 나이가 열 살쯤 많고, 발도르프 학교의 선생님으로 오랫동안 일하다가 전공을 바꿔 미술 치료 공부를 하고 있는 중년의 여성이다. 나보다 경험도 많고 아이들을 다루는 솜씨도 뛰어나서 리사가 하고자 하는 일에 뭐라고 반대를 한 적이 없었다. 그런데 리사가 여덟 살부터 열한 살짜리 꼬마 남자애들 그룹을 데리고 손바느질 인형을 만들기 시작했을 때는 은근히 걱정이 되었다. 꼬마 녀석들이 바늘에 안 찔리고 잘할 수 있을까 걱정을 하는데 발도르프 학교에서는 아주 어린 학생들도 인형을 만든단다. 발도르프 학교에서 하는데 우리가 못할 이유가 없지!

　그런데 의외로 제일 어려웠던 일은 바늘에 손가락이 찔리지 않게 하는 것이 아니라 꼬맹이 남자애들에게 바느질은 여자만 하는 게 아니라 멋있는 남자도 하는 것이라고 꾀는 일이었다. 처음에는 여자나 하는 일이라며 아무도 바느질을 하지 않으려고 했다. 그러다가 우리 센터의 막내이자 여덟 살짜리 미술 신동인 아담이 듬성 듬성 몇 땀으로 귀엽고 용맹한 아기 푸마 인형을 만들었는데, 이것이 다른 아이들의 마음을 움직였다. 자기들 눈에도 멋있었던 것이다. 아담과의 동맹으로 이렇게 아이들을 꾀는 데는 성공했으나 아이들 바느질 솜씨가 영 엉망이라 리사하고 내가 아주 바빠졌다.

아이들 몰래 여기저기 구멍 난 곳을 꿰매고, 매듭을 다시 묶고, 엉성한 바늘 뜸 사이에 몇 땀씩 바느질을 해 넣기도 했다. 그리스 신화의 율리시스에 나오는 외눈 괴물 인형을 만드는 작업을 했는데, 그러면서 리사와 내가 바느질을 얼마나 많이 했는지 모른다. 그룹 치료를 시작하기 바로 직전까지 바쁘게 괴물 인형을 손본 뒤 박스에 넣었다가 아이들이 도착하면 다시 꺼내준다. 그러면 그들은 우리가 얼마나 고생했는지는 전혀 모르고 "나 참 잘했죠~" 하는 표정으로 자랑스럽게 들고 보여준다.

'학습된 무기력learned helplessness'이라는 이론이 있다. 1967년 오버마이어Overmeier와 셀리그만Seligman이 개를 가지고 한 실험에서 이 '학습된 무기력'이라는 이론을 발달시켰다. 이 실험의 요점은 이렇다. 어떻게 해도 고통(이 실험에서는 전기 충격)을 피할 수 없다는 무기력을 학습한 개는 고통을 피할 수 있는 조건이 되어도 무기력하게 주저앉았다. 해도 해도 안 되자 포기해 버리고, 나중에는 끊고 도망갈 수 있는데도 시도조차 하지 않게 되는 것이다.

학습된 무기력은 사람에게도 쉽게 적용할 수 있다. 어떤 일에 실패했을 때 처음에는 그 일을 해내기 위해 더 많은 노력을 기울인다. 그러나 그런 노력에도 거듭 실패만 반복한다면 무기력함을 학습하게 되어, 의지만 있으면 할 수 있는 상황이 오더라도 포기하고 만다. 이것은 마치 어렸을 때부터 말뚝에 묶여서 자란 코끼리가 어른 코끼리가 되어 아주 쉽게 말뚝을 뽑을 수 있는데도 지레 포기하고 평생 묶여서 사는 것과 같은 이치이다.

그렇다면 학습된 무기력이 이미 생성된 사람들에게 무엇으로 그 무기력함을 넘어가게 할 수 있을까? 그것은 노력을 통해서 얻어내는 '성공의 경험'이다. 삶에서 힘든 과제를 맞닥뜨렸을 때, 과거 성공의 경험이 새로운 고비를 넘어갈 수 있는 동기를 준다. 즉 저번에도 힘들었지만 해냈으니까 이번에도 할 수 있다는 자신감이 성공의 경험에서 나오는 것이다. 그래서 쉽게 포기하는 우리 아이들에게 성공의 경험을 주기 위해서라면 약간의 거짓말도 불사했다.

정통적인 미술 치료의 방법이라고 할 수는 없지만 몰래 작업을 도와주는 것은 내가 종종 사용하는 기법이다. 우리 아이들은 실패한 경험이 대부분이다 보니 뭔가를 하다가 안 되면 너무나 쉽게 포기해 버리고는 한다. 물론 어려워서 포기한다고 말하는 경우는 드물다. 그 대신 이 일이 바보 같고 멍청하고 쓸데없다고 한다. 사실 우리가 하는 많은 작업들이 바보 같고("너의 감정을 몸짓으로 표현해 봐"), 멍청하고("이 종이로 너의 감정을 보호하는 문을 만들렴"), 쓸데없다.("오늘은 가방을 만들 거예요." "야, 신난다. 쓸 수 있는 가방이에요?" "아니에요, 상징적으로 무엇을 지니고 다닐지 그리는 가방이에요.") 그렇지만 조금만 더 하면 즐겁고 보람 있어 할 텐데, 그 '조금'을 더 가지 않는 아이들을 보면 참 안타깝다.

그래서 청소년의 당연한 의무와 권리인 반항심을 비켜가면서 아이들에게 할 수 있다는 자신감과 용기를 주기 위해 별별 짓을 다 한다. 포기하기 바로 직전이라면 "넌 할 수 있어. 조금만 더 해봐" 하고 용기를 주고, 조금이라도 성공할 기미가 보이면 (진짜 흉측한 그림에 잘 찍은 점 하나만 있다고 해도) "어머나, 넌 어쩜 그렇게 잘하니? 에브리바디~ 이것 좀 봐요. 이 퍼펙트한 점을 봐요. 감동이지 않아요?"라고 호들갑을 떨고, 이미 중도하차한 경우라면 몰래 고쳐서 다음에 짠하고 보여준다. "아니, 이게 뭐 어때서 버렸어? 괜찮네! 계속하면 되겠네. 다시 잘 봐라. 괜찮지 않아?"

이런 수고를 다 잊게 할 만큼 큰 보람의 순간이 있으니 내가 몰래 도와준 아이가 이렇게 말하는 때다. "이것 좀 보세요. 내가 했어요! 내 힘으로 혼자 했어요!" 외눈박이 괴물 인형을 만들면서 나와 리사는 우리 아이들이 "내가 했다"는 말을 하게 되길 학수고대했다. 그렇게 몰래 몰래 도와주는데도 아이들은 이 작업을 많이 힘들어하고 나중에는 지겨워하기까지 해서 아이들을 꾀고 어르고 설득시키면서 인형 하나 완성하는 데 약 두 달이 걸렸다.

그중 아홉 살짜리 앤드류는 바느질을 하기는 하면서 한 땀 한 땀 뜰 때마다 "무서워, 무서워"라고 말해서 걱정을 하게 했다. 앤드류는 볼 때마다 껴안고 볼을 꼬집어주고 싶을 만큼 귀여운 아이다. 곱슬머리에, 작은 몸집에, 늘 콩콩 뛰어다니는 활달한 성격으로 나를 비롯한 여러 치료사들의 마음을 녹이는 녀석이다. 이 밝은 성격의 아이는 친아버지에게 구타와 학대를 받아 할머니가 키우고 있었는데, 할머니도 학대 의심이 있어서 우리 센터로 보내진 아이다. 그런데 늘 밝기만 한 성격의 아이가 "무서워, 무서워"라고 하니 리사는 어쩔 줄 모르고 당황해한다. "뭐가 무섭니? 그만할래?"라는 물음에 대답은 안 하고 "무서워, 무서워" 그러면서 바느질을 멈추지 않으니 난감하기 이루 말할 수 없다.

그래서 내가 "손가락에 골무를 끼워줄까?" 하고 물으니 "네!"라고 활기차게 대답한다. 지난주에 금속 재질의 골무가 그 작은 손가락에 걸쳐 있을 때는 무섭다는 소리를 안 했던 걸 기억한 것이다. 그런데 그 골무가 어디 있는지 아무리 찾아봐도 없다. 시간은 가고 어찌할까 잠시 고민하다가 옆에 있는 반투명 테이프를 조금 떼어냈다. "내가 네 손에 꼭 맞는 골무를 만들어줄게" 하면서 테이프로 엄지손가락 끝을 감아주었다. 그러고는 뭔가가 부족한 듯해서 사인펜을 들어 테이프 골무에 꽃을 하나 그려주었다. 그러고 나니 다른 손가락도 감아달란다. 그래서 아예 열 손가락을 다 테이프로 감고 점도 찍어주고 꽃도 그려주니, 이 녀석 흐뭇한 표정으로 아무 소리 않고 룰루랄라 하면서 바느질을 계속한다.

그러자 다른 아이들도 골무를 감아달란다. 리사와 내가 아이들의 손가락에 테이프를 감아주고 이렇게 저렇게 그림도 같이 그리면서 아이들도 우리도 신이 났다. 이런 게 미술 치료가 아닌가 하는 생각이 든다. 테이프가 무슨 힘으로 날카로운 바늘을 막겠는가마는, 끔찍한 일을 겪어온 우리 천사 같은 아이들에게 그림 하나 그리는 게 무슨 힘이 되겠는가마는, 사실 힘이 된다. 그것이 예술의 은유와 상

내게는 여러 갈래의 마음이 있다.
너와 만나고 싶은 마음과
너에게서 돌아서고 싶은 마음.
너를 찌르고 싶은 마음과
너를 돌봐주고 싶은 마음.
그림은 이 모든 것의 은유다.

질타인지 선물인지 모르겠는 너를
한 폭의 그림에 그려놓으니
그림이 나에게 괜찮다고 말해준다.

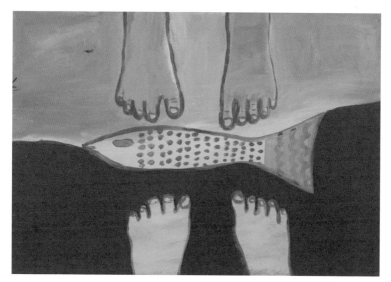

당신과 나 사이 (2018), 캔버스에 아크릴화, 66 x 53 cm

징의 힘이다. 예술은 삶을 은유적으로, 상징을 통해 표현하면서 삶을 어루만질 수 있다. 그것이 나로 하여금 미술 치료사로 일하게 하는 믿음이다. 살고 죽고 하는 이야기 앞에서, 자살하겠다고 바늘로 자신의 팔을 찌르고 유리로 자기의 손목을 긋는 아이들 앞에서 그림을 그리자고 하는 내 작업에 대한 믿음이다.

열 살짜리 토마스는 자기 또래 아이들보다 덩치가 훨씬 크고 움직임이 둔하나 선한 얼굴을 가진 아이로, 또래 아이들한테 놀림당하고 학교에서도 왕따를 당하는 아이이다. 아이들뿐만 아니라 도미토리 스태프들도 이 아이는 둔하고 느려서 아무것도 할 수 없다고 여긴다. 물론 대놓고 말을 하지는 않지만 그들의 행동이 그렇게 말하고 있다. 가위질을 하려고 하면, 도미토리 스태프가 "넌 못해, 내가 해줄게" 하면서 대신 해주고, 숙제를 하려고 하면 다른 아이를 불러다가 "얘, 토마스 숙제 좀 도와줘" 한다. 그럼 그 아이는 돕는 게 아니라 토마스의 손에서 숙제를 빼앗아서 아예 자기가 해준다.

그러다 보니 토마스는 "난 못해요"라는 말과 행동을 반복한다. 열 살이면 가위질이며 풀질이며 이런 기본적인 것은 하고도 남을 나이인데 가위질을 못한다는 것이다. "이거 해주세요, 저는 못해요" 하면서 나와 내 인턴을 졸졸 따라다니기 일쑤다. 좀 이따가 도와준다고 하거나 혼자 해보라고 일부러 안 도와주면, 자기가 얼마나 못하는가 하는 것을 증명하기 위해서 일부러 가위로 천을 난도질하거나 여기저기 풀 범벅을 만들거나 물감을 자기 옷에 묻히기를 일삼는다.

그래서 그 아이를 따로 불러다 작업을 하기 시작했다. 대신 해주지도 않고 도와주지도 않았다. 다만 스스로 천천히 해볼 수 있게 많은 시간을 주고, 넌 할 수 있다고 격려를 해주었다. 기회만 생기면 (혹은 없는 기회라도 만들어서) "넌 어쩜 그렇게 잘하니?" 하는 칭찬을 아끼지 않았다. 잘못 꿰맨 부분을 티가 안 날 정도만 풀어서 다시 꿰매주기를 반복하며 인형이 모양을 갖추어갈 수 있도록 도왔다.

바느질로 인형을 만드는 이 작업은 이 아이한테 참 어려운 작업이다. 내가 했다면 한 시간이면 다 했을 것을, 하다가 포기하고 하다가 포기하기를 반복하면서 완성하는 데 두 달이 걸렸다. 일주일에 두 번 있는 그룹 미술 치료 시간과 일주일에 한두 번 있는 개인 미술 치료 시간을 이용한 것이다. 그 과정에서 별별 칭찬을 다 해주었다. "넌 어쩜 바늘을 그렇게 잘 잡니?" 또는 "인형 얼굴의 삐뚤어진 표정 봐. 정말 재밌다. 어떻게 이렇게 할 생각을 했어? 너 혼자 이 생각을 한 거라고? 정말 훌륭하다" 등등 온갖 창조적이지만 정직한 칭찬을 해주었다.

칭찬도 연습을 거듭하니 더 잘할 수 있게 되었다. 처음에는 연기하는 것 같았는데, 내 말에 이 아이의 얼굴이 조금이라도 밝아지는 것을 보고, 아이가 수줍게 "내가 정말 잘했어요?"라고 물을 때, 가짜가 진짜가 되었다. 잘한 것을 보고자 하니 정말 보였다. 그렇게 나도 토마스도 변했고, 오랜 시간에 걸쳐 앤드류와 토마스를 포함한 우리 꼬마 녀석들의 인형 만들기는 완성되었다.

남들도, 또 스스로도 아무것도 못한다고 말하던 토마스는 이 성공의 경험이 있은 뒤에도 계속 "이거 못해요, 나 못해요, 너무 어려워요"라는 말을 반복했다. "왜 이렇게 바보 같은 거를 하라고 해요?"라며 풀이 죽어 말하기도 하고, 심지어 의자를 발로 차는 등의 행동을 보이기도 했다. 하지만 이제는 자신 있게 해줄 이야기가 생겼다. "너, 외눈박이 인형 만든 거 벌써 잊었어? 네가 그 어려운 걸 얼마나 잘 만들었는지, 힘들었는데도 포기 안 하고 해낸 걸 벌써 잊었어? 기억 안 나? 바늘에 찔리지도 않고 어떻게 그걸 혼자 만들었는지?" 써먹을 성공의 경험이 생긴 것이다.

테이프 골무로 손가락을 보호하고 어려운 고비를 넘긴 앤드류는 원래 하던 대로 씩씩하게 무엇이든 잘했고, 이 귀엽고 밝은 아이는 우리 센터에 오래 있지 않고 곧 입양이 되어서 나갔다. 입양되어 센터를 나가기 전, 센터에서 조촐한 파티가 열렸다. 때마침 한국에서 놀러 온 친구를 통해 구한 자수 골무를 그 아이의 작은 손가락에 끼워서 보낼 수 있었다. 인사동에서 많이 파는 물건이지만 이런 것을 생전에 한 번도 본 적 없는 아이한테, 이것은 멀리 한국에서 온 귀한 물건으로 골무라는 것이고, 정말 잘하는 사람들이 수를 놓은 것이라고 약간의 과정을 섞어서 설명을 하니 이 손가락 저 손가락에 골무를 끼워보면서 좋아라 했다. 사랑스러운 이 꼬마가 앞으로 다시는 무서워하지 말고 새로운 부모님들의 사랑을 듬뿍 받으면서 정말 잘살았으면 좋겠다.

듣고 싶은 말을 해주기

재료 없음.
방법 듣고 싶은 말이 무엇인지 물어보거나 관찰을 해서 적절한 때에 진심어린 목소리로 그 말을 해준다.

     칭찬은 양날의 칼이다. 칭찬은 고래를 춤추게도 한다지만, 과도한 칭찬은 "나는 당연히 이것을 누릴 권리가 있다"고 생각하게 만들어 감사할 줄 모르는 아이로 만들 수도 있다고 한다. 또한 대책 없는 칭찬은 아무런 힘이 없으며, 진정성 없는 칭찬은 울림이 없다. 칭찬을 잘하고 싶다면 내용이 구체적이어야 한다. "다 좋다" 또는 "모든 것이 훌륭하다"는 식의 칭찬은 피드백으로 도움이 전혀 되지 않을 뿐만 아니라 진정성이 없다. 그 프로젝트에서, 그 발표에서, 그 옷차림에서 뭐가 멋졌는지 구체적으로 이야기해 주는 것이 도움이 되는 칭찬이다. 칭찬은 선택이다. 그리고 어떤 상황에서도 칭찬거리를 찾을 수 있다. 아이가 고래고래 소리를 지르고 있다면 그 상황이 괴로울 수 있겠지만, 칭찬을 해주기로 선택을 했다면 목청의 시원시원함을 칭찬해 줄 수 있다.

     칭찬은 내 판단에 의거한 긍정적인 피드백을 주는 방식인데, '듣고 싶은 말을 해주기'는 상대방에게 물어봐서 그가 원하는 피드백을 들려주는 방식이다. 이 작업은 내가 해보기 전에 다른 치료사들이 활용하는 것을 몇 번 본 적이 있는데, 솔직히 낯간지러워서 나는 못하겠다는 생각이 들었었다. 하지만 실제로 해보니 '듣고 싶은 말

213

을 해주기'는 힘도 안 들고 돈도 안 들고 상대방에게 말로 줄 수 있는 최고의 선물이라고 느끼게 되었다.

한번은 일반 성인을 위한 소그룹 치료의 마지막 회기에 이 작업을 해보았다. 눈을 감고 명상으로 마무리하기 전에, 참여자들에게 듣고 싶은 말이 무엇인지 물었다. 한 여성은 손재주 많고 하는 일도 많고 관심사도 다양한 사람이었는데, 그녀는 "당신은 전문가입니다"라는 말을 듣고 싶다고 했다. 다른 한 명은 "사랑해"라는 말을 듣고 싶다고 했다. 솔직히 그들이 듣고 싶다고 하는 말을 받아 적으면서 그 말을 내가 진정성 있게, 진심으로 들려줄 수 있을지 걱정이 되었다.

어쨌든 하기로 했으니 마음을 잡고, 명상을 인도하고, 심호흡을 하고 그 말을 들려주었다. "당신은 전문가입니다"라고 힘을 주어 말했다. 보통 날아가듯이 말꼬리를 올리는 나의 어법과 다르게 힘이 있는 목소리가 나와서 깜짝 놀랐다. 어떻게 그렇게 되었는지 모르겠는데, 순간 내 호흡이 내려가서 아랫배에서부터 울리는 깊은 소리가 나왔다.

그리고 고개를 돌려 옆에 있는 참여자에게 사랑한다고 말할 차례. "사랑해~"라고 말하는데 가슴에서 부드러운 소리가 울렸다. 놀라운 일이었다. 나는 그녀를 이전부터 알고 좋아했지만 사랑한다는 말을 할 정도의 깊은 사이는 아니었다. 그런데 그 말이 내 가슴의 울림판을 울려서 "사랑해"라는 말이 입 밖으로 나오는 바로 그 순간, 그 말이 진짜가 되었다. 그리고 진심을 말할 때 그러는 것처럼

(그래서 곤란하거나 창피할 때가 종종 있는데) 눈물이 흘렀다.

그들도 그 말을 들을 때, 내 목소리에 진심이 담겨 있어서, 그 말을 듣는 순간 몸이 확 따뜻해졌다고 말했다. 그 둘은 내게도 듣고 싶은 말이 무엇인지 물었다. 나는 "아름답다"는 말을 듣고 싶다고 했다. 그러자 나에게 사랑한다는 말을 들은 여성이 나의 눈을 똑바로 보고 내 팔을 살짝 잡으면서 이렇게 말해주었다. "이건 진심인데요, 선생님을 처음 보았을 때부터 정말 아름답다고 생각했어요." 그리고 전문가인 여성은 훨씬 더 오래전에 만난 적이 있는 후배인데 이렇게 말해주었다. "언니를 처음 봤을 때부터 언니는 반짝반짝 빛나는 아름다운 사람이었어요. 그리고 지금도 아름다워요."

그들이 원하는 말을 해주었을 때도, 그리고 내가 청한 말을 들었을 때도 말이 정말 힘이 있구나 느꼈다. 진심을 먼저 품고 말을 한 때도 있지만, 말이 속에 있는 진심을 만나 함께 나오기도 하는구나 싶었다. 그리고 이 경험은 내게도 깊은 치유가 되었다. 내가 정말 빛나는 사람이었음을 기억하게 되었다. 한때, 원래, 옛날에, 젊었을 때 말고, 지금 빛나게 아름답고 싶다는 소망을 품게 되었다. 그리고 나는 이미 그러하다.

커서 뭐가 될지 아는 나무 (2014), 캔버스에 유화, 50×61cm

어째서 예수님은 시작은 미미하지만
결과는 원대한 것의 비유로 겨자씨를 들었을까?
그 당시 영혼과 내세를 상징하는 데 쓰던 후추,
시나몬 등의 스파이스들은 보석보다 비쌌고,
동양에서 신비로운 경로로 들어왔기 때문에
생김새가 잘 알려지지 않았다.
하지만 겨자는 그 지역에서 자랐으니,
커서 그렇게 될 줄 알았다.

어메이징 그레이스

"하나님의 은혜가 나를 여기까지 무사히 이르게 하였으니,
그 은혜가 나를 집에 이르게 하리라."

('Tis grace hath brought me safe thus far, and grace will lead me home.)

―〈어메이징 그레이스〉 가사 중에서

나는 샬린이 무섭다. 열다섯 살의 흑인 소녀 샬린은 아름다운 얼굴과 복싱 선수 같은 단단한 몸, 불같은 성격과 폭력적인 행동의 소유자이다. 감정의 기복이 무척 심한데, 기분이 좋을 때는 귀청을 드릴로 뚫는 것 같은 큰소리로 "으하하하하" 하고 끊임없이 웃어대서 사람들의 대화를 방해하고, 기분이 나쁠 때는 어떤 물건이 날아올지 몰라서 사람들을 긴장하게 한다. 샬린이 한번 폭발했다 하면 다른 아이들이 상대적으로 온순하게 보이게 하는 착각을 일으키기도 하고, 그러다가 도망을 나갔거나 정신 병원에 보내져서 센터 내에 없을 때는 온 세상이 조용해지는 착각을 하게 하는

대단한 영향력의 소녀이다.

이 센터는 가족과 친척과 보호자들에게 버려진 아이들의 마지막 집이다. 여기서도 잘 지내지 못한다면 거리와 정신 병원과 감옥 말고는 더 이상 갈 곳이 없다. 그런데도 불구하고 샬린이 극도의 흥분 상태에서 기물을 부수고 소리를 지르고 있으면 스태프들도 다른 아이들도 '이 아이만 없다면'이라는 생각을 하고 그런 이야기를 하고, 또 샬린이 없으면 '그 아이만 오지 않았으면' 하는 생각을 하고 그런 이야기를 나눈다. 대놓고 하지는 않더라도 그러한 이야기는 눈빛으로부터, 어디 다른 데 보낼 곳은 없는지 열심히 알아보는 스태프들의 태도로부터, 샬린이 병원에 입원하면 즐거워지는 샬린의 도미토리의 분위기로부터 알 수 있다. 나도 '이 애만 없으면 뭘 좀 해 볼 텐데' 하는 생각을 여러 번 했다.

내가 샬린을 무서워하는 가장 큰 이유는 샬린의 괴팍한 성격이나 파괴적인 행동 때문만은 아니다. 샬린이 극단적으로 기분이 좋다거나 극단적으로 기분이 나쁠 때는 조심을 하거나 피하거나 프로그램을 중단하거나 상황에 맞게 행동을 하면 된다.

하지만 샬린이 멍하게 있을 때는 어떻게 대처할지 전혀 모르겠다. 멍하게 있을 때의 샬린은 넋을 놓은 사람처럼 아무것에도 반응을 하지 않는다. 그때는 대화도 소통도 불가능하다. 아무리 앞에서 이름을 불러도, 무엇을 하자고 재촉을 해도, 사람의 영혼이 들여다보인다는 이 아이의 눈에서는 아무런 움직임이 없다. 샬린이 이런 상태에 있으면 어떻게 이 아이에게 손을 뻗을지, 이 아이와 치료적 관계를 만들기 위해서 어떻게 접근을 해야 할지 감이 안 온다. 샬린의 눈에서 보이는 공허함의 깊이를 몰라 무섭다. 우리는 지옥에 살고 있다고 다른 아이가 말한 것이 기억난다. 그 지옥이 이런 공허함일까? 아무것도 없는 곳. 기쁨도 사랑도 희망도 미래도 꿈도 아무것도 없는 공허함.

"샬린, 샬린, 나 좀 봐봐. 어디에 있니?"

멍한 눈. 멍한 표정. 그러다 점차 샬린의 눈에 초점이 돌아오더니 얼굴을 찡그리고 소리를 지른다. "악!!! 악!!! 아아아아아~" 사람들이 몰려오고, 아이를 진정시키려 어른 네 명이 샬린의 양팔과 양다리를 잡고 바닥으로 쓰러뜨려 누인다. 그 아이는 괴성을 지르며 벗어나려고 발버둥치고, 더 많은 어른들이 몰려온다. 이곳에는 하루에도 몇 번씩 있는 코드 레드 상황이다. 위험 상황이 벌어져서 아이를 바닥에 쓰러뜨려 놓고 몸을 움직이지 못하게 하는 강박이 진행중이다.

이 소녀는 '크렉 베이비crack baby'이다. 이 말은 임산부가 크렉 코케인 중독 상태에서 난 아이를 일컫는 말로, 그렇게 태어난 아이는 인지·발달·행동 장애가 나타난다고 알려져 있다.* 그것도 모자라 부모에게 버림받고 보호자들한테 끔찍한 학대를 받고 여기로 온 아

---

* 1990년대에 불어난 크렉 코케인 마약 중독자 임산부가 난 아이들이 청소년기를 지나가면서, 그들의 발달을 지속적으로 지켜본 연구 결과들이 나오고 있다. 최근 연구 결과는 많은 사람들이 생각한 만큼 코케인이 아이들에게 미친 영향이 크지는 않고 술이나 담배와 비슷한 것

이, 이 아이가 공허함의 지옥에 사는 게 당연하지 않은가?

어떻게 다가갈지 몰라서 난감해하는데 이 소녀가 나에게 먼저 손을 뻗었다. 피아노를 가르쳐달라는 것이다. 미술 치료실 한켠에 놓여 있는 전자 피아노를 가지고 몇몇 아이들에게 피아노를 가르치던 참이었다. 내가 어렸을 때 치던 〈엘리제를 위하여〉가 아이들 사이에서 한참 히트를 치고 있었다. 똑똑쟁이 마이클은 〈엘리제를 위하여〉를 두 달째 첫 페이지만 계속 배우고 있고, 툭하면 도망을 다녀서 음악 레슨이 지속적으로 이루어지지 않는 열여섯 살 아만다는 첫 줄만 계속 반복 학습을 하고 있었다. 아브라함은 천재성을 발휘하며 양손으로 두 페이지나 치는 쾌거를 이루었다.

이때 샬린은 유행을 거부하고 찬송가인 〈어메이징 그레이스 Amazing Grace〉를 가르쳐달라고 했다. 하지만 그 큰 웃음소리나 물건을 던지는 등의 행위로 다른 이들의 활동을 방해해서 행동 점수가 모자라는 샬린은 특별 활동에 참여하기는커녕 도미토리를 나오지도 못하는 상황이었다. 어느 날 그 소녀의 방을 찾아가니 동료 직원한테 빌린 카시오 키보드의 건반에 번호를 써놓고는 연습을 하고 있는 게 아닌가? 그래서 내가 책임진다는 조건으로, 샬린을 데리고 미술 치료 스튜디오로 와서 한쪽에 있는 피아노 앞에 앉혔다.

같다고 한다. 하지만 만약 중독자인 임산부는 대체로 영양 상태가 나쁘고 건강을 챙기지 않으며, 폭력과 학대와 가난과 스트레스가 많은 환경에서 아이들을 낳아 기르는데 이러한 영향이 더 크다는 연구 결과가 나오고 있다.

"이거는 도, 이거는 레. 손가락은 벌려서 이렇게 치는 거야. 이것은 음표라는 것인데…… 뭐? 안 돼. 번호로 외우지 말고 음표를 읽는 방법을 가르쳐줄게."

누가 이런 잘못된 습관을 가르쳐주었는지, 자꾸 번호가 뭐냐며 유성 사인펜으로 피아노 건반에 숫자를 쓰려고 했다. 하다 하다가 안 돼서 포기를 하고 종이에 오선과 음표 대신에 번호를 써주었다. 길게 줄을 그으면 긴 음표고, 숫자 위에 점을 찍으면 옥타브를 올리는 간단한 기호를 개발했다. 이렇게 한두 번 피아노 레슨 후, 샬린은 〈어메이징 그레이스〉를 꽤 잘 치게 되었다. 한 줄만이 아니라 전곡을 치는 쾌거를 이룬 것이다! 진행되고 있는 미술 치료 그룹을 방해하면서 사람들 앞에서 전곡을 연주하던 날, 이 애가 그토록 기뻐하는 모습을 처음 봤다.

미술 치료 그룹이 진행되고 있었는데 샬린은 피아노를 치겠다고 우긴다. 나중에 하자고 하지만 말을 들을 샬린이 아니다. 피아노 쪽으로 성큼성큼 걸어가 풀썩 앉고는 연주를 시작한다. 샬린이 처음부터 끝까지 전곡을 연주하자 기숙사 스태프들과 샬린의 동 아이들이 신나게 박수를 쳐준다. 앙코르가 나오고, 샬린이 앙코르로 한 번 더 연주를 할 때 내가 그 옆에 앉아서 즉흥 연주로 화음을 더했다. 그렇게 우리는 만났고, 같이 웃었고, 주위 사람들은 놀라주고 기뻐해 주었다. 신이 난 샬린은 또 한 번 친다. 이번에는 그 방에 있던 아이들과 직원들이 하던 일을 멈추고, 한 명 두 명 그리고 다 같이 목소리를 더해서 〈어메이징 그레이스〉를 불렀다.

그 방에 있던 기숙사 스태프들은 다 흑인인데, 그중의 대부분은 교회를 다니고, 그중 여럿은 교회 성가대 출신이고, 그중의 한 명은 성가대 지휘자이다. 유명한 흑인 영가 합창단이라도 온 듯 즉석에서 깊은 베이스에서 높은 소프라노까지 풍부한 합창으로 부르는 이 흑인 영가soul는 참으로 영혼이 가득했다soulful.

샬린은 곡이 끝나자 양팔을 허공에 펼치고는 "오예~"를 외치며 환호를 지른다. 사람들은 이 불같은 성격의 아이가 피아노 앞에서 장장 10여 분 동안이나 집중하고 조용히 앉아서 손가락을 이렇게 저렇게 움직이며 찬송가를 치는 것을 참으로 놀랍게 여겼고, 이 사건은 한동안 많은 사람들에게 회자가 되었다. 객관적으로 보면 아무것도 아닌 일인지는 모르겠지만 샬린을 아는 사람들은 이것이 이 애한테 얼마나 귀한 성공의 경험인지 알기 때문에 "뭘 그거 가지고"라고 말하는 사람은 아무도 없었다. 소리 지르고 협박하지 않으면 멍한 표정으로 소통의 끈을 놓아버리기 일쑤였던 아이가 피아노를 치고 우리 모두가 합창을 부른 일은 작은 기적이었다.

그 후로 한참 동안 샬린은 통제 불가능한 샬린에서 〈어메이징 그레이스〉를 유일하게 치는 아이, 피아노곡을 배워서 유일하게 끝까지 칠 수 있는 아이로 인정을 받았다. 우리 센터에는 많은 규율이 있어서 마치 차가운 사람들이 운영을 하는 것 같지만, 사실 우리는 아이들이 진심으로 잘되기를 바라기 때문에 샬린이 피아노를 치기 위해 여러 규율을 어긴 것을 묵인해 주었다. 샬린이 자기 것이라고 빠득빠득 우기는 키보드는 동료 직원이 잠시 빌려준 것이었는데,

내가 그린 그림을 보고 갸우뚱할 때가 있다.
왜 이런 그림이 나왔을까?
물을 막아 떨어뜨리는 우산이 아니라,
물을 흡수해서 비를 막아주는 솜뭉치 우산을 그렸다.
물을 머금어 무거울 텐데 그래도 떠 있는 우산이
이 그림의 주인공이다.

눈물 우산 (2012), 캔버스에 유화, 30×61cm

그 직원은 자신의 소유권을 주장하지 않았다. 말썽을 피워서 방 안에서 근신을 할 때도 피아노를 치는 것은 묵인되었다. 그리고 정말 예외적으로, 그 키보드가 시끄럽게 밤낮으로 소리를 낼 수 있게 하기 위해서 필요한, 일주일에 수십 개의 배터리를 사는 값이 예산 처리되는 특혜를 얻었다.

음악을 매개로 한 만남에는 참 순수한 데가 있다. 어떤 형상을 만들어야 한다든가, 어떤 이야기를 해야 한다는 압박이 없다. 그저 내가 만드는 소리와 그 사람이 만드는 소리가 불협화음도 만들고 아름다운 소리도 만들면서 우리의 만남이 넘실넘실 춤춘다. 음악은 샬린이 그 공허한 곳에 가서도 유일하게 반응하는 언어가 되었다. 그 후로 샬린은 나와 자주 눈을 맞추었고, 피아노 이야기를 잠깐씩이나마 나누었다. 그때 친 〈어메이징 그레이스〉가 얼마나 아름다웠는지 상기시켜 줄 때마다 그 아이의 웃음이 맑게 퍼져서 함께 많이 웃었다.

나는 미술 치료사이지만 미술을 강요하지 않는다. 미술 치료는 예술적인 감성으로 소통을 하는 치료의 한 형태라고 배웠다. 내가 미술 치료사인 것은 내게 미술이란 언어가 가장 자유롭기 때문이지만, 내가 미술로 말걸기를 했다고 해서 상대방이 미술로만 화답하기를 강요하지는 않는다. 그 대신 예술적인 감성으로 같이 창작을 한다면 이것이 시로 나오든 음악으로 나오든 움직임이나 춤으로 나오든 그 형태는 상관이 없다. 청소년들을 대상으로 말걸기를 할 때, 미술로 안 통하면 음악 언어로, 그것도 안 되면 시적인 언어로, 그것도 안 되면 몸짓으로라도 이 아이들과의 소통을 끌어내는 것이 나의 일이라고 생각한다.

한 가지 아쉬운 점은 내가 랩이나 힙합을 못한다는 점이다. 랩을 하면서 미술 치료를 소개하고, 힙합을 하면서 아이들의 관심을 끌고, 그라피티로 미술 치료를 한다면 아이들과 더 많은 이야기를 할 수 있지 않았을까? 하지만 나는 그러한 언어에 익숙지 않았으므로, 그 대신 내가 할 줄 아는 언어인 클래식 피아노로 아이들과 말걸기를 했고, 그중 몇 명이 화답을 한 것이다.

샬린의 〈어메이징 그레이스〉의 전곡 연주가 있은 뒤 한 3주쯤 흘렀을 때였다. 건물 계단을 지나가는데 괴음이 들린다. 그것은 사람의 소리가 아니라 그물에 잡힌 동물이 절규를 하는 듯한 섬뜩한 소리였다. 샬린이 계단 밑에 몸을 던져 죽겠다는 것을 다섯 명의 어른이 간신히 붙잡고 있었다. 계단으로 몸을 던져 미끄러질 듯 누워 있는 샬린을 여러 사람이 간신히 잡고 있었고, 샬린을 금방이라도 놓칠 것만 같았다.

"은혜, 빨리 와서 여기 좀 도와줘!"

"아, 네⋯⋯"

너무 놀라서 멍하게 있다가 미술 도구를 바닥에 놓고 엉킨 사람들 속으로 들어갔다.

"여기 손을 이렇게 잡고 저쪽 팔을 이렇게 잡아!"

누군가가 지시한 대로, 오른손으로 그 아이의 손목을 잡고, 왼손으로는 그 아이의 팔을 잡고, 몸으로는 그 아이의 다리를 간신히 누르고 있었다. 다른 사람들도 이렇게 저렇게 누워 있는 그 아이의 몸을 잡고 있었지만 역부족이었다.

"악! 악!!!" 귀청이 떨어질 듯한 괴성을 지르면서 샬린이 몸을 비틀더니 윗몸을 일으켜 세워서는 오른팔을 빼서 주먹을 쥔다. 우리의 눈이 순간 만나고 나를 알아보나 하는 생각도 잠시, 샬린의 얼굴이 찡그려지더니 주먹이 날아왔다.

쉬시식~ 퍽!

늘 궁금했었다. 정말 그런 소리가 나는지. 진짜다. 무술 영화에서 보듯이 바람 소리가 났고 샬린이 휘두른 주먹이 내 뺨에 정확히 맞았다. 순간 슬로 모션으로 내 얼굴이 스프링처럼 저쪽으로 돌았다가 제자리로 돌아왔고, 뼈와 살이 따로 움직이는 듯했다. 놀라고 얼얼하기도 잠시, 내가 그 아이의 왼쪽 손목을 잡고 있는데 손톱으로 내 손목의 살을 파서 피가 흘렀다.

그래도 끝까지 그 아이의 팔을 놓지 않았다. 샬린이 몸을 심하게 비트는 바람에 사람들이 샬린의 다리를 놓쳐서 한 순간이지만 샬린이 층계 밑으로 떨어지게 생긴 것을 내가 손목을 잡는 것으로 간신히 막고 있었다. 놓칠까봐 너무 겁이 났는데, 피가 흐르는 팔을 빼지 않고 끝까지 잡고 있어서 얼마나 얼마나 감사한지. 곧 다른 사람들이 몰려오고, 다른 사람이 내 자리를 대신해서 나는 손목 치료를 받으러 일어났다.

그러기를 한 시간 정도. 결국 그 아이는 여기저기 찰과상을 입고 정신 병원으로 후송되고, 인대가 늘어나고 여기저기 상처가 난 직원들도 치료를 받으러 병원에 갔다. 나는 손목에 약과 거즈를 붙이고 얼얼한 뺨을 만지면서 미술 치료실로 돌아왔다. 책상에 앉았는데 조금 있으니 눈물 콧물이 섞인 기도가 저절로 나왔다. "하나님, 감사합니다. 놓치지 않고 끝까지 잡고 있게 해주셔서 정말 감사합니다."

병원에서 돌아온 뒤 샬린은 좀 다른 사람이 되었다. 무슨 일이 있었는지, 약물이 바뀌었는지 말이 없이 조용해졌다. 피아노를 가르쳐달라고 하지도 않았고, 멍하게 있는 모습만 자주 보였다. 하지만 그러고도 한참 동안 샬린의 방 중간에 더 이상 치지도 않는 키보드가 놓여 있었다.

사람들의 손에서 벗어나려고 웃옷과 브래지어까지 벗어버리고 "살고 싶지 않아. 죽을 거야!"를 외치며 몸을 층계 밑으로 던지던 이 아이. 〈어메이징 그레이스〉를 치는 우리 센터의 피아니스트. 나는 불행하게도 이 소녀가 앞으로의 삶에서 많은 어려움을 겪으리라는 것을 안다. 내가 희망을 주어야 하는 사람인 데도 불구하고 어디에서 희망을 찾아낼지 모를 때, 우리가 소통하고 같이 기뻐하고 음악을 나누었던 순간을 기억한다. 그래도 그 순간은 희망뿐이었고 기쁨뿐이었다.

내가 하는 일에서 희망이라는 것은 이렇게 '순간'이라는 단위로 세어진다. 사람들은 내게 "미술 치료, 그거, 치료가 되는 거요?"라고 묻고는 한다. 미술 치료의 미술이나 예술 치료의 예술은 만들어지는 물질적인 결과물을 말하는 것이 아니고, 이렇게 희망이 없는 곳에서 희망을 만들고 찾아내는 창조의 작업을 지칭하는 것이라고 믿는다.

예술적인 감성으로 하는 치료, 그거, 된다. 그러나 치료라는 것이 병에 걸렸다가 나아지는 그런 의미의 치료는 아닌 것 같다. 한 번에 치료가 되는 것도 아니다. 1년 단위나 일주일 단위도 아니고, 하루 단위로 치료가 되는 것도 아니다. 단지 그런 순간들이 있을 뿐이며 치료의 효과도 한 순간의 단위로 계산된다.

하지만 그런 짧은 순간들이 모여서 절망이 희망으로 바뀔 수 있다고 믿는다. 혼이 가득한soulful 순간들, 그런 순간들이 모일 때 샬린에게도 치유의 날이 오지 않을까? 많은 불행을 지니고 삶을 시작했지만 자신의 삶을 창조할 수 있는 그날, 놀라운 은혜의 그날이 찾아오기를 기도하는 수밖에. 솔직히 그런 날이 샬린에게 오리라는 것이 잘 믿어지지 않는다. 하지만 믿지 못하는 것을 믿고, 안 되는 것을 하는 것이 '어메이징'한 것이 아닌가?

감사하기

재료 종이, 필기 도구, 일기장, 편지지 등.
방법 1. 감사 일기 쓰기, 2. 감사 편지 쓰기, 3. 음미하기, 4. 감탄하기.

아침 방송 프로그램이나 예능 프로그램에 종종 등장하는 코너로 '영상 편지'가 있다. 이 코너는 시작한 지 몇 초도 되지 않아 영상 편지를 녹음하고 있던 사람이나 녹음된 영상 편지를 받아보는 사람 둘 다를 울게 만들곤 한다. 왜 멀쩡하게 이야기를 하던 사람이 영상 편지를 시작만 하면 눈물이 그렁그렁해지는 것일까 늘 궁금했다. 방송에서 공개적으로 띄우는 영상 편지의 대부분은 고맙다는 이야기인데, 고맙다는 말은 마음의 자세를 바꾸는 쉬프트 키 같다는 생각을 한다.

감사하기. 이 단순한 행위가 요즘 우울, 불안, 좌절 등 수많은 현대인이 겪는 마음의 고통을 푸는 열쇠로 연구되고 있다. 감사할 때, 우리는 마음의 가난함에서 마음의 풍요로움의 자세로 넘어간다. 당연히 여겨지는 것에 대하여, 당연하게 여겨지던 사람들에 대하여 감사하는 마음이 생기면, 놀라운 마음의 변화가 일어나고, 궁극적으로 삶의 변화가 일어날 수 있다. 치료적인 목적으로 사용되는 감사하기에는 몇 개의 기법이 있는데, 감사 일기 쓰기, 감사 편지 쓰기, 음미하기, 감탄하기, 그리고 자발적으로 가난하게 살기이다.

1. 감사 일기 쓰기

감사 일기 쓰기는 매일 매일 감사할 것을 찾고, 의식적으로 가난한 마음에서 풍요로운 마음의 자세로 옮겨가는 것을 연습하는 것으로, 왜 내 삶에는 이것이 없고 저것이 부족하고 하는 마음의 자세에서 나에게 주어진 축복을 세는 방식으로 삶의 자세를 옮겨가는 훈련이다.

감사하기를 가르치는 베니딕트 수도회 수사인 데이비드 스타인들라스트David Steindl-Rast는 감사의 마음이 자연스럽게 일어나지 않을 때 스스로에게 이러저러한 것들을 내가 직접 만들었는지 물어보라고 한다. 예를 들어 음식 앞에서 이것을 내가 만들었는지 묻는다. 이 요리는 내가 했을지 몰라도 이때 사용한 불을 내가 만들었나, 이 쌀을 내가 재배했나 등등 여러 깊이의 질문을 하다 보면, 정작 내가 창조하거나 나 혼자 힘으로 이 세상에 있게 한 것이 아무것도 없다는 사실을 깨닫게 된다는 것이다. 이것이 당연히 내 것이라는 마음에서, 내가 한 것이 아무것도 없고 나한테 선물처럼 그냥 주어진 것이라는 마음으로 될 때 자연스럽게 감사하게 된다.

2. 감사 편지 쓰기

감사 편지는 그동안 표현하지 못했지만 나에게 도움을 주고 영향을 미쳤던 사람에게 쓰는 것으로, 가족이나 스승에게 편지를 쓰는 경우가 많다. 치료적인 목적으로는 편지를 써서 직접 전달하는 것이 가장 효과적이다. 이때 감사의 편지를 받는 사람도, 감사의 편지를 주는 사람도 깊은 감사와 기쁨을 경험하게 되며, 이러한 방식은 특히 외로움과 절망감을 가지고 있는 사람에게 특효약이라고 한다. 만약 편지를 직접 전달할 수 없는 상황이라 하더라도 진심을 담은 감사 편지를 쓰는 것만으로도 효과가 있다.

여기에 한 가지 단점은 약발이 그렇게 오래가지 않는다는 것. 하루를 마무리하며 축복을 세는 한 번의 감사 일기나 눈물의 감사 편지 전달식 한 번이 삶을 바꾸지는 못한다. 하지만 이러한 작업을 지속적이고 반복적으로 하다 보면 어쩌다 감사를 표현하는 사람에서 감사의 마음을 지닌 사람이 되고, 감사의 마음을 지닌 사람에서 그 사람 자체가 감사의 사람이 될 때 그 삶에는 변화가 찾아올 것이다.

3. 음미하기

감사 일기와 감사 편지 쓰기의 구체적인 방식에 비해 훨씬 추상적인 또 다른 방법은 '삶을 음미하기'이다. 와인을 마시는 즐거움과 관련이 있는 것은 얼마나 더 비싸고 더 좋은 와인을 마시는 것이 아니라 와인을 입 안에서 돌리는가 마는가와 관계가 있다고 한다. 심지어 커피를 시키면 따라오는 설탕 봉지를 흔들어서 설탕을 넣는 작은 의식이 커피를 더 맛있게 경험하게 한다는 놀라운 실험 연구도 있다.

어떤 경험의 질을 높이는 것이 그 경험 자체가 아니라 음미하는 태도와 의식에 있다는 것이다. 먹을 때가 되었으니까 또는 점심시간이니까 앞에 놓여 있는 음식을 입으로 쑤셔 넣는 것이 아니라, 정

플라잉피시 (2012), 캔버스에 유화, 24×33cm

플라잉피시는 이곳과 저곳의
경계를 뛰어넘는 존재이다.
무의식 같은 깊은 바다에서 솟아올라
지느러미-날개를 펴고 비행을 한다.
그렇게 자기의 존재를 보여주고는
다시 바다 속으로 들어간다.
플라잉피시 또는 날치.
날치알밥, 날치알쌈.
톡톡 씹히는 맛 때문에
신비로운 지느러미-날개의 존재가 묻히는구나.
입장이 이렇게 다르다.

성스럽게 차린 음식을 예쁘게 담고, 음식의 향을 맡고, 색을 바라보고, 그 음식을 만든 사람과 그 재료가 나온 땅에 감사를 하고, 농부에게 감사를 하고, 그 대지에 빛을 주는 햇빛에 감사하는 것이 음미하는 구체적인 예이다.

불교에서 하는 발우 공양은 정말 아름다운 의식이라고 생각한다. 내게 선물로 주어진 간결한 음식을 앞에 놓고, 그 음식이 어디서 왔는지, 이 나무 그릇이 어디서 왔는지, 이 음식을 키운 땅이 어떻게 왔는지 등을 생각하면 감사할 수밖에 없을 것이다.

감각적인 경험을 할 때 음미하는 것은 무척 중요하다. 인간의 본성인 익숙함을 넘어갈 수 있는 방법이기 때문이다. 원하는 것을 얻는 기대감에서 오는 기쁨은 뇌에서 나오는 화학 전달 물질인 도파민의 분비와 특별히 관련이 있는데, 도파민은 기쁨의 감정을 일으키면서 동시에 그 경험을 반복하고 싶게 하는 중독을 만들어낸다. 하지만 똑같은 정도의 자극에 대해서는 적응을 해버리기 때문에 점점 더 좋은 것을 추구하지 않고는 똑같은 자극에 대한 즐거움을 유지할 수 없다. 익숙함을 넘어서고, 우리에게 주어진 삶을 즐기려면, 주어진 것을 음미하고 감사하는 연습을 해야 한다.

4. 감탄하기

위의 방법들은 반복적인 훈련이 필요한 것들인데, 단지 한 번의 경험만으로도 감사하는 능력을 증폭시키는 경험이 있다. 그것은 감탄하기이다. 감탄은 일종의 놀라움이다. 영어의 'awe'라는 단어는 말 그대로, 발음 그대로, 한국어와 똑같이 "어……" 하고 말문이 막히는 순간을 표현한다. 캐나다에서 고등학교를 다닐 때 고등학교 영문학 선생님은 이렇게 말문이 막히는 경험을 하게 되는 경우가 세 가지라고 하셨다. 위대한 자연 앞에서, 위대한 예술품 앞에서, 그리고 위대한 사랑 앞에서 말문이 막히고, 죽어도 좋을 것 같은 생각이 들거나 또는 나 자신을 잊는 경험을 하는데 그게 바로 'awe'라고 하셨다.

영어 단어 'amazing'은 'awe'와 'maze'의 합성어이다. 'maze'는 미로라는 뜻으로, 우리의 이해를 넘어가는 것을 다시 한 번 강조한다. 그러니까 '어메이징'은 우리의 뇌가 인지하고 이해할 수 있는 체계를 넘어가서 말문이 막히는 감탄을 나타낸다. 생각 초과, 용량 초과다. 이렇게 감탄하기는 우리의 인지를 넘어가는 종류의 놀라움이고, 그 순간 우리는 하던 일, 하던 생각, 때로는 자기 자신까지 잊어버린다.

마음이 가난할 때는 내가 갖고 있지 않은 것을 따지게 되고, 내가 놓친 것을 오히려 쥐고 살게 되는데, 나를 넘어가는 거대한 어떤 것 앞에서 말문이 막히는 놀라운 경험은 우리에게 큰 마음을 기억하게 해주는 것 같다.

한 연구에서는 피실험자들에게 경이로운 자연의 모습을 담은 자연 다큐를 보여주고 보기 전과 후의 행동 변화를 비교 연구하였다. 간접으로 경험하는 것만으로도 시간이 없어 늘 쫓기듯 살던 사람들의 마음이 더 여유로워져서 기부금도 더 잘 내고, 더 친절해지고,

자원 봉사도 하고, 더 베푸는 사람이 되었다는 연구 결과가 있다.

5. 자발적 가난

감사 일기 쓰기, 감사 편지 쓰기, 음미하기, 그리고 감탄하기는 모두 감사함을 증진시키는 훈련이다. 없을 때는 하나가 주어져도 감사하지만, 모든 것이 갖추어지면 감사하기가 오히려 더 어렵다. 그래서 있는 것에 감사하고 자신이 받은 축복을 세는 방법들이 위에서 다룬 구체적인 방법들이다.

그런데 이런 방식과는 획기적으로 다른 방법이 있다. 우리가 너무 많이 가진 것을 덜어내는 방식으로 감사의 삶을 만나는 방법이다. 감사하지 못하는 것은 감각이 무뎌지는 것 때문이기도 하지만, 궁극적으로는 너무 많이 가져서 생기는 현상이라고 보는 것이다. 예수가 십자가에 못 박히기 전, 고난을 당하신 40일간의 기간을 기리는 사순절 동안에 신도들은 자신이 좋아하는 것을 포기하고 금식을 하고는 한다. 이슬람 라마단 기간 한 달 동안 무슬림은 해가 뜰 때부터 해가 질 때까지 금식을 하며 담배, 오락, 섹스 등을 금지한다. 한 연구에 의하면 이렇게 주기적으로 즐거움의 요소들을 포기하는 것이 그 사람을 더 행복하게 한다고 한다.

우리의 감각은 너무나 예민해서 무거운 삶과는 잘 어울리지 않는 것 같다. 적게 가지고 삶을 단순하게 하는 방식이야말로 감사하기 위한 최적인 삶의 형태가 아닐까 싶다. 소비주의가 만연한 미국에서는 적게 가지고 작게 사는 다양한 움직임들이 있다. 백 가지 물건으로만 사는 실험도 있고, 주운 것으로만 사는 실험들도 있다. 가장 많이 가진 나라에서 적게 가지는 다양한 아이디어와 실행법을 내놓고 있는 것은 우연이 아니다. 많이 가진 것이 행복의 길이 아님을 경험으로 깨닫기 시작한 것이다.

텃밭 가꾸기

우리 청소년거주치료센터는 정부의 위탁으로 청소년을 보호 치료하고 운영비를 지원받는 곳으로, 여러 가지 방법으로 지원금을 받는다. 그중 가장 큰 정부 지원금은 청소년 한 명당 치료 시간이 얼마냐를 따져서 지원금을 받는 것이다.

이를 위해서 치료사들과 도미토리 스태프들은 전산 치료 기록 시스템을 이용하여 분 단위로 치료 시간과 내용을 기록한다. 아주 객관적으로 지원금을 받는 방법 같아 보이지만, 이 방법은 현실적으로 애매한 구석이 한두 가지가 아니다.

왜냐하면 일정한 환경 안에서 이루어지는 모든 것이 치료라는 '밀리유 테라피'의 입장에서 보면, 운동을 한 것도, 같이 밥을 먹는 것도, 논 것도, 대화를 나눈 것도 다 치료여서 어떤 것이 청구할 수 있는 치료이고 어떤 것이 그냥 논 건지 애매하다. 예를 들어 농구하다가 치료적인 이야기를 한두 마디 주고받았다고 하면 농구 게임이 진행된 한 시간을 치료 시간으로 청구하나, 아니면 그 대화를 나눈

1분여의 시간을 청구해야 하나?

이 애매한 시스템에서 치료를 정하는 중요한 기준은 청소년이 무슨 행동을 했으며, 그 행동에 대한 어떠한 치료적인 개입이 있었는가 하는 것이다. 청소년이 말을 안 듣는 것은 당연한 것이고 치료사도 사람인데, 이 기준 밑에는 청소년의 행동은 나쁜 행동이고 치료사는 늘 치료적인 개입을 하는 사람이라는 가정이 깔려 있다. 이러한 가정은 전산 치료 기록 시스템에 들어가 기입해야 하는 항목들을 보면 알 수 있다.

질문 1. 무슨 상황인가?
질문 2. 청소년과 어떠한 상호 작용이 있었는가?
질문 3. 청소년은 어떻게 반응하였는가?
질문 4. 앞으로 계획은 무엇인가?

이 질문들은 보기에 중립적인 질문 같지만, 이 질문들이 받아들여지는 것과 실제로 활용되는 방법을 보면 중립적인 질문이 아니란 걸 알 수 있다. 질문 1은 아이들이 무슨 문제를 일으켰는가 하는 질문이고, 2번은 어떻게 개입을 하여 아이들을 말렸는가 하는 것이며, 질문 3은 그래서 아이들이 말을 들었는가 하는 것이다. 만약 아이들이 문제가 되는 상황을 만들지 않았다면, 그래서 아이들을 막거나 혼내거나 하지 않았다면 혹은 아이들이 너무 잘 따라와 줬다면, 이것은 청구할 수 있는 치료가 아니다.

미술 치료를 위의 형식대로 보고하기란 참 난감했다. 이 포맷은 내가 하는 일의 내용을 전혀 반영하지 않기 때문이다. 맞추려고 해도 쉽지 않아서 내 나름대로의 창조적인 방식으로 보고서 내용을 써나갔다. 그리고 아무도 말리는 사람이 없기에 그냥 그렇게 계속해 나아갔다. 1번이나 2번 질문의 답으로 작품의 과정이나 결과물을 장황하게 설명하기도 하고, 3번 질문의 답으로는 청소년들과의 작업에서 감동적인 순간들을 시적인 언어로 표현해 보기도 하고, 4번의 계획 항목에는 그 청소년과 실험해 봐야 할 재료나 주제에 관해 쓰기도 했다.

내가 이렇게 이 항목들을 자유롭게 해석해서 기록할 수 있었던 이유는 (이게 울어야 할 일인지 웃어야 할 일인지는 모르겠으나) 내가 하는 일이 상부에서 볼 때 관심 밖의 일이기 때문이다. 여섯 명의 치료사들과 나는 동등한 위치이고, 내가 미술 치료과를 담당하는 슈퍼바이저라고 명함에 박혀 있기는 하지만, 자신이 담당하고 관리하는 청소년들이 정해져 있는 다른 치료사들과는 달리 나는 담당해야 할 청소년이 딱히 정해지지 않았다. 나는 이 센터의 모든 아이들을 대상으로 하는 미술 치료사로, 센터의 치료비를 벌어주는 일도 그리 많지 않다. 치료 시간과 내용을 명백하게 서류화해 놓아야 센터가 돈을 버는데, 내가 하는 많은 일들은 기록하기 어려운 애매한 상황들이 많기 때문이다.

다른 치료사들은 그들이 하는 일의 50퍼센트 이상이 보고서, 임상 기록, 치료 플랜 등을 작성하는 서류 작업으로, 객관적으로 증명

될 수 있는 작업을 많이 한다. 그리고 치료사, 임상 디렉터, 디렉터 이렇게 위로 올라가면 올라갈수록 더 많은 시간을 서류 작업을 하는 데 쓴다. 그러다 보니 오래 있었던 치료사나 디렉터의 보고서를 보면 그들의 보고서용 글쓰기가 예술이라는 생각이 든다. 예를 들어서 이런 식이다. 청소년 A가 복도에서 치료사 B를 만나서 "하이"라고 인사를 했다. 이것을 임상 노트에 다음과 같이 쓴다.

"청소년 A는 이 보고자와 인사를 하는 상호 작용을 하였으며, 이것으로 인하여 대인 관계 능력과 자긍심의 향상이 있었음을 보였다. 또한 청소년 A는 상황에 맞는 인사를 함으로써 상황 판단의 능력을 보였다. 이 보고자는 청소년 A의 행동에 긍정적인 반응을 표현했으며, 이것으로 청소년 A의 치료 목적 중의 첫 항목인 자긍심 증진과 두 번째 항목인 상호 소통 능력 향상을 이루었다."

나는 이러한 글쓰기의 예술을 갈고 닦을 기회가 없었다. 내 일의 50퍼센트 이상이 색연필 깎고 바닥 청소하고 쓸 만한 물건을 찾아 동네 재활용 수거함을 들춰보는 것이었으므로, 나의 서류 작업은 들쑥날쑥했다. 내가 창의적인 치료 기록을 쓸 때는 그날 느낀 감동을 주체하지 못해서거나 다음에 할 창작 작업을 위해서 이번에 무엇을 했는가 하는 기록을 남기기 위한 것이 대부분이었다.

이러한 기록은 문제의 소지가 될 가능성이 많았지만, 내 기록을 읽는 사람이 거의 없어서 문제가 된 적은 한 번도 없었다. 기록 담당 직원 한 명이 내 기록을 읽고 바로 이런 것이 치료가 아닌가 하는 감동을 받았다는 말을 해주어서 참 고마운 적이 있었지만, 내가 보고 기록한 아이들의 모습이 그 아이들의 치료 계획에 반영되거나 내가 보고한 치료로 우리 센터가 돈을 벌었다는 소리를 듣지는 못했다.

또래 아이들보다 키가 작고 통통한 편인 마커스는 열다섯 살의 라틴계와 흑인 사이의 혼혈아로 광대 가발같이 부스스한 곱슬머리가 아주 귀여운 녀석이다. 마커스가 우리 센터에 처음 온 날을 기억한다. 어린 왕자는 생텍쥐페리에게 "양 한 마리만 그려주지 않을래요?"라는 질문으로 첫 만남을 열었고, 마커스는 '운혜청'한테 "스펀지 밥 하나만 그려주지 않을래요?"라는 말로 우리의 만남을 열었다. 네모난 수세미 스펀지에 팔다리가 달려 있는 만화 주인공 스펀지 밥을 종이에 그려주었다. 연필 자국과 지우개 자국으로 지저분한 그림이었는데 상관없어 했고, 그날 저녁에 다 색칠했다면서 미키 마우스를 그려달라고 한다. 미키 마우스를 그려줬더니, 또 다른 것을 그려달라고 해서 아예 만화 캐릭터가 잔뜩 있는 색칠 그림책을 사다주었다. 혹시나 어린 애들이나 하는 거 한다고 큰애들한테 놀림을 받지 않을까 걱정이 되어 도미토리에 가보니 새롭고 낯선 환경이 많이 서먹서먹한지, 다른 아이들과 어울려 게임하고 놀 생각은 안 하고 색칠 공부만 열심히 하고 있다.

마커스는 상냥하고 친절한 소년으로, 나와 작업을 할 때마다 보여주는 예술적인 창조력에 깜짝깜짝 놀란다. 하지만 보고서와 기록에서 보이는 마커스의 행동은 내가 경험하는 마커스와 많이 다르다. 툭하면 화를 참지 못하고 다른 친구들을 때리고 물건을 부수기 일쑤다. 기숙사 스태프들과 다른 아이들의 이야기에 의하면 마커스는 놀림을 많이 받는 왕따다. 왜 그런지 아이들이 유독 마커스를 가만히 두지 않고 놀린다. 놀림을 받는 마커스는 그것에 대한 분풀이로 싸우자고 덤비고 기물을 부수고는 한단다. 그러다 보니 마커스 주위에는 늘 싸움이 있고, 그래서 마커스를 데리고 나가도 되냐고 물으면 언제든지 데리고 나가라고 한다. 얼마 동안 내가 데리고 있을 수 있느냐고 물으면 쭉 계속 데리고 있어도 좋다고 한다. 애 좀 데리고 나가라고 떠미는 분위기다.

그런데 어느 날 1층 사무동 복도에서 씩씩거리며 벽에 욕을 쓰고 있는 마커스를 만났다. 이 애의 표정은 사뭇 심각했지만 이 애의 행동에 웃음이 나려는 것을 간신히 참았다. 나쁜 짓을 하겠다고 생각해 낸 게 고작 벽에 낙서를, 그것도 볼펜으로 하는 거냐? 제대로 낙서 한번 해보게 사인펜이나 스프레이 페인트라도 찾아서 주고 싶다. 하지만 그 애의 표정으로 봐서는 분하고 원통한 어떤 일이 있었나 보다. 제발, 혼자 좀 내버려둬! 의자 하나 가져다가 한 발짝 떨어져 가만히 앉아 있는 내게 마커스가 소리소리 질렀다. 하지만 자기 방이 아닌 곳에서 보호 감독 없이 혼자 있는 것은 규율에 어긋나는 일이므로, 내가 떠나고 다른 사람이 마커스가 혼자서 이러고 있는 것을 발견하면, 그날의 점수를 다 잃거나 주말에 외출 금지를 받을 것이다. 그래서 제발 미술 치료실로 와라, 그러면 혼자 있게 해주겠다고 간신히 달래서 미술 치료실로 데리고 왔다.

씩씩거리며 나를 따라온 마커스에게 벽에 낙서를 하든지 종이에

245

욕을 실컷 쓰라고 큰 종이와 사인펜 한 박스를 가져다주었다. 아까보다 훨씬 차분해진 마커스는 종이에 선만 몇 개 찍찍 그리더니 사인펜을 내려놓고는 이제 말할 준비가 되었음을 알렸다. 아직도 억울한지 눈물이 그렁그렁한 채 하는 말이, "왜 티미만 로라와 단 둘이 산책을 할 수 있고, 나는 로라를 산책시키기는커녕 왜 만지지도 못하게 해요? 뭐 이런 말도 안 되는 일이 다 있어요? 이건 정말 너무 하잖아요!"

무슨 큰일이 있는 줄 알고 잔뜩 긴장하고 있다가 피식 웃음이 나려는 것을 간신히 참았다. 로라는 테라피 자격증이 있는 치료 개 therapy dog인데, 디렉터 중의 한 명이 주인이라 우리 센터에 가끔 와서 아이들과 놀아준다. '아니, 겨우 그거 때문이야?' 싶었다. 로라의 주인인 디렉터한테 그 자리에서 바로 전화를 해서, 내가 같이 간다면 마커스가 일주일에 한 번씩 로라를 데리고 동네 산책을 하도록 하겠다는 허락을 받아냈다. 그리고 그 다음 주 나와 로라와 마커스 셋이서 첫 동네 산책을 나섰다.

로라가 아이들과 놀아주러 온다고는 하지만 사실 놀아주러 온다기보다 인내하고 참아주러 온다는 말이 더 맞을 것 같다. 우리 아이들은 로라를 엄청 좋아하지만 사랑 표현의 강도를 못 맞춘다. 너무나 좋아하다 보니 흥분해서 개를 못살게 군다. 로라의 목을 너무 꽉 껴안고 볼을 부비고 몸통을 끌어안은 채 놓지를 않는 등 조금만 더 심하면 사랑의 표현이 아니라 학대의 경지에 근접하기 때문에 로라를 잘 경호해야 했다.

치료 개 자격증까지 있는 로라는 아이들이 그렇게 못살게 굴어도 이빨 한 번 안 보이고, 발 한 번 안 차고, 불쌍하게 눈만 굴리며 다 참고 다 당해준다. 로라가 이런 일을 숱하게 당하는 걸 로라 엄마는 아는지 모르겠다. 하지만 마커스는 로라를 아주 다정다감하게 잘 대했다. "로라야, 로라야" 하고 이름을 정겹게 부르면서 가다가 멈춰서 부드럽게 쓰다듬어 주고는 했다. 또 개의 목줄을 잡고는 있으나 개를 끌고 가기보다, 개가 이쪽으로 가면 이쪽으로 따라가고 저쪽으로 가면 저쪽으로 따라가는 식이다. 그렇게 로라가 앞장서고, 그 뒤를 토마스가 따르고, 그 뒤를 내가 따랐다.

이런 마커스를 다른 직원들이 본다면 이 아이의 폭력성에 관한 차트 내용이나 이 아이를 문제덩어리로 보는 시각이 바뀌지 않을까? 사람에게는 여러 가지 면이 있어서 이런 상황 저런 상황 또는 이런 관계 저런 관계에 따라서 다른 면이 나온다.

이곳에서 미술 치료사로 일하면서 임상 기록, 치료 기록, 차트 등에 나오지 않는 아이들의 모습을 많이 본다. 예를 들어 싸움쟁이 폴은 허풍쟁이로 소문이 나 있는데, 이 아이가 우리 센터에서 제일 어린 여덟 살에서 열 살짜리 남자아이들이 사는 도미토리에 가서 옛날 이야기를 해주는 것을 보면 깜짝 놀랄 것이다. 폴은 집에 가고 싶다고 울고 난리를 치는 꼬마 녀석들을 잠잠하게 하는 능력을 가진 놀라운 이야기꾼이다.

남미에서 불법으로 국경을 넘어온 지 얼마 안 되고, 스스로 라틴갱이라고 자랑하는 호세는 또 어떠한가? 단단한 몸과 점점 늘어가

에코시스템 (2014), 캔버스에 유화, 50×61cm

병에 흙과 풀 한 포기와 지렁이 한 마리를 넣고
분무기로 물을 몇 번 뿌리고는 밀봉했다.
이걸 살려 오는 것이 방학 숙제였다.
여러 번 병 안에서의 죽음을 목격했지만
결국 풀도 벌레도 아침 이슬도 잘 살았다.
우리도 그렇게 밀봉된 지구 병에 산다.

는 영어 실력, 그에 따라 함께 늘어가는 영어 욕설에도 불구하고, 호세는 우리 센터의 청소년과 직원 통틀어서 뜨개질을 제일 잘한다. 할머니에게서 배웠다는 전문가다운 뜨개질 솜씨로, 방을 못 나오게 하는 금지령을 받을 때면 아기 이불도 뜨고 모자도 뜬다. 나쁜 짓만 할 줄 알 것 같은 호세가 가방 가득 담긴 이불과 털모자, 털장갑 등을 보여주면서 이것들을 팔아 아직 남미에 있는 동생들을 데려올 거라고 했다.

다른 생명을 이렇게 조심히 다루는 마커스나, 싸움이나 하는 줄 알았는데 어린 아이들에게 옛날 이야기를 맛깔스럽게 들려줄 줄 아는 재주꾼 폴이나, 라틴 갱 행세를 하지만 옷장을 열면 쏟아져 나오는 뜨개질 작품들로 사람을 깜짝 놀라게 하는 뜨개질의 왕 호세에 대한 이런 설명은 이 청소년들을 앞으로도 계속 따라다닐 차트 기록에서는 찾아보기 힘들 것이다. 다른 아이들처럼 외출이나 하루 동안의 자유를 갖는 것이 상이 아니라 전문 뜨개질 가게에 다녀오는 것이 상이었던 호세, 열심히 뜬 모자랑 이불을 팔아서 멕시코에 남아 있는 동생들을 데려오겠다고 했는데 지금쯤 어떻게 되었을지 모르겠다.

내가 아이들의 좋은 점을 많이 본다고 해서, 또 마커스의 경우처럼 나쁜 행동을 하는 것을 내 눈으로 직접 본 적이 없는 아이라고 해서, 그 아이들이 문제가 없다고 생각하는 것은 아니다. 나는 주로 아이들이 하고 싶어 하는 일을 함께 하기 때문에 그런 아이들이 나하고 있을 때 반항하고 싸우고 도망가고 하는 일이 거의·없는 것이다. 그러다 보니 다른 치료사나 감독관, 스태프 들이 내 위치를 부러워하기도 한다. 그래서 난 내가 해야 할 중요한 일 중의 하나가, 문제 청소년이라고 몇백 번은 낙인 찍혔을 아이들의 좋은 점을 보아주고, 그것을 반영해 주고, 믿어주고, 그 면의 증인이 되어주는 것이라고 생각한다. 내가 그 애들 처지라면, 내가 아무리 나쁘고 아무리 문제고 아무리 속이 시꺼매도, 그래도 나한테 좋은 면이 있다고 믿어주는 사람이 있고 없고에 따라서 살고 싶다는 마음이 들기도 하고 살기 싫다는 마음이 들기도 할 것 같다.

텃밭을 시작하고자 하는 생각은 늘 있었지만 이 일 저 일 밀린 일도 많고 해서 차일피일 미루고 있었는데, 마커스가 나에게 행동할 수 있는 영감을 주었다. 동네를 산책하다가 나에게 뭘 보여준다고 해서 마커스가 앞장을 서고 로라가 따라가고 그 뒤를 내가 따라 갔다. 예전에 야외 운동 나왔다가 발견한, 금방이라도 죽을 것 같던 꽃 한 송이를 캐서 햇빛 잘 드는 화단에 옮겨다 심고 기회가 닿는 대로 물을 주고 있다는 것이다. 그곳에 가보니 똑같은 화초를 일렬로 멋없이 심어놓은 화단 구석에 아주 소담하니 고운, 이름 모를 꽃하나가 피어 있는 것 아닌가? 별것 아닌 거 같지만 밖에 나가는 시간이 아주 적고, 나가도 단체로 우르르 가거나 운동을 하는 것이 대부분이므로, 이렇게 남몰래 꽃 한 송이를 옮겨 심고 돌보고 있다는 것은 참 대단한 일이다. 이 아이의 행동에 감흥을 받아서 텃밭을 만들어야겠다는 생각을 굳혔고, 그것을 행동에 옮겼다.

내가 텃밭 아이디어를 구체화하고 전체 회의에서 계획을 알리자

말단 기숙사 스태프부터 제일 위의 디렉터까지 폭발적인 호응을 해 주었다. 아이디어만 발표했을 뿐인데 여러 사람이 설레어하는 것은 처음이었다. 보통 새로운 어떤 것을 기획할 때 '아이들을 위해서'라는 말로 자신의 아이디어를 수식하지만 이번 경우에는 달랐다. 누구를 위한 것이 아니라 "내가 좋겠다" "내가 하고 싶다"고 사람들이 말했다.

우리 기관의 스태프 중에서 제일 인상이 안 좋은 사람은 린다 아줌마다. 이곳에서 너무 오래 일해서인지 찡그린 얼굴이 굳어져버려서 이 사람이 웃는 때가 있긴 할까 싶은 사람이다. 그런데 텃밭에 대한 린다의 반응이 놀라웠다. 텃밭 이야기를 하다가 바라보니 '아니 저게 뭐야? 입가 양쪽에…… 혹시 미소?' 그렇다! 미소를 띠며 자신의 장미 정원 이야기를 수줍게 털어놓고, 텃밭 정원 만드는 걸 돕겠다고 해서 깜짝 놀랐다. 이 대화가 있은 뒤 린다 아줌마는 나만 만나면 자기 정원에 요즘 뭐가 자라고 있는지 이야기해 주기를 좋아했고, 텃밭은 언제 시작할 것이냐고 무섭게 따지고는 했다.

나의 직속 상사이자 디렉터 중의 한 명인 필립도 이곳에 텃밭 정원이 생기면 정말 좋겠다고 했다. 그는 긴급 상황 안내 방송이 나오면 달려가 아이들의 몸싸움과 위험한 행동을 몸으로 막는 일을 하루에도 몇 번씩 한다. 그러한 격렬한 상황을 겪고 바로 사무실로 돌아와 보고서를 쓰고 회의를 준비해야 하는 경우가 많은데, 업무로 바로 돌아가는 대신 잠시나마 땅을 만지면 스트레스가 날아갈 것 같다며 참 좋겠다고 신나했다.

아이들한테도 물어보았다. 열광적인 반응이었다. 무엇을 심었으면 좋겠는지 물으니 내가 기대했던 토마토, 상치, 장미, 이런 익숙한 것이 아니고, 파인애플, 수박, 바나나, 감자, 오렌지 등 예상치 않은 것들을 키우자고 했다. 난 처음에 꽃 정원이나 허브 정원을 생각했는데, 아이들은 먹을 수 있는 것과 가능한 한 큰 것을 선호했다. 꼬마 녀석들과는 해바라기 씨를 뿌렸는데, 이 해바라기가 자기 키에 비해 얼마나 클지 물었다. "이만큼? 이만큼?" 하면서 손으로 자기 허리쯤, 어깨쯤, 머리쯤을 가리키는 녀석들에게 너 키만큼 클 거야 하니까 "야호~" 하면서 좋아한다. 빨리 크고 싶고 힘 세지고 싶은 꼬마 녀석들이다. 이 귀여운 녀석들이 우리 센터의 징글징글한 형들처럼 되는 것을 막을 수 있으면 좋으련만.

일은 벌여놓았는데 텃밭을 위한 예산은 전혀 없었다. 그래서 슬그머니 미술 치료 재료를 텃밭 예산으로 돌려서 예산 보고서를 작성했는데, 이것을 뻔히 아는 필립이 모르는 척하고 승인해 주어서 모종과 도구를 살 수 있었다. 하지만 이렇게 큰 호응과 설레는 시작과는 달리, 막상 모종을 심고 나서는 제대로 키울 줄도 모른데다 주말에는 아무도 물을 안 줘 모종들이 바싹바싹 말라갔고, 심지어 누군가에 의해 비참하게 밟히기까지 했다. 아무래도 이 동네에 많이 사는 뚱뚱한 다람쥐들 짓이지 싶다. 여름에 허브를 잘 키워서 가을에 말렸다가 겨울에 아이들과 허브차를 만들어 마시고 요리에도 넣어 먹으려 했는데, 잎 하나 건질지 모르겠다.

모종들의 반은 죽고 나머지 반의반은 뚱뚱한 다람쥐에게 밟힌

이 암담한 현실에 나는 실망했지만 아이들은 그렇지 않았다. 특히 자기가 심은 식물에는 애착을 가지고 늘 보러 가고 싶어 했다. 밖에 나갈 일이 있으면 물 한 잔이라도 받아서 주고 가곤 했다. 실제로 물을 너무 많이 줘 죽은 모종도 있었으나 대부분이 한여름의 뙤약볕에 말라갔다. 이 텃밭의 비공식 정원사로 인정받은 마커스는 말라 죽어가는 정원을 그래도 살려보겠다고 물을 주고 땅을 갈고 하면서 정성을 쏟았다.

땅을 만지면서 마커스는 자신의 엄마 이야기를 많이 했다. 지금도 센터의 허가를 받아서 한 달에 한 번 엄마를 방문한다고 했다. 마커스가 어렸을 때 엄마와 할머니는 집 앞 텃밭에서 채소와 꽃을 많이 키웠다고 한다. 그러다가 가정 폭력으로 집이 산산조각 나 가족들이 뿔뿔이 흩어지고, 지금 엄마는 텃밭이 없는 정부 아파트에서 산다고 한다. 우리 엄마는요, 이것도 키웠고요 저것도 키웠어요 하면서 자랑을 한다.

이 아이와 흙을 만지며 놀고 있으면 이런 아이가 왜 여기에 와 있는가 싶을 정도로 마음 씀씀이가 착한 청소년의 모습을 본다. 한번은 땅을 파다가 지렁이가 나와서 내가 "지렁이는 땅을 좋게 하는 참 좋은 애들이야. 그러니까 땅 파다가 지렁이가 나오면 다치지 않게 하자~" 그러자, 동그란 눈을 뜨며 "정말요? 지렁이가 그렇게 좋은 거예요?" 한다. 지금 막 판 구멍 속에서 꿈틀거리는 커다란 지렁이를 두 손가락으로 살짝 잡아 올려서는 물끄러미 바라본다. 순간 그 애가 지렁이를 죽일까봐 혹은 내 쪽으로 던질까봐 긴장하고 있는데, 다른 한쪽에 구멍을 파서 지렁이를 옮겨주며 "여기 들어가 있어~"그런다. '내가 미술 치료사인데, 미술 치료를 해야 할 텐데 이렇게 땅이나 파고 있는 게 괜찮은가?' 했던 생각과, 아무것도 제대로 자라지 않는 텃밭을 만든다고 예산이나 축낸 것에 대해 자신 없어 했던 나의 생각이 쑥 들어갔다. 이게 치료가 아니면 도대체 뭐가 치료인가 말이다.

사무실에 돌아와서 컴퓨터 앞에 앉아 치료 기록을 하기 시작했다.

<u>질문 1.</u> 무슨 상황인가?―마커스와 내가 텃밭에 갔다.

<u>질문 2.</u> 청소년과 어떠한 상호 작용이 있었는가?―즐겁게 대화를 나누었으며, 땅을 파다가 나온 지렁이를 발견했다.

<u>질문 3.</u> 청소년은 어떻게 반응하였는가?―지렁이의 집을 옮겨주었다.

<u>질문 4.</u> 앞으로의 계획은 무엇인가?―다음에 텃밭 갈 때는 호미를 하나 더 가지고 가야겠다.

오늘도 우리 치료센터에 돈 벌어 오기는 글렀다. 하지만 나는 아이들의 차트에 기록되지 않는 많은 이야기들을 어떻게든 끼워 넣으면서 그 아이의 삶을 따라다닐 차트에, 이 아이는 그저 폭력적이고 참을성 없는 아이가 아니라 지렁이를 조심스럽게 다루고 살아있는 것들을 친절하게 대할 줄 아는 아이라는 사실이 따라다닐 수 있게 몇 줄을 끼워 넣었다.

이 아이들뿐만 아니라 우리의 개인 역사에서도 빠져버리는 이런 이야기들이 얼마나 많을까? "나는 못해. 나는 늘 실패자야" 또는 "나는 제대로 할 수 있는 게 없다"고 쓰인 수많은 사람들의 역사책, 그 속의 그물에 빠진 이러한 이야기들이 얼마나 많을까?

자연과의 치유적인 만남

재료 자연.

방법 자연의 한 공간을 관계가 생길 때까지 반복적으로 만난다. 공원이나 숲의 한 곳을 계속 방문할 수도 있고, 산을 간다면 같은 길과 같은 봉우리를 반복적으로 올라갈 수도 있다. 중요한 것은 내가 자연으로 들어가는 것이며, 집 안에 화분을 하나 둔다거나 하는 소극적인 방식으로는 대치될 수 없다. 그곳과 내가 연결되었다는 느낌이 들 때까지 만나기를 반복하고 충분히 시간을 갖도록 하자. 치료사와 관계가 형성되지 않고는 효과적인 치료를 경험할 수 없는 것처럼, 자연과 내가 연결되는 관계가 형성되지 않는다면 자연에 기대어 하는 치유의 경험을 기대하기는 힘들다.

미술 치료는 깊은 탐구의 과정을 거친다. 문제의 핵이 드러날 때까지 탐구하고 자신의 문제를 작품으로 투사하고, 그 표현된 것과 대화하고, 표현하면서 문제의 덩어리를 발견하는 것이다. 그런데 제주도로 삶의 터를 옮겨 숲이 있는 마을에 살고 숲으로 치료실을 옮기면서 이러한 방식이 어울리지 않는다는 것을 깨달았다. 집중해서 문제의 핵을 찾는 대신 부는 바람에, 맑은 새소리에, 흔들리는 나뭇가지에 자꾸 정신이 팔렸다. 아픔과 고통에 집중해야 하는데 날씨가 마음을 오락가락하게 했다. 해가 쨍하고 날씨가 좋으면 내담자는 앞으로의 희망과 자신을 토닥이는 이야기들을 주로 했고, 비바람이 불면 내면의 움직임이 심해져서 자신의 답답함을 발견했다. 비가 오면 마음이 차분해져서 말수가 적어지는 대신 자신의 마음과 고통을 담는 작품을 만드는 창작 과정에 더 몰입하고 결과물에 깊이가 생겼다. 유난히 맑은 새소리가 들리면 하던 이야기와 움직이는 손을 멈추고는 한다.

실내에서 미술 치료를 할 때는 치료사가 내담자의 말과 표정과 작업에 집중하고 공감을 해주는 방식으로 진행된다. 그러다 보니 치료가 끝나고 난 후에는 피곤해지기 예사였다. 그런데 숲에서는 생각이 멈추는 여백의 빈 시간들이 많아 치료 후에도 피로하지 않았다. 숲에서 상을 펴놓고 작품을 만들고 있으니 동네 사람이 와서 뭐하는가 묻고, 지나는 사람과 인사도 하게 되고, 그러다 새가 울면 대화가 멈추고, 바람이 불면 마음에도 바람이 불었다. 문제에 집중을 하기보다 문제 밖으로, 우리 밖으로 의식이 확장되었으며, 자연 속에서는 내가 치료사고 내가 상대방을 고치는 사람이 아니라 나도 그도 함께 자연의 치유를 경험하는 사람들이 되었다.

숲에서 치유적이고 공감적인 만남을 가져볼 기회가 있었다. 나를 포함해서 인생의 과도기를 넘고 있던 네 사람이 함께 두 달 동안 매주 숲으로 들어가기로 한 것이다. 제주도에는 숲이 많고 또 넓다. 하지만 우리는 넓디넓은 숲 중에서 처음 자리를 잡은 한 평 정도의 공간으로 반복적으로 찾아갔다. 높은 삼나무가 빽빽하게 들어서 있는 숲이었는데, 나무가 다섯 그루 정도 둘러싸여 있어서 열려 있음에도 포근하게 둘러싸인 듯한 느낌을 주는 자리였다.

처음에는 주로 '우리의 숲'에 둘러앉아서 대화를 했는데, 돗자리를 가져오면서부터 숲에 누워 하늘을 보거나 바람 소리를 듣는 게 주된 활동이 되었다. 아래에서는 쭉쭉 뻗고 꼿꼿한 나무들이 꼭대기에서는 바람에 춤을 추고 있는 것을 처음 보았을 때 우리의 반응은 똑같았다. 먼저 웃음이 터져 나왔고, 그리고 다들 조용해졌다. 자연의 움직임을 보면서 우리는 나와 네가, 우리와 자연이 연결이 되어 있음을 동시에 느꼈다. 다른 날은 비가 내렸는데, 숲에 누워서 빗방울 하나가 높은 나무 꼭대기에서 더 이상 볼 수 없을 때까지 떨어지는 것을 바라보았다. 마치 비가 오는 것을 태어나서 처음 보는 것마냥 신비로웠고, 그 신비로운 경험에 눈물이 났다.

우리는 두 달 내내 거대한 숲속의 작은 공간에 반복적으로 들어 갔다. 싸온 음식을 나눠먹고, 돗자리에 누워서 수다를 떨고, 그렇게 그렇게 시간을 보냈다. 그리고 약속한 마지막 날, 기적 같은 일이 일어났다. '맨디'라는 친구가 자신을 상징하는 그림을 가져와서 나무 꼬챙이에 붙여 땅에 꽂았는데, 그 순간 그림이 숲속에서 살아 났다. 종이에 그렸을 때는 그냥 그림이었을 뿐인데, 숲속에 뿌리를 내리니 마치 살아있는 생명체처럼, 뿌리를 내린 풀처럼, 우리 자신 처럼 생명력이 있게 느껴졌다. 그러고 나서 '솔방울'과 나도 자신을 표현하는 그림을 그려서 땅에 세우니 우리의 그림도 숲에 뿌리를 내리고 기운을 뿜어내며 살아났다.

숲과의 연결을 느끼면서 그림 속의 자세들을 서로 따라해 보며 놀았다. 그림 속의 맨디는 하늘을 향해 두 팔을 활짝 들고 에너지를 뿌리고 있었고, 솔방울은 치마를 넓게 잡고 빙그르르 돌고 있었으 며, 나는 나무에 기대어 쪼그리고 앉아 있었다. 자신을 상징하는 그 림을, 아니 우리 자신을 땅에 세워 두니 숲이 우리 가슴으로 들어오

우리는 모두 나무에 기대어 산다.
나무로 만든 집에 살고,
나무로 만든 상에서 밥을 먹고,
나무로 만든 붓으로 붓질을 하고,
나무로 만든 악기를 연주한다.
하지만 살아있는 나무는 그 자체로
집이고 밥이고 예술이다.

나무에 기대어 (2014), 캔버스에 유화, 50×61cm

는 듯했다.

이 작업에 참여한 솔방울은 이때의 경험을 이렇게 말했다.

"거대한 자연을 만나면, 예를 들어 밤하늘에 별이 가득 찬 것을 보면 그 안에서 우리가 얼마나 작은 일부에 불과한지 저절로 알게 되듯이, 큰 나무들이 빼곡하게 우리를 둘러싸고 있으니 자신을 과시하지도 남을 의식하지도 않게 되었어. 살다 보면 나는 이런 사람이야 하고 과시하고 싶거나, 저 사람이 나를 얕잡아보면 어쩌나 하는 생각이 들 때가 있는데, 숲에서는 그런 마음이 완전히 사라지고, 언제 가도 온전히 있는 나무, 바람, 그리고 손에 닿지 않는 하늘 위로 지나가는 바람, 그런 복합적인 기운이 느껴졌어.

그리고 마지막에 그림 그릴 때에는 흩어져 있던 과정들이 모아지는 느낌, 나와 숲과 그림이 하나로 연결되는 느낌, 그런 느낌이 들었어. 처음에는 몰랐어. 그냥 그랬는데, 그리다 보니 괜찮더라고. 맨디가 그림을 오리기에 나도 오리고 꼬치가 있기에 꽂았는데, 꽂는 순간 화학 반응이 확 일어나서 나도 깜짝 놀랐어. 그림 그리고 땅에 꽂은 30분 사이에 어떤 마법이 일어났나? 매번 그곳에서 시간을 보내며, 거기까지 갔기 때문에 가능했던 거 같아. 나는 그동안 맨디처럼 숲이 계속 떠오르고 그러지는 않았는데 그걸 꽂는 순간, 내가 그린 아이가 숲속에서 살아나고 동시에 숲이 마음에 들어왔어. 그렇게 잊을 수 없는 숲이 되었어."

이 실험에 참여한 우리는 모두 반복적으로 찾아갔던 그곳을 '우리의 숲'이라고 부를 정도로 숲과 깊은 관계를 형성하게 되었다. 그리고 그 관계를 통해 우리는 숲이 그러듯이 이완되고 받아들이는 마음으로 자연과 함께 존재하는 법을 배우게 되었다. 그리고 각각 자기를 상징하는 작품을 만들어 숲에 놓는 순간 우리의 '안'과 '밖' 사이에 문이 열리는 놀라운 경험을 했다. 우리를 숲에 두고 나올 때, 나와 숲 사이의 통로가 생겨서, 우리가 숲으로, 숲이 우리 안으로 들어왔다. 그리고 이렇게 숲이 우리 마음속으로 들어오니, 우리 마음속에서도 나무가 춤을 추고 바람소리가 맑게 울렸다.

치료사 스스로를 위한 미술 치료

자전거 페달을 밟으며 센터 앞마당을 들어서니 남자 애들 두 명이 신발도 신지 않은 채 뛰어나와 나를 맞이한다. 흥분한 아이들이 나를 가로막으며 하는 말이 "진정해, 은혜. 진정해, 진정해" 그런다. 흥분한 아이들이 앞뒤 순서 없이 이야기를 하는데, 대충 이해한 것은 내가 일하는 미술 치료실과 연결된 실내 운동장에서 누군가 싸우다 다쳐서 구급차에 실려 갔으며, 피를 많이 흘렸는데 아직도 피가 여기저기 흥건하다는 거다. 알았다고 차분하게 말하고 건물 안으로 들어갔다.

엘리베이터 안으로 들어가 미술 치료실과 실내 운동장이 있는 2층 버튼을 누르는데 내 손가락이 벌벌 떨린다. 2층까지 가는 그 짧은 시간 동안 별별 생각이 다 든다. '이것들이 드디어 일을 저지른 거야. 누구 하나 죽은 거 아냐? 실려 간 애가 누굴까?' 하는 생각과 동시에 나를 타이르는 소리가 들렸다. '나는 전문가다. 이건 나의 일이다. 피가 있으면 닦고 누가 다쳤으면 일으켜 세우는 게 나의 일이다. 할 수 있다. 할 수 있다.' 나오려는 눈물을 하도 참아서 눈이 아팠다.

눈물은 간신히 참고 있으나 북받치는 서러움은 누르지 못한다. '젠장. 이놈의 직업은 왜 만날 죽고 사는 꼴을 봐야 하나? 오늘 당장 때려치운다, 치워!'

치료사로 일하다 보면 극한 상황에 있는 내담자가 자살로 또는 타살로 죽을 수 있다는 두려움이 늘 있다. 어느 정신과 의사가 자신의 환자가 자살한 일에 충격을 입어 일을 그만두고 알코올 중독자나 마약 중독자가 되었다는 이야기가 이 분야에서 종종 들린다. 오늘이 내가 두려워하는 그날인가 싶어서 너무 겁이 난다. 이렇게 별별 생각에 떨고 있는데 실내 운동장을 향해 엘리베이터 문이 열리고, 상상했던 끔찍한 장면과는 달리 여느 때처럼 아이들 몇 명과 스태프 한두 명이 농구를 하고 있다.

운동장을 가로질러 미술 치료실 쪽으로 걸어가 보니 아이들이 말한 만큼 그렇게 많은 것은 아니었지만 피가 조금씩 여기저기에 떨어져 있다. 종이 타월을 돌돌 말아서 피를 닦기 시작한다. 눈치를 보는 듯 유달리 조용하게 놀던 아이들이 나를 돕는다고 나선다. 여기도 있어, 저기도 있어 하면서 나를 이리로 저리로 데리고 간다.

나중에 알고 보니 피를 흘리고 병원에 실려 간 아이는 티미였다. 천사같이 발그스레한 볼을 가진 티미는 썰렁한 카드 마술을 해보이곤 하는 소년으로, 거친 또래 남자애들 사이에서 잘 적응하질 못한다. 다른 소년들이 시도 때도 없이 농구를 할 때, 나를 졸졸 따라

다니면서 뭐 도와줄 것은 없는지, 자기가 할 것은 없는지 물으며 귀찮게 하는 놈이다. 이 소년은 불행하게도 다른 아이들에게 잘 얻어맞는다. 이번에는 싸우다가 우리 센터에서 가장 빠르고 힘센 마틴에게 심하게 맞았다고 한다. 불행 중 다행으로 얼굴과 입술에 난 상처를 몇 바늘 꿰매고 이빨 몇 개가 날아갔을 뿐이다. 이곳에서는 이정도면 크게 다치지 않은 것이다. 며칠이 지나고 병원에서 돌아온 티미에게 도대체 무슨 일로 그렇게 크게 싸웠는지 물었다. 농구 시합을 하고 있었는데 마틴이 티미의 엄마 욕을 했다는 거다. 그래서 화가 나서 덤볐는데 오히려 더 심하게 맞은 것이다.

우리 센터에서 가장 심한 욕은 엄마에 관한 욕이다. "너네 엄마 창녀지?" 그보다 더 심한 욕은 "그러니까 엄마가 너를 버렸지"라는 말이다. 이런 욕으로 시작되는 싸움은 대개 누구 한 사람이 다칠 정도로 싸워서 누군가 병원에 실려 가든지 많은 사람들이 동원이 되어 간신히 싸움을 말리든지 하는 방식으로 끝이 난다.

나도 한번은 가위를 들고 상대방을 찌르려는 여자아이의 팔을 뒤에서 간신히 잡아 말린 적이 있었다. "이거 놔! 저년의 입을 막아야 할 것 아냐? 지가 뭔데 내 엄마에 대해서 막말을 해! 놔!!!" 나중에 알고 보니, 상대방 아이가 "너희 엄마 창녀지? 너희 엄마 에이즈로 죽었다며?"라고 했다는 거다. 그리고 나중에 알고 보니…… 둘 다 사실이었다.

이런 일이 있을 때마다 센터 내 공기의 느낌이 변하는 것 같다. 사람들이 뿜어내는 스트레스로 인해서 공기의 밀도가 높아지면서 무거워지는 듯하다. 무겁고 텁텁한 기운의 압박감을 못 이겨서 아이들은 아무것도 아닌 일로 싸우거나 기물을 부수거나 하는 방법으로 스트레스를 발산하고, 직원들은 직원들 나름대로 스트레스에 얼굴이 일그러지고, 아이들과 싸워서 해고를 당하는 직원도 생긴다. 이렇게 극도의 스트레스가 이곳의 공기를 장악하다 보니 직원들도 못 견디고 자주 그만둔다. 몇 주, 며칠, 심지어 새 직원 오리엔테이션하는 중간에 그만둔 직원도 있다.

이곳은 우리에게 영향을 미치고 우리로부터 영향을 받는 하나의 생태계이다. 마치 공기나 공해처럼, 이 안에 들어오는 사람은 누구나 이 생태계의 기운에 영향을 받는다. 내가 여기서 일하는 1년 조금 넘는 기간 동안 말단 스태프부터 제일 위의 디렉터까지 교체되는 것을 보았다. 상황이 이렇다 보니 내가 여기에서 꽤 오래 '견딘' 사람 중 하나가 되었다.

그런데 '적응'이라는 게 좀 되려고 하니 내 가슴이 자꾸 시커멓게 되는 것 같다. 이곳에서 오랫동안 일한 사람들 대부분은 너무 적응을 해서 무슨 일에도 감정의 동요가 없어 보이는데, 나도 감정이 메마르게 되면 어떻게 하나 걱정이 되었다. 미술 치료사에게는 말랑말랑하고 따뜻한 감성이 생명인데, 이게 식어버리면 무엇이 나를 지탱할까? 아쉽게도 외부의 기운에 휘둘리지 않을 튼튼한 중심과 말랑말랑한 가슴을 동시에 가진 사람은 아주 드물고 귀하다. 이런저런 걱정을 하면서 알게 되었다. 이곳은 생태계란 것을, 그리고 치료는 아이들만 필요한 것이 아니라 이곳의 기운을 같이 주고받는

손에 핀 꽃 만다라 (2014), 캔버스에 유화, 61×50cm

마음의 중심을 잃어 휘청거릴 때,
한 손에는 미술 치료에서 많이 그리는 만다라를,
다른 손에는 요가의 '옴' 심벌을 그려 넣었다.
손 씻다가도, 얼굴에 로션을 바르다가도 흠칫.
일종의 커닝 페이퍼라고나 할까?
시험 문제는 내 삶이 내게 던지는 질문이다.
너는 누구냐?

모든 구성원에게 필요한 것이라는 사실을.

이곳의 직원들은 크게 나누자면 디렉터, 감독관, 치료사, 기숙사 스태프로 나뉘는데, 여러 레벨의 직원들은 기능적으로 나뉘어져 일을 하고 서로 책임을 묻는 일들이 많다. 누구한테 무슨 일이 생기면 치료사는 기숙사 직원의 무능력을 탓하고, 기숙사 직원은 감독관의 지도력 없음을 탓하고, 감독관은 치료사의 거만함을 탓하고, 치료사와 감독관은 디렉터의 지도력 없음을 탓하고, 디렉터는 기숙사 스태프의 불성실함을 탓한다. 그리고 나는 다른 사람들의 짜증난 표정과 정말 하기 싫은 일을 하는 것 같아 보이는 태도가 늘 못마땅하다.

'아이들을 사랑으로 대하지 못할망정 저 사람은 왜 저렇게 늘 뭐씹은 표정일까? 그렇게 일하기 싫으면 하지 말지 본인도 다른 사람도 불행하게 왜 저런 태도로 일하는 것일까? 아이들과 있으면서 기운찬 모습을 보여야지, 왜 저 스태프는 늘 피곤에 절어서 툭하면 조는 걸까? 무슨 마약이라도 하는 거 아냐?'

아이들을 따라다니며 감시하고 돕는 역할을 하는 기숙사 스태프들 중에서 미술 치료에 관심을 표현하는 사람이 여럿 있었다. 아이들을 위한 미술 치료 시간에 와서 아이들을 돕거나 나를 돕는 대신에 자신의 미술 치료 작업을 한다. 너무나 열심히 자신의 작업에 몰두하고 결과물을 무척 자신 있게 발표하는 그들을 보면, "이 시간은 당신들을 위한 시간이 아닙니다. 참여는 할 수 있으나, 자신의 작업을 하는 시간으로 사용해서는 안 됩니다"라고 하는 치료의 원칙이 입 밖으로 나오지를 않았다. 그래서 그들을 위한 미술 치료를 따로 하기로 하고, 모두에게 열려 있는 '스태프들을 위한 미술 치료' 시간을 마련했다.

서로 탓만 하지 함께 회의도 잘 안 하는 여러 레벨의 직원들이 골고루 모인 미술 치료 시간이었다. 나의 상사인 필립은 한 시간 내내 열심히 색연필로 중앙아프리카의 고향 그림을 그렸다. 나무가 많고 산이 있고 물이 흐르는 정겨운 시골 마을이다. 한쪽에는 사람들이 축구를 하고 있고, 다른 한쪽에는 교회도 있고 학교도 있고 작은 집들도 옹기종기 모여 있다. 필립은 고향을 늘 마음에 품고 사나 보다. 그는 은퇴 후 고향으로 가서 학교를 짓고 축구를 가르치고 싶다고 했다. 그는 이 그림을 그리면서 마음에 많은 위안을 받았다고 했다.

아이들을 사랑했지만 일을 그만두기로 한 젊고 능력 있는 치료사 한 명은 근무 마지막 날 미술 치료 그룹에 참여했다. 그녀는 우리 센터의 유일한, 시카고에서 몇 안 되는 흑인 치료사여서 놓치기 참 아까운 사람이었다. 하지만 그녀가 만든 작품을 보면서 그녀의 앞길을 진심으로 축복해 줄 수 있었다. 그녀는 비실비실한 나뭇가지에 간신히 매달려 있는 커다란 새의 형상을 나뭇가지, 알루미늄 호일, 테이프 등으로 만들었다. 이 작품을 만들면서 자신의 결정에 대해 마음이 편해졌다고 했다. 아이들을 사랑하고 진심으로 대하려고 최선을 다했지만 이곳의 상황이 자기가 하고 싶은 일을 지지해 주지 못하며, 나뭇가지가 곧 부러질 듯하고 새도 떨어지게 생겼으니 이제 날아가야겠다고 했다.

기숙사 감독관 중 한 명은 내면의 평화를 상징하는 평화로운 자연의 모습을 그렸다. 이 그림을 마음에 새기고 있으면 아무리 어려운 상황에서도 아이들을 평화의 마음으로 대할 수 있을 것 같다고 했다.

오랫동안 밤 당번으로 일하는 기숙사 스태프 한 명은 밤이면 도망가려는 아이들과 씨름하고 낮에는 세 명의 딸을 혼자 키우면서, 더 나은 미래를 위해 대학원을 다닌다고 했다. 그녀는 작품을 하면서, 자신이 얼마나 힘들게 살고 있는지 알았으며 스스로가 참 안쓰럽다고 말했다.

이렇게 작품을 통해 그들의 이야기를 들으며 서로를 탓하는 손가락을 거두게 되었다. 그들은 다들 각자의 삶의 무게를 견디느라 허덕이고 힘들어하면서도, 이 치료센터에 출근해서 아이들을 보살피는 사람들이다. 특히 우리 센터의 말단 직원인 기숙사 스태프들은 저임금과 고위험의 직장 환경과 싸움을 걸어오는 아이들, 규칙을 계속 바꾸는 상부의 요구 사이에 끼어서 허덕허덕댔다. 어쩌면 행복해 보이지 않는 것이 당연했다.

"우리는 완벽하지 않아요. 아이들을 더 따뜻하게 대해야 한다는 것도 알아요. 하지만 우리가 이 힘든 일을 하러 매일 출근한다는 것, 그것으로 우리가 아이들을 얼마나 위하는지 어느 정도 알 수 있지 않나요?" 바로 이 치료센터에서 자라고 성인이 되어서 스태프로 돌아온 한 직원의 말이다.

이들의 이야기는 이 치료센터의 아이들이 해온 이야기와 그리 다르지 않다. 나도 힘들고, 나도 사랑받고 싶고, 나도 행복하고 싶다고 말한다. 그들도 인간이기에 힘들고 짜증나고 지치지만, 그들은 진심으로 아이들을 위하고, 더 잘해줄 수 없는 것에 죄책감을 가지고 있고, 더 잘할 수 없는 시스템을 안타까워했다. 이런 이야기를 이전에 듣지 못했던 것은 한 번도 물어보지 않았기 때문이 아닌가 하는 생각이 든다.

늘어만 가는 규율과 규칙 사이에서 직원들이 힘든 것, 직원들이 아파하는 것에는 아무도 관심이 없다. 다들 너무 힘들기 때문에 서로서로 보듬어줄 여유도 없는 것이다. 그 대신 디렉터는 치료사와 기숙사 감독관에게, 치료사는 인턴에게, 감독관은 기숙사 스태프들에게, 아이들 때문에 힘든 것이 우리 일이니 불평 말고 감당하라고만 한다. 스스로 괜찮아야 하고 스스로 치유된 상태여야 하고 스스로 아이들의 험한 말을 다 참고 견뎌야 하는데, 이 세상에 혼자 스스로 괜찮아지는 경우가 도대체 얼마나 있는가?

미국에서 미술 치료를 공부할 때 미술 치료사는 꼭 창작을 해야 한다고 나의 은사 중 한 명인 캐서린 문 교수님에게 배웠다. 캐서린은 우리가 치료사 이전에 예술가가 되어야 한다는 것을 강조했다. 이것은 그림을 잘 그려야 한다거나 미술 도구를 잘 다뤄야 한다는 그런 이야기가 아니다. 우리가 예술가가 되어야 하는 이유는 남을 돕는 일을 할 때 필요한 창조적인 기운을 내면에서 찾을 수 있어야 하기 때문이라고 했다. 또한 남을 돕는 사람은 에너지가 소진되는

273

것을 가장 우려해야 하는데, 창조적인 활동을 통해 그 소진되는 것을 예방할 수 있다는 것이다.

하지만 학생 때는 학교 다니랴, 실습하랴, 미술 숙제하랴 힘들어 죽겠고, 늘상 미술 재료를 만지고 실습을 하는데 따로 작품 활동을 해야 하나 싶었다. 그러다가 스스로가 작품을 만들고 창작에 임하는 것이 왜 중요한지 이곳 청소년거주치료센터에서 일하면서 알게 되었다. 힘들어서, 힘들어 죽겠어서 내가 스스로를 치료해 가지 않고서는 할 수가 없는 일이었던 것이다.

세계적인 치유 무용가인 아흔두 살의 안나 할프린은 자신이 암에 걸리기 전에는 춤을 위해 살았지만 암에 걸리고 나서는 살기 위해 춤을 추었다고 했다. 내가 미술 전공을 하고 있을 때는 반 고흐 같은 영혼을 불사르는 화가가 되고 싶었으나, 미술 치료사가 되고 나서는 나를 지키기 위해 다시 그림을 그리게 되었다. 그것뿐이 아니었다. 오랫동안 치지 않던 피아노도 다시 치기 시작했고, 주말이면 하루에 서너 시간씩 요가를 하고, 한국에서도 안 해 먹던 한국 요리를 해 먹는 등 내가 아는 모든 창조적 행위를 통해 이 시절을 견디었다.

이렇게 표현하고 창조하고 그런다고 해서 듣기 힘든 이야기의 무게가 가벼워지는 것은 아니지만, 이렇게 예술의 힘을 빌려 힘든 이야기를 듣고 보아내면, 그 힘듦이 감당이 되고 마음이 더 깊어지는 것을 경험하고는 한다. 힘든 이야기를 듣는 사람일수록, 아픈 사람을 대하는 사람일수록, 삶의 아픔을 다루는 사람일수록, 그 뜨거운 열기와 날카로운 표면에 다치지 않기 위해서 고통까지 승화시키는 예술의 힘을 빌려 쓸 줄 알아야 한다는 것을 이곳에서 일하면서 배웠다.

꼭 치료사가 아니더라도, 주위에서 고통을 받고 있을지 모르는 친구와 가족과 이웃의 어려움을 조금이라도 들어주고 이해해 주기 위해서는 나를 지킬 보호막 하나쯤은 가지고 있어야 할 것이다. 왜냐하면 아무리 사랑하는 사람이라도 그들의 고통을 나누고 그들의 다친 마음을 보살피는 일은 쉽지 않기 때문이다. 강심장이 요구되는 일이다. 또한 그들의 아픔이 건드리는 나의 상처도 잘 알고 잘 다독일 줄 알아야 타인에게 도움이 될 수 있다. 나는 원래 강심장을 가진 사람이 못 된다. 나의 경우엔 내가 한 다양한 창조적인 활동들이 나를 지탱시키는 긍정의 힘이 되어주었다.

비행기를 타면 꼭 듣는 이야기가 있다. 위급한 상황이 생기면 자기 먼저 산소마스크를 쓰고 그 다음에 노약자가 산소마스크를 쓸 수 있게 도우라는 것이다. 왜 그럴까 궁금해본 적은 없는지? 남을 돕고자 하는 마음이 큰 사람들은 일단 나보다 노약자를 돕고자 할 것이다. 하지만 그러다 보면 내가 숨을 못 쉬어서 나도 그들도 돕지 못할 수 있다. 내가 먼저 산소마스크를 쓰는 것은 이기적인 것이 아니라 남과 스스로를 돕기 위한 준비 작업인 셈이다.

우리에게 필요한 것은 막연히 남을 위한다는, 쉽게 고갈될 수 있는 동점심이 아니라 쓰고 써도 넘치는 어떤 것이다. 이것은 자비심일 수도 있고 인간애일 수도 있고 미적인 표현에 관한 신념일 수도 있다. 이것은 감정적으로 확 일어났다가 없어지는 것이나 상황에 따라서 변화하는 싸구려 동정심이어서는 안 된다. 그 대신 흐르는 물처럼 쓰고 또 써도 새로운 어떤 것이어야 한다. 그 물길을 따라가다 보면 더 큰 물을 만나는 경험을 할 것이고, 이것은 우리의 마음을 더 크고 넓게 만들어줄 것이다.

그렇다고 남을 돕는 일을 하는 모든 사람이 고난도의 예술을 해야 한다는 말은 아니다. 우리는 예술을 굉장한 기술을 요구하는 어떤 것으로 생각하곤 하는데, 예술을 진정한 자기 표현이라고 생각하면 누구나 할 수 있는 것이 많이 있다. 슬플 때는 슬픈 대로 방바닥을 뒹굴뒹굴거리는 것이 진정한 춤이고, 기운이 하나도 없을 때는 손가락 마디 하나만 움직이는 것도 진정한 자기 표현이다. 아무 힘이 없을 때, 연필을 힘들게 들어 선 하나 긋는 것이 진정성 있는 자기 표현이 될 수 있다. 에너지가 없는 사람이 에너지 넘치는 활동을 할 수는 없지 않겠는가? 그런데 에너지가 없이 푹푹 늘어지는 상황에서도 할 수 있는 것들이 있다. 그것을 하면 된다.

셀프 힐링 치료 키트: 방향을 정하고 자리를 깔기

재료 다양한 재료와 재료를 넣고 다닐 주머니나 통.
방법 삶과 조화로운 미술 재료를 선택해서 쉽게 할 수 있는 자리에 두거나 가지고 다니다가 일상의 틈틈이 창작을 한다.

내가 좋아하는 소설 중 하나인 《파이 이야기》의 주인공 파이는 남다르게 종교적인 소년이다. 전통적으로 힌두 집안에 태어난 파이가 열네 살이 되었을 때, 가족 여행 중 우연히 들어간 교회에서 예수님에 대한 이야기를 듣고 기독교를 받아들이게 된다. 열다섯 살이 되었을 때 그는 무슬림이 운영하는 작은 빵집에 들어갔다가 기도 시간을 알리는 소리에 요리사가 기도 매트를 깔고 기도하는 것을 보고 아름답다고 느낀다.

나중에 파이의 부모님은 그가 기독교, 힌두교, 이슬람을 다 믿고, 요일을 바꿔가며 성전들을 다니는 것을 알게 된다. 이 세 종교의 성직자들과 파이는 우연히 길거리에서 마주치게 되는데 그동안 파이의 3분의 1만 만났음을 알고 화가 나서는 파이에게 어떤 종교가 진짜인지를 묻게 된다. 그때 파이는 그들에게 이렇게 말한다. 자기는 그저 신을 사랑하고 싶었을 뿐이라고. 한 종교만 고르라고 설득하다 포기한 아버지는 결국 그의 소원을 들어주어, 그는 세례도 받게 되고, 몹시도 갖고 싶었던 기도 매트도 얻게 된다.

할레드 호세이니의 《연을 쫓는 아이》에서 내가 가장 감명 깊게 읽은 장면 또한 기도 매트와 관련이 있다. 이 장면이 너무 충격적이어서 그랬는지 영화에서는 생략이 된 장면이다. 학대를 받아온 친구의 아들을 찾아 아프가니스탄으로 온 아미르는 그 아이를 미국으로 데려가려고 서류를 준비하는 동안 아이를 잠시 고아원에 두려고 한다.

그러자 소년은 학대가 시작된 고아원으로 다시 보내는 줄 알고 손목을 그어 자살을 시도한다. 아미르는 간신히 숨이 붙어 있는 피투성이 소년을 욕실에서 발견하고 병원으로 뛰어간다. 수술실 밖에서 아이의 생사를 기다리는 사이 오랫동안 눌러놓고 피하고 있었던 절망감과 비통함이 밀려온다. 그는 지나가는 사람에게 동쪽이 어디냐고 미친 사람처럼 묻는다. 누군가가 저쪽이 동쪽이라고 가르쳐주자 주인공은 침대보를 기도 매트삼아 바닥에 깔고 동쪽을 향해 십 몇 년 만에 처음으로 무릎을 꿇고 기도를 한다. 인간으로 할 수 있는 것이 아무것도 없는 상황에서 오래전 신에게 기도하기를 멈춘 주인공이 자신의 모든 것을 내려놓고 신에게 간청하는 감동적인 장면이다.

방향을 정하고 자리를 깔기. 이것은 기도를 하기 위해서 많은 사람들이 하는 행위이다. 이슬람 사원인 메카를 향해서 수천, 수만 명의 사람들이 자리를 깔고 기도하는 장면을 텔레비전이나 신문 등에서 흔히 본다. 하지만 이 행위는 이슬람에서만 이루어지는 것이 아니다. 방향을 잡고 자리를 까는 것은 기독교 역사에서도 중요하다. 중세기부터 유럽의 성당을 지을 때 가장 먼저 하는 것이 제단의 방향을 동쪽으로 향하게 자리를 잡는 것으로, 기독교인들도 역시 동쪽을 향하여 방향을 잡고 무릎을 꿇는다.

대부분의 사람들은 자신의 삶을 좀 더 창조적으로 만들고 싶다고 하면서도 공간이 없고 시간이 없다고 불평한다. 사실 그렇기도 하다. 내 친구는 그림을 몹시 그리고 싶어 하고 가끔 나와 함께 그림을 그릴 때 무척 기뻐한다. 하지만 직장과 가정과 아이들을 돌보면서 그림 그릴 공간과 시간을 정기적으로 내기란 거의 불가능해 보인다. 해야 할 너무나 많은 것들이 하루를 장악해 버리고, 일주일에 한 번, 몇 시간의 짬을 내기란 상상하기조차 힘들다. 이것은 아마 대부분의 사람들의 이야기이기도 할 것이다.

창조적인 작업을 할 시간과 공간이 있다는 것이 사치처럼 보인다는 사람들도 많을 것이다. 먹고살기 바쁜데 언제 창작을 하라는 말일까 되물을지도 모르겠다. 불가능해 보이는 것이 사실이기는 하지만, 생각을 바꾸어보면 꼭 불가능한 일은 아니다. 시간이 없으니 못하고 공간이 없으니 못한다는 생각 대신 '오리엔테이션orientation'이란 단어의 어원을 한번 생각해 보기를 바란다. '오리엔테이션'은 '오리엔트orient', 즉 '동쪽'이란 단어에서 나왔다. 그러니까 '오리엔테이션'은 학교나 직장을 시작할 때 술을 마시고 흥청망청 노는 행위가 아니라 동쪽을 향해 방향을 잡고 자리를 까는 행위이다.

방향을 잡고 자리를 깔기. 나는 여기에, 바쁜 일상 안에서도 창조적인 작업을 할 수 있는 열쇠가 있다고 생각한다. 작업실이 따로 없어도, 몇 시간 따로 작업할 수 있는 시간이 없어도 내 삶의 방향과 창작 작업의 방향을 같게 하고, 그 방향에 맞는 자리 깔기를 한다

가끔은 달리는 말을 멈추고
내 영혼이 잘 따라오는지 뒤돌아봐야 한다고 했다.
내가 어디에 서 있는지 알기 위해서는
내 발을 내려다봐야 한다.
지금 있는 곳을 확인해야 한다.
다음 걸음을 어디로 향할지는 그 다음 일이다.

들어갈까 말까 (2014), 캔버스에 유화, 73×50cm

면, 바쁜 보통 사람들도 충분히 자신의 삶을 창조적으로 가꿀 수 있을 것이다.

그런데 일반 사람들뿐만 아니라 타인의 창조적이고 치유적인 작업을 돕는 대다수의 미술 치료사들도 자신을 위한 치유적이고 창조적인 작업을 할 시간과 여유가 없는 경우가 태반이다. 촘촘히 잡혀 있는 치료 일정과 너무나 많은 보고서와 임상 기록 쓰기, 회의와 다른 업무들이, 사랑하고 보살피는 일로 지쳐 있는, 남을 돕는 이들의 시간과 여유와 창조적인 기운을 다 잡아먹는다. 그것이 현실인 줄 안다. 그럼에도 불구하고 미술 치료사가 스스로 미술 치료를 하는 것은 당연하다. 그리고 반드시 필요하다. 이것은 우리가 가진 최고의 도구이고 스스로를 보호할 수 있는 최고의 방패이다.

남을 돕는 일은 아무나 하는 일이 아니고, 아무나 해서도 안 된다. 하려면 충분한 훈련과 자신을 돕고 자신을 보호할 수 있는 기법과 지혜가 필요하다. 이것이 없으면 오래 하지 못하거나 번 아웃burn out이 되어 심각한 공감 피로compassion fatigue를 경험할 수 있다. 남의 고통에 공감을 한다는 것은 그 고통의 안개 속에 자발적으로 들어가는 것과 같다. 그 습기가 나의 삶에 영향을 미치지 않을 수가 없다. 그러므로 햇볕같이 자연적이든 가습기처럼 인위적이든 자신을 뽀송뽀송하게 만들 방법 하나쯤은 가지고 있어야 한다.

미술 치료사들 중에서 20년 넘게 미술 치료를 하면서 번 아웃되지도 않고 비교적 행복한 생활을 하는 사람들이 있다. 그들에겐 공통점이 있는데, 믿을 구석이 하나씩 있는 것이었다. 주말이면 캠핑을 하고 여름 휴가 땐 한 달씩 혼자 숲을 걷는 나의 슈퍼바이저 웬디는 자연이 자신을 치유해 준다고 말한다. 시스터 모는 미술 치료를 하는 것이 자신에게는 하느님의 부름을 따르는 일이라고 말한다. 그리고 나의 교수님인 캐서린 문은 자신도 창작을 했고 우리에게도 스스로를 돌아보고 치유하는 방법으로 창작을 꼭 해야 한다고 가르쳤다. 그렇게 믿는 구석 하나쯤 꼭 있어야 가슴이 무너지지 않고 무뎌지지 않고 치유 작업을 계속할 수 있다.

자신을 보살피는 다양한 방법이 있겠지만, 미술 과정의 치유의 힘을 믿는 사람들이라면 그 힘을 먼저 자신에게 쓰기를 바란다. 그리고 바쁜 일상과 치료 과정에서 자신을 보살피는 작업을 하려면, 많은 시간을 들이거나 작업실을 구하기 전에, 기도 매트처럼 언제 어디서나 펼칠 수 있는 어떤 것이 필요하다. 기도 매트처럼 자신에게 치유적이고 창조적인 재료 꾸러미를 들고 다니다가, 슬픔이 밀려올 때, 가슴이 먹먹할 때, 하고 싶은 이야기가 있는데 그 이야기가 나오질 않을 때, 방향을 정하고 치료 꾸러미를 기도 매트처럼 펼쳐놓자. 바로 그 자리가 스스로를 치료하는 치료실이 될 수 있게. 그리고 방향은 우리 마음의 중심을 향하면 좋겠다. 신이든 자연이든 정의감이든 나를 치유하는 근본 믿음을 향해 방향을 정하고 자리를 깔아 치유적이고 창조적인 작업을 하자.

찾아나서는 행복

카페의 야외 테이블에 앉아 베로니카 챔버스Veronica Chambers의《못하는 일을 하는 것의 즐거움The Joy of Doing Things Badly》이라는 책을 읽다가 "기도는 기쁨을 향하여 한 발짝 나아가는 것이다"라는 구절을 읽고 그 구절에 밑줄을 쫙쫙 그었다. 이 구절에서 가장 마음에 드는 단어는 '~을 향하여toward'이다. 무엇을 향한다는 것, 이것은 생각에서 그치는 것이 아니라 행동을 한다는 뜻이다. 믿고 그 방향으로 가는 움직임을 말한다. 기쁨이 어두움을 이기려면 이렇게 발을 움직여야 하는 것 같다.

청소년거주치료센터 일을 그만둘 즈음에 이른바 '창작 파티'를 열어 시카고에서 활동하는 미술 치료사들을 초대한 적이 있다. 미술 치료사 두 명 이상이 모이면 늘 그렇듯 우리가 하는 일이 왜 이렇게 힘든가 하는 쪽으로 이야기가 돌아간다. 정치적인 알력과 조직의 무능력과 우리의 신념을 깨는 보험 구조와 의료 모델로 인해 몸과 마음과 영혼이 지쳐가서, 우리는 본래 예술가인 데도 불구하고 예술적인 작업을 못하게 되는 것을 한탄했다. 그러고는 불끈 흥분하면서 무슨 궐기 대회라도 하듯 "나도 행복해지고 싶어. 그래 우리도 행복해질 권리가 있어!"라고 외쳤다. 우리도 행복하고 싶다는 것을 이렇게 주장이라도 해야 할 것 같았다. 데모라도 하고 파업이라도 하고 정부에 법원에 탄원서라도 낼 그런 성격의 일일 것 같았다. 하지만 어쩌면 남을 돕는, 아니 남을 돕고 싶은 마음이 있거나 그저 타인에게 친절하고 싶은 사람들에게 행복은 권리가 아니라 의무일지도 모르겠다.

길거리 행상꾼이자 자칭 철학자인 한 남자가 내가 읽고 있는 책의 표지를 보더니 대뜸 그렇게 말했다. "당신은 행복해질 의무 responsibility가 있어요."

내가 무슨 뜻인지 묻자 그 말을 반복했다. "그러니까 말이지요, 당신은 행복해질 의무가 있어요. 무슨 말인지 알겠어요?" 그리고 긴 설명이 이어졌는데, 종합하자면 이렇다. '의무responsibility'라는 단어의 뜻은 '반응할 수 있음responseability'이라는 뜻이며, 스스로가 행복하지 못하다면 다른 사람이 불행한 것을 봐도 반응할 수 없다는 것이다. 또한 내면이 행복하다는 것은 무엇보다도 내면에 힘을 쌓는 것이며, 이것은 나를 위해서 쓰는 힘이 아니라 내 이웃을 위해서 쓰는 힘이라는 것이다. 여기서 나와 너의 구분이 모호해지는데, 그 이유는 우리가 서로 떨어져 있는 것 같지만 삶이라는 거대한 바다의 물결 속에서 함께 큰물을 이루고 있기 때문이란다. 행복은 권리일까 의무일까?

너 어디 사니?

나 저기 살아.

아, 그러면 같은 동네네. 우리 만나서 놀고 그러자!

그러자!

언제 만날까?

내일 만날까?

그러자! 내일 만나지 뭐. 뭐할까? 작품 만들까?

그러자! 작품도 만들고, 브런치도 만들자.

그래 그러자! 그럼 친구들도 부를까?

그래! 친구들도 부르자!

창작 파티에서 만나 친구가 된 케이트와 나의 첫 대화 내용이다. 케이트는 멋스러운 뉴요커이다. 아름다운 초록 눈에 약간은 부스스한 금갈색 머리, 거기에 색색의 각종 장신구를 어울리게 하고 다닌다. 하지만 그런 화려한 옷차림과 달리 케이트는 오지와 전쟁터에서 구호 활동하며 살기를 꿈꾸고 있다. 열정은 부글부글 끓는데 몸담고 있는 특수 학교의 미술 치료사 일은 영혼을 메마르게 하는 것 같다고 한다. 우리는 둘 다 세계를 돌고 싶은 충동과 열망을 꾹꾹 누른 채 아픈 조직 안에서, 죽어라 말 안 듣는 청소년들을 대상으로 일하는 미술 치료사이다. 우리는 이러한 현실적인 어려움과 여행의 설렘과 낯선 만남에 대한 꿈을 이야기하느라 일주일에 한 번, 집 근처 카페에서 만났다.

하지만 우리 둘 다 미술 치료사라는 일의 무게에 힘들어 허덕거리고 있을 때라서, 처음의 신나는 만남과는 달리 서로를 북돋아주기보다 불평과 불만과 힘든 점을 토로하는 불평불만의 시간이 되어갔다. 처음에는 묻어놨던 불평을 털어놓으니 좀 시원해지는 것 같더니 매주 그렇게 하다 보니 집에 오는 길에는 만나기 전보다 더 피곤하고, 직장에 더 회의가 생기고, 내 선택에 대해서 더 자신이 없어졌다.

한번은 동네 카페에서 만나 쓴 커피를 퍼붓듯이 마시고 새까만 브라우니를 삼키며 두어 시간 동안 케이트의 특수 학교와 내가 일하는 청소년치료센터의 병리적인 면을 비교하고 토론을 했는데, 마음이 무거워지다 못해 허리가 경직되기 시작했고, 결국 내 허리 병이 도져서 며칠 동안 드러누워 있어야 했다.

그러기를 몇 주 하다 보니 서로를 지지하기보다 서로를 부담스러워하는 지경이 되었다. 서로의 처지를 너무 잘 알고 또 너무 동감했기에, 나의 짐도 내 것이요 너의 짐도 내 것처럼 느껴졌다. 케이트도 그런지 만나러 오는 모습이 그리 밝지 않았다. 우리가 일주일에 한 번씩 동네 카페를 돌아다니면서 서로 의지하고 지지하기 위해 만나자고 했지 이렇게 서로를 더 힘들게 하자고 만나자고 한게 아닌데 말이다.

이래서는 안 되겠다 싶어 늘 가지고 다니지만 잘 사용하지 않던 미술 도구를 꺼내 이야기를 하면서 종이 한 장에 같이 낙서를 하기 시작했다. 맴맴 돌던 대화에 비해, 한 종이에 같이 그림을 그리자 우리가 처음 만나 톡톡 튀었던 때와 같은 그런 기분이 느껴졌다. 함께 그린 그림을 한참을 들여다보다가 내가 말문을 열었다.

"너도 행복하지만 행복하지 않니?"

"응. 맞아. 바로 그거야. 행복하지만 행복하지 않아."

행복하지만 행복하지 않아. 우리는 이 말을 하고 한참을 함께 그린 그림을 쳐다보았다. 하고 싶었던 미술 치료사 일을 하고, 사랑하는 가족이 있고, 친구가 있고, 충분히 먹고 입을 것이 있지만 뭔가가 부족한 것 같다. 행복해야 할 것 같고, 행복하지 않을 이유가 없는데 행복하다는 느낌이 들지 않는다. 정말 행복하다면 어찌 그것을 모를 수 있느냐 말이다. 객관적으로는 행복한데 내 내면에서 행복의 떨림이 느껴지지 않는다. 이걸 어떻게 해야 하나? 어떻게 해야 하나? 감도 안 오는 '2퍼센트 부족'의 이유를 찾아 헤매야 하나, 아니면 덮어두고 그냥 살아야 하나? 다 좋은 것 같은데 이 마음 깊은 답답함은 무엇일까?

내 삶에서 주체가 되어 하고 싶은 일을 열심히 할 때 느껴지는 자신감과 당당함 대신에, 나의 선택과 나의 앞길에 대하여 마음 깊숙한 곳에서 들리는 작은 의심의 소리가 불안을 낳고, 초조함을 만들고, 이름 모를 답답한 기운을 가슴이 안겨준다. 이것이 어떻게 생긴 것인지 마음 어디에 있는 것인지 전혀 모르겠어서 그림으로 표현하려고 해도 보이는 것이 없이 막막하다. 마치 몸 어딘가가 가려운데 어디가 가려운지 몰라 답답할 때처럼 어느 곳을 긁어야 할지를 모르겠다. 난 왜 행복하지만 행복하지 않은가?

우리 둘 다 길을 나설 때의 설렘이 그립고, 또 다른 미지의 세계가 나를 부르고 있는 것 같다. 모든 것이 갖추어진 삶보다 덜 갖추어진 삶 속에 풍덩 뛰어들어 부족한 것을 채워가는 것에서 만족을 느끼는 법인데, 우리가 일하는 조직에서는 우리가 채워갈 수 있는 것들이 많지 않다. 시스템과 규율로 꽁꽁 묶인 상태에서 우리가 정말 치료를 하고 있는 것인지, 아이들을 시스템과 규율 안에 가두어 두고 있는 건 아닌지 하는 의문까지 들 정도였다.

더구나 사람들에게 기쁨을 주고 희망을 주고 싶었으나 우리가 몸담고 있는 기관들의 구조 안에서는 그런 희망을 찾고 나누고, 그래서 보람과 행복을 느끼기가 어려웠다. 그 안에서 아이들은 더 다치고 더 미쳐가고 심지어 죽기도 하며, 일하는 어른들도 낙심하고 희망을 잃고 아프고 죽기도 한다. 이런 상황에서, 우리 자신 안에서 끝까지 지켜야 할 마지막 희망까지도 의심을 받고 있으니 이를 어쩐다 말인가. 그렇게 심각하게 이야기가 오가다 바닥을 쳤다. 그리고 우리 본래의 장난스러움이 도졌다.

우리 미친 짓 좀 하자.
그래 하자!
너 사우나 가볼래?
무슨 사우나?
우리 동네에 있는 그 남녀 공용 러시아 사우나 있잖아.
금요일 밤마다 사우나 파티 하는 데.

아, 맞다. 만날 지나다니면서 뭐하는 곳인지 늘 궁금했어. 가자!

그래, 가자. 언제 가지?

이번 주말이 가지 뭐.

그래, 가보지 뭐.

그러면서 우리 둘 다 이 이상한 아이디어에 웃겨서 배를 잡고 웃는다.

이번에는 내가 묻는다.

너 내일 구슬 가게에 가서 목걸이 만들래?

그래, 그러지 뭐.

이번에는 케이트가 묻는다.

너 내일 요가 갈래?

그래.

너 러시안 티 하우스에 티 마시러 갈래?

그래, 그러지 뭐.

그럼 우리 시카고에서 가장 호화로운 파머 하우스 호텔에 애프터눈 티 마시러 갈래?

그래, 그러지 뭐.

우리 탱고 추러 갈래?

그래.

우리 밸리 댄스 배우러 갈까?

그래.

그럼, 우리 다음 주에 플롯 탱크float tank 갈래?

아, 그 소금물 통에 들어가서 둥둥 떠 있는 곳?

응.

그래.

아예 예약을 하자.

그래.

너 에티오피아 식당에 가본 적 있어?

아니, 없는데, 너는?

없어. 가볼래?

그래, 가자.

내일은 목걸이를 만들러 갈 거니까 구슬 가게가 몇시까지 여는지 확인하고, 그 다음날 갈 요가 학교 쿠폰을 찾고, 사우나 파티 예약을 하고, 소금물 탱크가 어디 있는지 인터넷을 뒤져본다. 그러면서 얼마나 신이 났는지, 행복하지만 행복하지 않아 이유 없이 답답하고 무거운 마음이 시원해지고 가벼워졌으며, 답답하고 무거운 얘기에 멍했던 가슴이 움직였다.

이유 모를, 행복하지만 행복하지 않은 그 마음을 이해하려고 오랫동안 심리 분석을 받고 안으로 들어가 그 원인을 찾는 작업을 할

291

물고기 새 (2013), 캔버스에 유화, 53×45cm

"우리의 행복은 전적으로, 철저히
다른 사람들과 관련되어 있다.
가족, 친구, 이웃, 게다가
우리의 존재를 알아차리지 못하는
사무실 청소부까지도 모두.
행복은 명사도 동사도 아니다.
접속사다. 연결 조직."
—에릭 와이너, 《행복의 지도》 (웅진지식하우스, 2008), 476~477쪽

"사람이 할 만한 일 가운데
그래도 정말 할 만한 일은
사람 사랑하는 일이다."
—오규원의 시, 〈無法〉 중에서

수는 있겠지. 둘 다 미술 치료사이니 그림을 그리고 서로 분석을 해 주면서 가슴속의 더 깊은 이야기, 더 어린 시절 이야기를 찾아 우리의 삶에 그늘 지우는 녀석의 뿌리를 찾고자 나설 수도 있겠지. 하지만 그 대신 우리는 어두움이 아니라 삶에서 밝은 것을 찾아나섰다. 이번에 필요한 것은 내면의 여행이 아닌 삶 안에서의 여행이었나 보다. 우리의 삶에서 조금 더 밝고 기쁘고 마음이 가는 쪽으로 행동을 했더니 언제 마음이 무거웠나 싶게 기쁨이 들어왔다.

얼마 전 요가 잡지에서 읽고 마음이 움직였던 구절이 생각난다. "행복은 당신이 있는 곳에서 은혜를 찾아나서는 것이다." 여기에서 마지막 구절, '찾아나서는 것이다looking out for'라는 표현이 마음에 퉁 하고 부딪친다. 사실 인생이란 늘 행복하거나 늘 좋거나 늘 재미있을 수만은 없다. 하지만 어떤 상황에서든 긍정적인 관점을 찾을 수 있다고 믿어보고 그 믿음을 찾아나서는 방식으로 행동하는 것, 이것이 중요하지 않을까? 바로 이것이 물이 반 컵 있을 때 물이 반밖에 없다고 하는 것과 물이 반씩이나 남았다고 하는 차이일 것이다. 상황은 변하지 않지만 내가 스스로 변화함으로써 실질적으로 변화를 가능케 하는 것이다. 비록 상황은 바꿀 수 없지만 우리는 상황을 다르게 볼 수 있는 무한한 가능성과 창의력을 가지고 태어난 것이다.

케이트와 나는 위의 대화와 몇 가지 실행을 해놓고도 가끔 만나서 또 신세타령을 하고는 했다. 하지만 왜 행복하지만 행복하지 않은지 답을 구할 때 정말 도움이 된 것은, 우리를 기쁘게 하고 행복하게 하는 일들을 같이 하면서 같이 꿈꾸고 같이 얘기하는 것이었다. 행복한 것이 어떤 것인지, 내 마음을 떨리게 하는 것이 어떤 것인지 다시 느끼게 된 것이다. 왜 행복하지 않은지에 집중하기보다 무엇이 나를 행복하게 하는지에 집중을 하니 한 발짝 한 발짝 은혜와 기쁨을 찾아서 나아갈 용기를 얻었다.

미술 치료는 삶에서 문제되는 것이나 어려운 부분을 힘들더라도 마주하고 고쳐가는 의식적인 창조 활동이라고 생각한다. 하지만 어떨 때는 어렵고 고통스러운 것들을 튼튼한 그릇 안에 일단 담아놓고, 삶의 문제나 고통의 원인보다는 삶이 주는 기쁨을 먼저 찾아나서는 일도 필요하다. 기쁨을 찾아 나아가는 발걸음은 비록 문제가 해결되지 않았거나 어떻게 해야 할지 몰라 갈피를 못 잡고 있을 때에도, 우리로 하여금 행복을 향해 앞으로 나아갈 수 있는 힘을 준다.

어쩌면 우리에게 행복은 권리도 의무도 아닌 다른 무엇일 것 같다. 바로 우리가 탐험가로 살기로 마음먹을 때 비로소 나타나 우리를 손짓하는 무엇 말이다.

일상을 특별하게 하기

재료 자기 자신.
방법 삶을 특별하게 하는 미적인 행동을 일상 속의 무수히 많은 '해야 할 일'과 '하고 싶은 일'의 직조 사이에 틈틈이 끼워 넣는다.

10만 년 전에 그려졌다고 추정되는 프랑스의 라스코 동굴의 1,500개의 동물 그림을 사진으로만 보았는데도 큰 감동이 느껴졌다. 동굴 벽화는 미술의 시작을 알리는 사건이기도 하지만, 호모 사피엔스, 즉 인간의 시작을 알리는 사건이기도 했다. 그 전에도 두 다리로 걷고 불을 쓰고 도구를 만들고 사냥과 농사를 했지만, 호모 사피엔스에 와서야 언어를 사용하고 상상하고 창조하는 인간으로 진화했다고 한다.

한 노 미술학자는 동굴 벽화에 대한 강의를 하면서, 이 찬란한 그림들을 볼 때 가장 감동적인 것은 벽화의 내용보다도 벽화가 그려진 위치라고 했다. 동굴 벽화가 그려진 곳은 동굴 입구가 아니라 동굴의 가장 깊은 곳이다. 동굴 안에 뭐가 있는지도 모르고 언제 어떤 동물에게 잡아먹힐지 몰라 두려움에 떨었을 그들이 동굴 가장 깊은 곳까지 들어가 자신들의 꿈과 바람과 삶을 표현했다는 것, 상징적인 언어로 스스로를 표현할 줄 아는 인간임을 밝혔다는 것이다.

인류학자 엘렌 디사나야케Ellen Dissanayake는《미학적인 인간Homo Aestheticus》이란 책에서 예술은 수백만 년에 걸쳐 진화해 온 인간의 생물학적 본성이며, 인류 역사의 시작부터 지금까지 어느 문화에서나 있는 활동이라고 말한다. 그는 예술을 불필요한 장식물이라고 생각하는 것은 인간에게 의식주를 박탈하는 것만큼이나 위험한 일이라고 말했다. 또한 인간의 창조 욕구는 우리 세포 하나하나에 들어 있으며 표현은 인간의 가장 기본되는 욕구 중의 하나라고 주장한다. 돈 많고 여유 있고 심심해서 취미 활동으로 하는 것이 아니라, 춥고 배고픈데도 하고 당장 어디 써먹을 수 있는 게 아닌데도 하는, 인류에게 가장 기본적이고 보편적인 활동이 예술이라는 것이다. 그는 예술을 삶과 동떨어진 것이 아니라 삶을 '특별하게 만드는 것'이라고 정의한다.

하지만 많은 사람들이 삶의 무게에 버거워하고, 우리가 하는 일 대부분은 창조나 치유적인 활동과는 관계가 멀다. 우리의 놀이나 문화 생활 또한 극단적이다 싶을 정도로 수동적이고 소비적인 활동이 되었다. 텔레비전이 그렇고, 오락이 그렇고, 심지어 문화 예술 활동 역시 수동적이고 소비적인 필요를 만들어내고 그것을 충족하는 방법들을 팔고 있는 듯하다. 이와 반대로 창조적인 활동은 인간 본래의 창조성과 다시 연결하는 기회를 준다.

어른들에게 찰흙이나 크레파스로 뭔가를 만들거나 그리라고 하면, "내가 뭐 이런 걸 해? 이런 건 애들이나 하는 거지" 하다가도 어느 순간 처음의 그 쑥스러움을 잊고 즐겁게 작업에 몰두하는 모습을 자주 본다. 이 씨앗을 잘 키워가다 보면, 미술실에서 뭔가를 만드는 정도를 넘어 삶 속에 창조의 뿌리를 내리게 되고, 이렇게 내린 뿌리는 삶을 가로막던 돌덩이를 깨고 뭔가 변화를 일으킬 공간을 만들어준다. 그런 면에서 창작 활동은 곧 치유적인 활동이다. 여기서 치유적이라는 것은 질병, 우울 등을 낫게 한다는 말이 아니라, 우리의 진짜 모습, 즉 창조하고 상상하며 일상에서 예술을 만들어내는 본래의 미학적인 인간으로 돌아가게 한다는 것이다.

니체는 현실에 눌리지 않기 위해서 예술을 해야 한다고 말했다. 이 미친 세상의 해독제가 예술이라고도 했다. 예술 활동을 하는 것은 현실의 수동적인 소비에 끌려가는 것과 허무의 유혹에 쉽게 빠져 들어가 버리는 것, 그리고 희망 없음 등으로 인한 패배감에 맞서 맞장을 뜨는 용기 있는 행위이다. 실제로 많은 사람들이 비인간적인 행위에 맞서서, 희망 없음에 맞서서, 아무것도 할 수 없는 무기력한 상황에 맞서서 예술 행위를 해왔으며, 이러한 활동을 통해서 인간성이 무너지지 않도록 큰 역할을 해왔다. 동굴에서도, 아우슈비츠와 게토에서도, 전쟁 포로 수용소에서도, 그리고 우리네 일상에서도 사람들의 삶을 특별한 것으로 만드는 행위로서 예술을 해온 것이다.

일상을 특별하게 하는 방법은 사람마다 달라서 딱히 무엇을 하라고 조언하기는 힘들다. 남이 이룬 것을 보고 따라할 수 없는 것이 바로 이 과목이기 때문이다.《행복 프로젝트Happiness Project》(한국어판 제목은《무조건 행복할 것》)는 그레첸 루빈Gretchen Ruben이 1년 동안 행복을 위해 노력한 것들을 기록한 책이다. 행복을 증진하기 위해 노력할 영역을 찾고, 구체적인 방법을 정하고, 월별 목표를 정하고, 목표 달성 과정을 한눈에 볼 수 있는 표를 만들고, 목표대로 1년 동안

298

행동하면서 그 과정과 결과를 정리하여 책으로 묶어낸 것이다.《뉴욕 타임즈》에 베스트셀러로 오른 책이었지만 한국에서는 평가가 썩 좋지 않았다. 목차만 보면 되는 책이라고도 하고, 새로운 아이디어가 전혀 없는 책이라는 혹평도 있었다. 하지만 나는 이 새로울 것 없는 그것들을 365일 동안 스스로에게 적용하고 실험해 보고 또 그 변화해 가는 모습들을 기록한 과정이 흥미롭다.

저자는 가질 것 다 가지고 남부럽지 않게 사는 여성이었다. 그래서 이 프로젝트를 진행하면서 주위 사람들의 질타와 스스로 느끼는 죄책감도 맞서 싸워야 했다. 세상에 불행한 사람이 얼마나 많은데, 잘사는 사람이 행복하기 위해 1년이나 투자하느냐는 질타가 만만치 않았던 것이다. 프로젝트를 시작하게 된 계기도 암에 걸렸다거나 이혼을 했다거나 하는 큰일이 생겨서가 아니라 마음에서 들리는 작지만 사라지지 않는 소리 때문이었다고 한다. '이게 다인가? 삶이 이런 건가? 이게 정말 나인가?' 하는 마음의 소리들. 물론 이것을 '행복에 겨운 불평불만'이라고도 할 수 있을 것이다. 하지만 많은 사람들이 원하던 목표를 얻고도 스스로를 공허함에 빠뜨리고 우울하게 만들고 중독에 빠지게도 하는 목소리이기도 하다는 점에서 그것은 결코 무시할 수 없는 소리이기도 하다.

열심히 공부해서 원하던 학교에 들어가고, 졸업을 하고, 또다시 죽자고 노력해서 꿈꾸던 직장에 들어가고, 하루하루 열심히 살고, 결혼을 하고, 아이를 낳고…… 그렇게 바라던 것을 다 이루었을 때 안개처럼 스멀스멀 자신을 감싸는 듯한 싸한 느낌, '이게 다인가?'

생선보다 꽃 (2014), 캔버스에 유화, 50×61cm

문 열어달라 야옹거리는
녀석에게 매일 축복의 말을 건넨다.
오늘도 축복된 하루가 되거라.
괜히 숲에서 다른 동물 죽이지 말고,
다른 고양이랑 싸우지도 말고,
애교 넘치게 행동하고 많이 얻어먹고 다녀라.
누가 나에게도 축복의 말을 매일 해주면 좋겠다.
날씨가 덥다 춥다 불평하지 말고,
마음대로 안 된다고 심통 부리지 말고,
마음 깊은 곳에서 기쁨이 넘쳐
감사하는 하루가 되라고.

싶은, 절망감이라고 하기에는 가볍고, 우울감이라고 하기에는 평범하고, 슬픔이라고 하기에는 좀 애매한 이 감정. 어떤 사람은 이런 마음의 소리가 뱃속에서 일렁일 때 모든 것을 던져버리고 오지 여행을 떠나거나 인도 같은 나라를 배회하기도 한다. 어떤 사람은 겉으로는 예전과 같은 삶을 유지하지만 술, 마약, 섹스, 소비주의 등에 중독이 되어 그것에서 얻는 짜릿함으로 마음의 소리를 덮으려 하기도 한다.

아마 대부분의 사람들은 이러한 애매한 감정이 더 자라지 못하게 묻어버리거나 소리가 나는 구멍을 막아버리거나 혹은 못 들은 척하고 짐짓 바쁘게 살아나갈 것이다. 그런가 하면 또 어떤 사람은 그런 소리가 들릴 때 가만히 멈춰 서서 자신의 삶을 뒤돌아보고, 지금 내가 어디에 있는지 가늠해 보고, 내가 제대로 잘 왔는지 재조명해 보고, 뒤돌아가야 한다면 갈 수 있는 만큼 뒤돌아가고, 방향을 바꿔야 한다면 그때부터라도 방향을 바꾸기도 한다.

위에서 말한 《행복 프로젝트》라는 책에서 저자가 행복을 위해서 한 행동들은 일을 그만둔다거나 멀리 여행을 간다거나 하는 큰 변화가 아니었다. 나는 그것이 일상의 삶 안에서 행복 습관을 기르는 작은 행동들이었다는 점이 참 마음에 들었다. 예를 들어 4월의 목표는 가족 간의 관계를 더 행복하게 하는 것이었고, 그 목표를 위한 구체적인 행동은 아이들을 알람으로 깨우거나 일어나라고 소리치는 대신 '노래로 아이들의 아침을 깨우기'였다.

행복한 삶이 고통이 없는 삶은 아니다. 고통은 삶의 기본 조건이

기도 하기 때문이다. 하지만 고통에는 여러 종류가 있다. 태어나면 언젠가는 죽고, 만남이 있으면 헤어짐이 있으며, 정을 주면 그로 인해 아플 수 있다는 것을 받아들여야 하는, 피할 수 없는 고통이 있다. 하지만 행복 프로젝트로 어떻게 해볼 수 있는 고통은 우리가 스스로 창조해 낸 고통들, 그래서 없앨 수도 있는 고통들이다.

욘게이 밍규르 린포체는 위대한 명상 스승인 아버지와 고승들에 둘러싸여 히말라야에서 수행을 하다가 1998년부터 서방 세계에 나와 강의를 하기 시작했는데, 서방 세계에 와서 목격한, 스스로 창조한 고통 가운데서도 가장 놀라웠던 것은 자신의 외모에 대한 불만족으로 생겨난 고통이었다고 한다.* 하지만 이것뿐이랴. 내가 마음에 안 들어서, 적절하지 않은 상황을 바꾸지도 않고 받아들이지도 않아서, 라디오 주파수가 안 맞아 지지직거리는데도 안테나를 안 뽑아서 등등 수만 가지 예가 있을 것이다. 스스로 창조한 고통을 없애고 진심으로 스스로를 즐겁게 할 수 있는 일을 찾는 것이 행복 찾기 프로젝트가 목표로 삼을 일들이다.

지금 여기에서, 나의 일상 속에서 할 수 있는 자기만의 행복 찾기 프로젝트를 진행해 보자. 많은 이들은 치료실을 찾아와 돈을 지불하며 "행복하지 않아요. 행복이 뭔지 모르겠어요" 또는 "삶에 기쁨이 없어요"라고 절망적으로 말하면서도 행복을 찾을 노력은 하지 않는다. 습관들이 쌓여서 스스로 고통을 만들어내기도 하는데,

---

* 욘게이 밍규르 린포체, 《티베트의 즐거운 지혜》(문학의숲, 2009), 67쪽.

먼저 이 습관을 바꿀 생각을 하지 않고 약을 먹거나 술을 마시거나 치료부터 받는 경우를 흔히 본다.

가장 큰 행복은 어떤 것을 이뤄낸 결과가 아니라 그곳까지 가는 과정에서 얻는 것임을 기억하고 나만의 행복 프로젝트를 만들어보자. 어떤 것이 나를 행복하게 하는가? 지금 당장 나를 행복하게 하는 것은 아니더라도(예를 들어서 피곤한데 운동하러 나가는 것) 결과적으로 나를 행복하게 하는 것이 무엇일까 정직하게 생각해 보고, 그것을 위해 어떤 노력을 할 것인지 구체적인 계획을 짜고 실행해 보기를 권한다.

미술 치료사인 내가 권하고 싶은 것은 이 행복 찾기 프로젝트에 아름다움을 찾는 항목이 꼭 들어갔으면 하는 것이다. 아름다움을 찾는 작업이나 예술을 하는 것이, 배부르고 여유 있는 사람들의 사치처럼 느껴진다면, 왜 인간들은 10만 년 전 동굴 벽화를 그릴 때부터 지금까지 지구 곳곳에서 위험을 무릅써야 하거나 당장 먹고살 것이 생기지 않는 상황에서도 예술 행위를 해왔을까 한번 생각해 보았으면 좋겠다.

매일매일의 일상을 특별하게 하기의 예

—하루 한 끼라도 건강한 음식으로 아름다운 상차림을 해서 먹기.

—그림 일기를 쓰고 그리기.

—오늘 본 가장 아름다운 것을 사진으로 기록하기.

—하루에 한 가지 작은 것이라도 창작을 하기.

—길을 걸으면서 하루에 한 가지라도 무엇인가를 주워 모으기.

—늘 지나가는 길목에 자라는 풀, 잡초, 꽃, 식물이 있다면 매일 매일 어떻게 자라는지 관찰하고 기록하기.

—하루를 살면서 눈을 마주치는 사람마다 활짝 웃어주기.

응급 상황 대처 매뉴얼

재료 종이, 펜
방법 응급 상황 대처 매뉴얼을 만든다. 힘든 감정 상태가 될 때 무엇을 하면 좋을지 리스트를 적어보고, 적당한 방법을 찾고 익숙해질 때까지 반복 연습을 한다.

건물에서 불이 나서 유리 박스 안에 있는 비상 경고 알람을 울려야 하거나 버스에서 사고가 나 탈출해야 할 때, 우리는 먼저 비상 안내문을 찾아야 한다. 빨간색의 볼드체로 비상시 이 상자를 깨서 그 안에 있는 알람을 울리라거나 비상시 이 망치로 창문을 깨라는 안내문 말이다. 전 세계적으로 동일하게 똑같은 빨간색과 볼드체로 "비상시 유리를 깨시오." 그리고 그 아래에는 영어로 "In case of emergency, break this"라고 씌어 있다. 그런데 어느 날 낯선 이의 티셔츠에서 본 같은 빨간색 문구가 오랫동안 기억에 남았다. "In case of emergency, break dance."(비상시, 브레이크 댄스를 추시오.)

사는 데는 힘이 든다. 누구의 삶도 쉽지 않다. 하지만 삶에서 고통을 완전히 없애지는 못하더라도 매 순간이 늘 절망적이거나 괴로울 필요는 없다. 인간이기 때문에 겪는, 존재 자체가 주는 고통을 사라지게 할 수는 없지만, 스스로 만드는 고통에서는 벗어날 수 있다. 우리를 따라다니는 고통의 빈도나 강도를 줄이는 방법을 배울 수도 있고, 고통을 감내하는 마음의 근육을 키울 수도 있다.

나는 우울증을 앓은 적이 있고, 파도처럼 몰아치는 감정 때문에 미칠 것 같았던 적도 있다. 지금도 때때로 힘들지만 나의 삶을 흔드는 정도는 아니며, 고통을 감내하고 다루는 기술이 많이 좋아져서 이전처럼 바닥을 치지는 않는다. 그보다는 기쁘고 감사하고 행복할 때가 훨씬 더 많다. 특히 나의 어떤 고통은, 직시하거나 해야 하는 뭔가를 회피하기 위해서 스스로 만들어내는 알리바이라는 사실을 깨달으면서, 그것을 훨씬 더 잘 다룰 수 있게 되었다. 예를 들어 어느 날 모든 것이 덧없게 느껴지고 삶과 죽음을 사유하느라 모든 것을 놓아버리고 싶다면, 이것이 실은 지금 내가 꼭 해야 하는 어려운 일을 회피하고 싶어서 만들어내는 알리바이임을 알게 된 것이다. 또는 사는 게 지루하거나 외롭다고 느낄 때는 내 안의 어떤 욕구가 충족되지 않은 것이 그렇게 표현되고 있다는 것을 알게 되었다.

어떤 사람들은 고통스러운 상황이 될 때 불안의 엔진을 돌린다. 불안해서 더 열심히 움직이거나 더 열심히 일을 하거나 속도를 높여서 불안을 일으키는 것들에서 멀리 벗어나려고 하는 것이다. 나의 경우엔 우울의 엔진을 돌렸다. 이것이 돌아가기 시작하면, 우울하고 허무하고 외롭고 피곤하고 지루해진다. 오랜 시간의 자기 탐구와 미술 치료를 통해서 나의 허무의 원인이 정말 삶이 허무해서가 아니고, 외로운 것이 혼자여서가 아니고, 피곤한 것이 지쳐서가 아니며, 지루한 것이 삶이 재미가 없어져서가 아니란 걸 알게 되었다. 그 대신 내가 우울의 엔진이라고 표현하는 나의 어두운 감정의 패턴이 있기 때문이었다.

나는 지쳐서 이 패턴에 빠질 때도 있고, 일이 잘 안 풀려서 빠질 때도 있으며, 두려움을 피하려다가 빠질 때도 있다. 이 소용돌이에 빠져 들어가는 이유는 다양하지만, 이 엔진이 움직이기 시작하면 일련의 익숙한 감정의 소용돌이를 겪는다. 이 상태로 들어가면 허무한 감정의 지배를 받기 때문에 창조적인 생각을 하거나 나를 보살피는 행동을 할 에너지가 없다. 그렇기 때문에 나는 이럴 때 무엇을 할지를 미리 정해놓았다. 일종의 응급 매뉴얼을 만들어놓은 것이다.

브레이크 댄스를 추지는 않는다. 누군가에게는 이것이 정말 좋은 방법일 것 같지만, 나는 그 대신 목욕을 하거나 바다 수영을 하거나 요가를 하거나 운동을 한다. 그것도 안 되면 피아노 위에서 아무렇게나 손가락을 움직여서 내 감정을 소리로 표현해 보기도 하고, 붓을 아무렇게나 움직여서 그림을 그리기도 하며, 그것도 안 되면 절망의 댄스를 추기도 한다. 아주 많은 연습의 결과이다.

응급 매뉴얼 아이디어

1. 목욕을 한다

온갖 향기 나는 것들을 목욕물에 넣는다. 욕조가 없으면 고무 대야라도 꺼내서 목욕을 하거나 목욕탕에 간다. 집에서 목욕을 할 때 목욕용 소금이나 입욕제가 있으면 좋지만, 없으면 굵은 소금도 좋고 쑥도 좋고 생강도 좋다. 감각을 일깨우는 향기로운 목욕을 해보자. 제주도에 사는 덕에 내게 가장 확실한 방법은 목욕이 아니라 바다

수영이다. '수영'이라고는 하지만, 해안가에 몰려서 꺅꺅 소리를 지르는 피서객들을 피해서 경계선까지 수영해서 가서는 물 위에 둥둥 떠서 하늘을 본다. 바닷물이 내 등을 받치고 있을 때, '지구 어머니'를 부르는 말이 저절로 나오고는 한다. 나의 서러움도 슬픔도 다 가져가신다. 바다 수영을 할 수 없는 겨울에는 목욕탕에 간다. 또는 집에서 목욕을 한다. 소금을 넣어 짭쪼름하게 간을 맞추고 그 속에 들어가 바다에 들어간 척하는 것이다. 다 똑같은 물이어서 실제로 바다이기도 하다.

2. 돌을 들어 올린다

우울, 허무, 피곤한 엔진이 돌아가기 시작하면 나는 동굴에 틀어박혀서 움직일 생각을 안 한다. 이때 운동을 하면 가장 좋겠지만, 운동할 기분이 아니다. 그럴 때 내가 하기 좋아하는 운동 아닌 운동은 돌을 드는 것이다. 바닷가에서 주어온 꽤 큰 돌이 있다. 부피는 크지만 타조 알 모양으로 둥글둥글해서 두 손으로 들기가 편하고, 구멍이 송송 뚫린 현무암이어서 보기보다 무게가 많이 나가지는 않는다. 운동을 한다는 느낌이 들지는 않지만, 몇 차례 머리 위로 들어 올리거나 돌리고 나면 땀이 송골송골 맺히기도 하고, 웃기기도 하고, 땅의 일부와 접촉하는 느낌이 들기도 한다. 그리고 돌을 드는 것이 무엇보다 좋은 이유는, 어두운 감정의 소용돌이에 빠질 때 떠오르는 이미지가 내 가슴 안이나 어깨 위에 무거운 돌이 있는 이미지이기 때문이다. 실제로 돌을 들어 올리면, 내가 내 마음속의 돌도 감당할 수 있다는 느낌이 든다.

3. 붕대를 감는다

언젠가 친구들과 '쓸데없는 것을 만들라'라는 모임에서 정말 쓸데없는 것들을 서로에게 가르쳐주는 '대단한 콘퍼런스'라는 것을 했다. 어떤 이는 뱀에 물렸을 때 이빨 자국을 보고 독사인지 아닌지를 판명하는 방법을 가르쳐주고, 어떤 사람은 한지를 오려 치마를 만들어 입고 막춤을 추는 내용을 발표했다. 한지 치마를 입고 춤을 추면서 우리는 모두 배가 아플 정도로 웃었다. 한 간호사 언니는 뼈가 부러지는 응급 상황일 때 압박 붕대를 감는 법을 가르쳐주었다. 우리는 아무도 뼈가 부러지지 않았기 때문에, 누구는 팔, 누구는 다리, 누구는 머리에 하는 식으로 서로 압박 붕대를 감아주었는데, 참여자 전원이 몸의 어딘가에 붕대를 감고 있은 모습은 정말 웃겼다.

그런데 붕대를 감으니 전혀 예상치 못한 효과가 있었다. 마음이 안정이 되는 것이다. 그 콘퍼런스 이후로 압박 붕대가 많이 남기도 해서 마음이 불안하거나 초조할 때 몸의 한 부분을 압박 붕대로 감아보았는데, 누군가가 나를 꼭 잡아줄 때 느끼는 안정감이 느껴졌다. 자폐를 가진 아동을 위해서 발명이 된 압박 옷이나 ADHD 아이들을 위해서 발명이 된 모래 조끼도 비슷한 원리인 것 같다. 신축성이 있는 천으로 몸을 꼭 감싸주거나, 모래가 들어 있어서 적당한 무게감이 있는 조끼를 입히는 방법인데, 나는 둘 다 사용해 본 적은 없지만 어떤 느낌인지 알 것 같았다. 불안하거나 초조할 때, 누군가가 나를 감싸 안아주면 좋겠다 싶을 때, 이 응급법을 사용해 보자.
금방 괜찮아진다.

4. 문신을 한다

진짜 문신이 아니라 문신 스티커를 붙이거나 몸의 잘 보이는 곳
에 그림이나 문장을 그려 넣는다. 손바닥 중간이 내가 애용하는 곳
이다. 힘이 필요할 때, 슈퍼 히어로들이 레이저를 쏘거나 도사들이
장풍을 쏘는 이곳, 손바닥에 점을 찍거나 무늬를 그려 넣는 것만으
로도 산만하던 정신이 한 군데로 모이고는 한다.

내가 대학원에서 수업을 할 때 학생들에게 다음과 같은 과제를
내주었다. "늘 하던 것과 다른 방식으로 일상을 살아보기. 그리고 그
것이 사소하고 작은 일일 것. 그리고 그것을 통해 변화하는 과정을
기록할 것." 어떤 학생은 기숙사에서 교실로 오는 길을 매번 다른
길로 오기도 했고, 어떤 학생은 매일매일 비슷하지만 다른 하늘을
찍기도 했다.

한 박사 과정 학생은 얼굴에 점을 찍었다. 우아하고 단아한 그녀
는 믿음 가는 상담사이자 맏며느리였다. 늘 단정한 모습인 그녀로서
는 한쪽 눈 아래에 사인펜으로 점 하나 찍는 것이지만 커다란 용기
가 필요한 일이었다. 그렇게 하고 바깥을 나가려니 부끄럽기도 하고
망설여지기도 했다. 그런데 아무도 알아보지 못하는 것이 아닌가!
그 후로 그녀의 실험은 점점 대담해졌고, 나중에는 눈 밑에 점이 아
니라 별 문신 스티커를 붙이기도 하고, 금발 가발을 쓰고 시부모님

과 외식을 하기도 했다. 이 실험을 하는 과정에서 그녀는 점점 대담해지고 신이 나 보였으며, 이 과정을 지켜보는 우리도 덩달아 신이 났다.

나는 청소년기에 엄마의 손에 끌려서 미장원에 가 불법 시술로 점을 뺀 적이 있다. 이것은 참 안타까운 일이다. 왜냐하면 한쪽 뺨에만 있던 점들은 두 개가 모자란 북두칠성 모양이라고 내가 늘 주장하던 것이었기 때문이다. 여드름 덕분에 까만 점이 생기기도 하던 시절이어서, 언젠가는 북두칠성 점이 생기지 않을까 기대를 하기도 했었다. 내게 만약 다섯 개의 점이 지금도 있다면 일부러 나머지 점 두 개를 그릴 것 같다. 특히 내 자신이 아무것도 아니라고 느껴질 때 말이다.

이 외에 다음과 같은 응급 행동을 생각해 볼 수 있다.

5. 내 삶이 가치가 없다고 느낄 때: 누군가를 돕는다
—바닷가 쓰레기를 줍는다. 특히 바다로 돌아가서 바다 생명들의 목숨을 위협하는 플라스틱과 미세 플라스틱을 줍는다.
—나의 존재로 누군가에게 힘을 실어준다. 남들 다 가는 곳에 가지 말고, 사람들이 많이 오지 않는 인디 영화 상영회, 인권을 위한 투쟁장, 손님이 없는 전시장 등 한 명의 존재가 귀한 곳에 간다.

6. 외롭다고 느낄 때: 외로운 것들을 돌보거나 고독을 선택한다
—외로움 대신에 종교적이고 처연한 고독을 선택한다. 왜 아무도

전화를 안 하는지 슬퍼하는 대신 산 속이나 템플 스테이같이 전화를 받을 수 없는 곳에 간다.

—독서나 그림 그리기같이 혼자 있어야만 할 수 있는 것을 한다.

—동물 보호 단체나 환경 단체의 간힌 동물 구출에 참여한다.

—보도블록 사이에 위태롭게 피어 있는 잡초에게 물을 주고 돌본다.

모든 응급 대처가 그렇듯이, 미리 연습을 해놓아야 매뉴얼대로 착착 움직일 수 있다. 당신의 응급 춤은 무엇인가? 미리 매뉴얼을 만들어놓고, 응급 상황이 되면 매뉴얼을 만들던 그때의 지혜를 믿고 따라하자.

이 책에 담긴 이야기는 미국에서 미술 치료사가 되는 과정에서 만난 사람들과 경험했던 깊은 만남의 순간에 관한 이야기이다. 나는 그러한 창조적이고 치유적인 순간에, 생각이 멈추고 판단이 멈추며, 치유적인 변화가 일어나는 것을 경험했다. 그것은 내가 완전 '초짜'였을 때 일이었기에, 내가 실력이 좋아서거나 아는 것이 많아서거나 경력이 많아서 있었던 일이 절대 아니다. 생각해 보면 그러한 만남의 순간은 내가 그림에 몰입하고 있을 때도, 숲속에서 꽉 찬 진동을 느낄 때도, 바닷물 위에 둥둥 떠서 하늘을 볼 때도, 그리고 사랑하는 사람과 마주보고 있는 순간에도 느끼는 것이다. 내가 실력이나 노력으로 이룬 것이 아니라, 노력을 놓았을 때 신비스러운 경로로 열리는 흐름이다. 그리고 그때도 그렇고 지금도 그렇고 그 길을 찾았다 놓쳤다 찾았다 놓쳤다를 반복한다. 그리고 대부분은 그 언저리에서 헤맨다.

나는 청소년기에 한국을 떠나 캐나다로 이민을 갔다가 돌아오고, 다시 한국을 떠나 미국에서 미술 치료를 공부하고 다시 돌아왔다. 한국에 도착했을 때 나는 자신만만했다. 어려운 케이스들을 만났었고, 훌륭한 교수님들 아래서 수련을 했다. 그때 잘해냈던 것을 보아 누구를 만나도 다 잘할 수 있을 것 같았다. 그러다가 꼬꾸라지고 바닥을 쳤다.

한국에 처음 와서는 강의와 워크숍을 많이 했는데, 그럴 때마다 요구받는 '정확한 방향성'과 '확실한 목표'와 '구체적인 재료'를 안내할 수가 없었다. 수업을 하고 있는 와중에도 참가자들에게 "마음대로 해보세요" 하면 칠판에 무엇을 만들지 정확하게 써달라고 하고, "마음을 따라가 만들어보세요" 하면 기법이 무엇인지 물어와서 답답했다. '자유롭게' '창조적으로' '마음대로' 같은 단어들은 사람들을 얼음으로 만들고는 했다.

나는 창조적인 방식이 아닌 방법을 배운 적이 없고, 정확한 계획서를 작성하는 법을 배운 적이 없으며, 마음을 따라가지 않는 창조적이고 치유적인 방법은 상상도 안 간다. 그럼에도 불구하고 맞지 않는 옷을 입고라도 활동을 이어가려 노력을 했다. 나에게 주어진 요구에 맞추고자 잘 설명하지 못하겠는 것을 설명해 보려고도 노력을 했고, 나의 태도를 좀 더 온순하게 다듬으려고도 노력을 많이 했다. 그리고 실제로 더 잘 맞출 수 있게 되었다. 하지만 나는 억울하기도 했고 화가 나 있기도 했다.

이런 상황에서, 나는 기술이나 경험이 너무 없어서 오직 창조와 영감과 찰나의 만남만이 있었던 초짜 미술 치료사 시절의 기록들과 이야기들을 정리하기 시작했고, 그러다 보니 이 책이 만들어졌다. 글을 다듬고 생각을 정리하는 동안 나는 또 한 번 바다를 건너 제주도로 이민을 왔다.

처음 《행복하기를 두려워 말아요》라는 제목으로 냈던 책의 제목을 바꾸고 힐링 아트 워크숍을 더 추가해 이번에 개정판을 내면서 다시 그때의 이야기들을 꺼내 읽어보니, 감회가 새롭다. 시간이 지나고 나서 나는 더 이상 내가 택한 창조적이고 치유적인 방식에 대하여 변명을 하지 않고, 나의 태도를 온순하게 다듬고자 노력하지 않으며, 불편한 옷을 입지 않으려 하게 되었다. 정확한 계획을 안내하거나, 구체적인 재료를 명시하거나, 기법을 자세히 적어서 주지도 않는다. 그러자 이전처럼 울컥울컥하며 말하지 않게 되었다. 이 책 덕분에, 이 책을 읽어주고 나를 만나러 와준 사람들 덕분에 나만 따로 있는 듯한 외로움에서 벗어났다.

내가 느낀 미술 치료의 핵심은 반짝거리는, 치유적이고 창조적인 만남이고, 아주 작은 단위로 셀 수 있는 변화의 순간들이다. 이러한 변화는 순간에 이루어진다. 언제 올지 모르는 그 순간을 놓치지 않으려고, 마음을 열고 오랫동안 만난다.

어두운 마음의 동굴에서 발견한 반짝이는 빛 하나가 그들의 삶을 이끌길 바라는 마음으로 치료를 하지만, 그 반짝거리는 빛의 점들을 모아서 횃불을 만드는 것도, 그 횃불을 들고 더듬거리며 어두운 동굴을 나가는 것도, 그리고 동굴 밖의 세상을 탐험하는 과정도

실은 모두 그들에게 달렸다. 모든 사람들이 그 횃불을 들고, 자신의 삶의 어두운 터널을 잘 건너기를, 그래서 기적같이 환하게 열리는 그 흐름을 만나기를 기도한다.

2019년 3월, 정은혜

샨티 회원제도 안내

샨티는 사람과 사람, 사람과 자연, 사람과 신과의 관계 회복에 보탬이 되는 책을 내고자 합니다. 만드는 사람과 읽는 사람이 직접 만나고 소통하고 나누기 위해 회원제도를 두었습니다. 책의 내용이 글자에서 머무는 것이 아니라 우리의 삶으로 젖어들 수 있도록 함께 고민하고 실험하고자 합니다. 여러분들이 나누어주시는 선한 에너지를 바탕으로 몸과 마음과 영혼에 밥이 되는 책을 만들고, 즐거움과 행복, 치유와 성장을 돕는 자리를 만들어 더 많은 사람들과 고루 나누겠습니다.

샨티의 회원이 되시면

샨티 회원에는 잎새·줄기·뿌리(개인/기업)회원이 있습니다. 잎새회원은 회비 10만 원으로 샨티의 책 10권을, 줄기회원은 회비 30만 원으로 33권을, 뿌리회원은 개인 100만 원, 기업/단체는 200만 원으로 100권을 받으실 수 있습니다. 그 외에도,

- 신간 안내 및 각종 행사와 유익한 정보를 담은 〈샨티 소식〉을 보내드립니다.
- 샨티가 주최하거나 후원·협찬하는 행사에 초대하고 할인 혜택도 드립니다.
- 뿌리회원의 경우, 샨티의 모든 책에 개인 이름 또는 회사 로고가 들어갑니다.
- 모든 회원은 샨티의 친구 회사에서 프로그램 및 물건을 이용 또는 구입하실 때 할인 혜택을 받을 수 있습니다.
- 샨티의 책들 및 회원제도, 친구 회사에 대한 자세한 사항은 샨티 블로그 http://blog.naver.com/shantibooks를 참조하십시오.

샨티의 뿌리회원이 되어
'몸과 마음과 영혼의 평화를 위한 책'을 만들고 나누는 데
함께해 주신 분들께 깊이 감사드립니다.

회원이 아니더라도 이메일(shantibooks@naver.com)로 이름과 전화번호, 주소를 보내주시면 독자회원으로 등록되어 신간과 각종 행사 안내를 이메일로 받아보실 수 있습니다.

전화 : 02-3143-6360 팩스 : 02-6455-6367
이메일 : shantibooks@naver.com